ALEXANDER KRÖGER

Der Geist des Nasreddin

Roman

KRÖGER-Vertrieb Cottbus

„Der Geist des Nasreddin" ist eine neue Edition und umfänglich überarbeitete Neuauflage des Krögerschen Erfolgsromans „Der Geist des Nasreddin Effendi", erschienen 1984 im Verlag NEUES LEBEN, Berlin

Copyright 2001
by KRÖGER-Vertrieb Cottbus
Printed in Czech Republic 2001
Lektor: Helmut Fickelscherer
Umschlagsentwurf: A. Kröger
Umschlagsgestaltung: *technosatz* Cottbus
Gesamtherstellung: Tiskárny Vimperk a.s.

ISBN 3-9804867-8-8

In Chiwa

Ganz behutsam drang da etwas in sein Bewusstsein - als zersprängen Wassertropfen auf heißem Stein und jedes Kügelchen verzischte mit eigenem Geräusch.

Da murmelten Stimmen, ein Esel schrie, von dorther scholl das Knirschen eisenbeschlagener Räder auf Kies. Auch undefinierbares Brummen war zu hören. All das aber klang wie unter einem Tontopf hervor, gedämpft, entfernt, unwirklich.

Und dann war alles wieder vorbei, bis auf ein dumpfes Rauschen vielleicht, von dem man nicht wusste, ob es vom Umfeld oder von innen aus dem Kopf kam. Es schien, als bildete sich irgendwo einer jener Tropfen neu, würde schwerer und schwerer, bis er sich schließlich löste und abermals auf dem Stein zerschellte; denn wieder und wieder sprangen die Geräusche auf.

Zu irgendeinem Zeitpunkt wurde ihm bewusst, dass sich der Abstand zwischen den Tropfen verringerte, als bahnte sich das Wasser mehr und mehr Durchgang durch ein löchriges Gefäß.

Und plötzlich gellte eine schrille Frauenstimme: „Willst du wohl den Apfel zurücklegen, du Schlingel!"

Ein Kind rief: „Aua!"

Gelächter kam auf.

Dann drängte ein Mann: „He Onkelchen, wach endlich auf. Dein Zeug ist sonst verschwunden, bevor du einen einzigen Tijin dafür eingenommen hast."

Und wieder die Frau: „Dieser Gottlose wird sich einen angetrunken haben. Und Allah straft ihn mit einem Brummschädel, kein Auge kriegt er auf. Schaut ihn euch an, Leute, diesen Trunkenbold."

Auf einmal rief der Mann in einem anderen Tonfall: „Komm, kauf! Die besten Trauben, die wunderbarsten Granatäpfel von Chiwa, süß und billig, eingefangene Sonne!"

Und nach einer kleinen Weile murmelte er: „Der Scheitan soll dich holen!"

„He, wach auf, du Taugenichts!" Diesmal war die Stimme des Mannes barscher, vielleicht vor Ärger, weil der Kauflustige seine Ware verschmäht hatte.

„Dummkopf!", sagte die Frau gedämpft. „Seine Granatäpfel sind viel schöner als unsere, und er hat angeschrieben, dieser Esel, dass er fürs Kilo nur sechshundert Sum haben will. Der schnappt uns die Käufer weg. Lass ihn also in Ruhe, wenn Allah ihn schon mit Dummheit geschlagen hat."

„Basar, ich bin auf dem Basar!"

Das Dumpfe im Kopf schwand. Scharf drangen die Geräusche auf den Mann ein. Gefeilsche in der Nachbarschaft, Anpreisen von Granatäpfeln, wie sie schöner auf Gottes Erdboden nie gewachsen sind, Melonen, Gewürze ... „Ah! Gewürze!" Und sofort verspürte er ihren Duft, glaubte die Aromen zu schmekken. Und einmal gerochen, gab's da noch mehr: Tabakrauch, Eselsdung und Schweiß. Darüber lagen dumpfes Gemurmel, das Schlurfen unzähliger Schritte und Staub, den man ebenfalls roch. Basar!

„Basar?"

Eine siedende Welle durchfloss den Mann, gab Kraft, die schweren Augenlider hochzureißen und sich kerzengerade aufzurichten. Gleichzeitig, wie im Reflex, flogen die Hände an den Hals, als wollten sie würgen.

Eine Flut von Eindrücken ergoss sich über den, der da, gelehnt an eine Mauer, inmitten bester, ausgebreiteter Früchte saß.

Das nahm der Mann zuerst wahr, aber auch eine wogende Menge Menschen, die zwischen den Ständen und Waren, Eseln und Karren auf und ab defilierten, bunt gemischt, wie stets auf einem großen Basar.

Wie stets?

Da gab es etwas Störendes, Fremdes.

Ah, aus der Menge zwei Frauenaugen - Frauenaugen!, das Antlitz des Weibes umrahmt von einem bunten Kopftuch. Augen auch, die sich sofort von ihm wandten, als sein Blick den ihren traf. Ihm war noch, als lächelte das Gesicht, zu dem diese Augen gehörten, lächelte befreit, glücklich.

Aber was alles überwog, Basar und Menschen, Früchte und, oh Allah, unbedeckte, liebliche Frauengesichter, was alles zu einem flüchtigen Streiflicht, einer Traumsekunde machte, war die Bewusstheit: "Ich lebe ja, ich lebe!"

Kaum hatte er den freudigen Schreck genossen, überfiel ihn mit niederschmetternder Wucht die Angst. Er riss den Kopf nach links, nach rechts, gewärtig, dass dieser vielleicht doch noch herunterfiele, aber mehr darauf gefasst, die Faltstiefel und Pluderhosen der Häscher neben sich zu erblicken, Männer, die sich - wie die Katze mit der Maus - mit ihm einen Spaß, einen letzten Spaß, verschafften.

Aber noch gewahrte er diese typischen Kleidungsstücke nicht, sah keine Spitze eines herabhängenden Krummsäbels.

Rechts neben ihm kauerte das ältere Paar hinter einer sehr niedrigen Bank, auf der die Ware lag. Links ein Karren, dahinter die Hufe eines Esels, dazwischen ein Haufen Heu.

Ein ungeheurer Drang, aufzuspringen, zu laufen, davonzulaufen, erfasste den Mann. Sein Blick ging auf einmal wie bei einem gehetzten, in die Enge getriebenen Tier. Heiß und kalt überlief es den Körper. Übermenschlich drängte der Wunsch, das auf so wunderbare Weise erhaltene Leben festzuhalten, zu retten. „Ein Irrtum des Emirs, eine Unachtsamkeit der Häscher?

Ich lebe!", jubelte es in ihm, „ich will leben!" Und fieberhaft jagten die Gedanken.

Eine Sekunde wurde er sich bewusst, dass er nicht an sein lumpiges Leben gedacht hatte, als sie ihn gebunden zum Richtplatz führten, als er zusehen musste, wie das Haupt der Geliebten in den Sand rollte.

Und es war, als wollte der Schmerz den Mann erneut überfallen. „Nilufar - du bist gestorben, weil wir uns liebten. Glaube mir, ich bin dir gern in den Tod gefolgt. Es ist Allahs Wille, muss Allahs Wille sein, dass ich lebe."

Wieder sah er sich erschrocken um. „Wie, bei Allah, bin ich vom Richtplatz auf den Basar geraten? Und weshalb sind hier unverschleierte Frauen, ebenso viele wie Männer? Ah, es ist ein Traum, du träumst, Nasreddin, du bist in der Welt der Toten!" Einen Augenblick war ihm nach diesem Gedanken leicht.

Ein Granatapfel, der ihm mit ausgestrecktem Arm entgegengereckt wurde, brachte ihn in die momentane Wirklichkeit zurück. Es war ein Apfel aus seinem - „weshalb eigentlich meinem?" - Bestand, und ihn hielt eine sehr schöne hellhäutige Frau, und der Arm war nackt bis zur Schulter. Diese Frau redete in einer fremden Sprache auf ihn ein.

Der Mann blickte sich noch einmal um, aber nach wie vor zeichnete sich keine Gefahr ab. Mit der Rechten wehrte er die zudringliche Nachbarin ab, nahm den Apfel verwirrt aus der Hand der Frau und sagte sanft und wunderte sich über seine wohlklingende tiefe Stimme: „Ein Akscha."

Die Nachbarin lachte hell auf, wies mit ausgestrecktem Arm auf den Verkäufer, tippte sich mit der anderen Hand nachdrücklich an die Stirn und ermutigte andere, in ihr schrilles Lachen einzustimmen. „Ein Akscha", gluckste sie nachäffend mit zahnlückigem Mund.

Verunsichert blickte der Mann, sah auf den Apfel in seiner Hand, in das Gesicht der schönen Käuferin, die dem Geschehen offenbar ebenfalls nicht folgen konnte, und zur Nachbarin.

Da lächelte die Kaufwillige, die zu einer Gruppe eigenartig angezogener hellhäutiger Passanten - zu denen noch viele Frauen gehörten - zählte.

Und als wurde es dem Mann erst jetzt bewusst: In der Tat, die Frauen zeigten ihre Gesichter ohne Scham, als sei es für sie etwas Alltägliches. „Oh Allah!" Und er schaute in den Himmel, der blau war, und sah über die niedrigen Schuppendächer jenseits der Straße die schlanke Spitze des Minaretts, eines Minaretts. „Ja, bin ich denn nicht in Chiwa?" Er blickte die Straße hinunter, und dort sah er, zwischen den Körpern der Leute hindurch, das Eingangstor zur Karawanserei. „Doch Chiwa ...! Aber das Minarett? Was war geschehen? Die Frauen ohne Schleier, ein falsches Minarett? Also doch tot, in einer anderen Welt. Aber in einer, die nicht minder schön ist." Und er sah in das Gesicht der Frau und nickte ihr froh zu.

Diese steckte den Apfel in einen Beutel und legte ein grünliches Scheinchen auf das Brett.

Dann drängten andere aus der Gruppe vor, hielten ebensolche Papierchen oder auch Münzen hin, und der Mann, verwirrt, aber dennoch ein wenig geschmeichelt ob des regen Zuspruchs, verteilte seine Waren mit beiden Händen. Auf das ausgebreitete Tuch purzelten Scheine und Münzen, er achtete nicht darauf.

Er fand zunehmend Gefallen an seinem Tun, begann sogar, die Früchte zu preisen, obwohl es nicht notwendig war; und das Gekeife der Nachbarin, die ihm die Pest an den Hals wünschte, belustigte ihn.

Fast jeder der Gruppe nahm etwas. Und als der Letzte die letzte Melone erwarb, war kaum eine Viertelstunde verflossen. Lachend und schnatternd zogen sie weiter. Die, die zuerst den Apfel gekauft hatte, hielt dem Händler etwas in Silber und Grün Eingepacktes hin, das nach Pfefferminz roch, und bedeutete ihm, es als Geschenk anzunehmen. Er nahm es, roch daran, und als sie ihm durch Gesten zu verstehen gab, dass es etwas Essbares sei, nickte er dankend und lächelte.

Der Mann achtete nicht auf das schadenfrohe Gelächter anderer Händler, die seinem Schnellverkauf zugesehen hatten. Er raffte das Tuch mit den Scheinen und Münzen zusammen und versuchte, was natürlich bei der Aufmerksamkeit, die man ihm im Augenblick schenkte, nicht möglich war, sich unauffällig hinwegzustehlen.

Schließlich befand er sich im Strom der Passanten, das Tuch verkrampft in der Linken, als der Nachbarhändler aufsprang, einen Esel hinter dem Karren hervorzerrte und hämisch rief: „Hier, vergiss deinen Lehrmeister nicht, du Narr aller Narren!" Und er warf unter erneutem Gelächter Umstehender dem Mann den Strick über die Schulter.

Der also Verspottete ergriff mit der Rechten den Zügel, drängte sich, den widerstrebenden Vierbeiner zerrend, durch die Menge und hatte den Ort des für ihn so unrühmlichen Geschehens bald hinter sich.

Einmal, als er sich umsah, meinte er unter denen, die in seine Richtung zogen, wieder jene schöne Frau zu sehen, das Gesicht vom bunten Tuch umrahmt.

Nach etlichen 100 Schritten jedoch war der Ärger über die Schmach von dem Mann gewichen. Mehrmals fuhr er sich verstohlen mit der Hand, die das Tuch hielt, über den Nacken. „Ich habe meinen Kopf", jubelte es in ihm, „meinen Kopf! Ein Wunder ist geschehen, oh Allah, Allah, sei gepriesen!"

Einigemale sah er sich noch um, doch niemand folgte ihm. Aber immer klarer wurde ihm in der Freude, dass etwas mit ihm und um ihn herum geschehen sein musste. „Tot? In einer anderen Welt, in der Allahs?" Zweifel kamen auf. „Auch wenn sie fremde Sprachen sprechen, hellhäutig sind und ohne Schleier gehen, die Schamlosen. Es ist die Welt, die ich kenne. Das Pflaster, grob und holprig, das ist Chiwa!"

Und er fuhr mit der Hand die Lehmmauer entlang, die zum Eingangstor der Karawanserei führte. Das keifende Weib vorhin, die Schadenfreude, der Spott? „Nichts hat sich verändert. Das alles hat nicht Platz in Allahs Reich, so sagt Mohammed, der Prophet."

Der Mann war, obwohl er sich immer wieder vergewisserte, dass niemand ihm folgte, bemüht, schnell voranzukommen, darauf bedacht auch, dass der Esel keinen rempelte, damit nicht etwa neuer Ärger provoziert wurde und Leute aufmerksam würden. Er blickte wenig nach links und rechts, eilte gesenkten Kopfes und durchquerte die Karawanserei. Kauflustige, Händler und Passanten drängten sich. Gelegentlich hörte man unwillige Bemerkungen, weil wohl Esel diesen Weg nicht benutzen sollten. „Da wären dann die Gewölbe leer", dachte der Mann einen Augenblick in einem Anflug von Spott. Aber er beschleunigte noch den Schritt, als er den Ausgang im gleißenden Licht vor sich sah.

Das wenige, was er so von der Umgebung wahrnahm, war Bekanntes und wieder Nichtbekanntes, eine Tatsache, die durchaus nicht dazu angetan war, seine Gedanken zu entwirren. Mit aller gebotenen Scheu blickte er in offene, lachende oder auch verschlossene, besorgte junge und alte Gesichter, in solche von Männern und ebenso oft in die unverschleierter Frauen.

Als er das neue Mausoleum Pachlawan-Machmuds erreicht hatte, fiel er in leichten Trab. Unbewusst nahm er wahr, dass etliche der im vorigen Jahr erst verlegten Keramikfliesen fehlten. „Schlechte Arbeit", dachte er. Aber dieses Verwunderliche wurde von anderem, noch weniger Fassbaren, verdrängt. Plötzlich merkte er, dass er völlig anders bekleidet war als zu dem Zeitpunkt, da er den Kopf auf den Richtklotz legte. Ein sackähnliches, ärmelloses Hemd hatte man ihm übergestülpt, schön halsfern ... Trotzdem hatte dieses Gewand im Nacken heftig gescheuert, und er erinnerte sich, wie er dem Henker zugerufen hatte, dass er davon wohl einen wunden Hals bekommen würde ...

Dann stellte er verwundert fest, dass er kräftiger auszuschreiten vermochte als vordem, dass auch sein Körperumfang beträchtlich zugenommen hatte, und das bei der mehr als mageren und miserablen Kost der quälenten Tage im Verlies.

Und der Zahn, der Eckzahn! Er verhielt, fühlte mit der Zunge. Beim Handgemenge im Garten des Beis, dort, wo das Unglück begann, war er verlorengegangen. Der Stumpf hatte die Zunge wund gerieben ... Aber dieser Zahn befand sich an seinem Platz!

Trotz all dieser Wunder war das Bestreben des Mannes darauf gerichtet, die Stadt so schnell wie möglich zu verlassen, weg von den Menschen, weg von einer erneut drohenden Festnahme: sich sammeln, alles überdenken ...

Als er so überlegte, stieg abermals Freude in ihm auf, Freude darüber, dass er lebte. Selbst der schmerzliche Gedanke, dass die Geliebte vor seinen Augen starb, trübte das Frohlocken nur wenig. Es war nach Allahs Willen geschehen. „Maschallah", murmelte er.

Trotz des wehen Verlustes, trotz der Wirrnis in seinem Kopf und all des Unverständlichen und Wunderbaren, der bekannten, unbekannten Welt um ihn her, fühlte der Mann seinen alten Elan, seine Lebensbejahung, die ihm in vielen, manchmal ausweglosen Situationen schon den rechten Pfad gewiesen hatten, wiederkehren. Und das in dem Maße, in dem er sich dem nördlichen Tor näherte und ihm immer weniger Menschen begegneten.

Auf dem groben Pflaster ging es bergab dem Ausgang zu. Selbst der Esel schien die Weite draußen zu wittern, denn er ließ sich nicht ziehen und mahnen, sondern trabte flott einher, brachte seinen Herrn außer Atem. „Überhaupt, dieser Esel! Ich hatte ihn doch an den Zaun des Parks am Sommerpalast gebunden?"

Links gewahrte der Mann den blaugefliesten Fuß eines abgebrochenen Minaretts gewaltigen Umfangs, und die Zellen der anschließenden Medrese waren auf einmal zugebaut mit Türen und ganz durchsichtigen starren Häuten, hinter denen sich schillernde Waren befanden. Davor Menschen, die diese Auslagen betrachteten oder aus und ein gingen ... „Und hier haben sie mich vor zwei Wochen vorbei gezerrt, die Hände gefesselt und gebunden an einen Esel ...

Und wie sieht die Festung aus! Oh Allah!"

Der Mann hatte den Blick nach rechts gewandt. Er gewahrte die Regenrillen in den Lehmmauern, die ausgewaschenen Zinnen. „Da hast du stets angenommen, Nasreddin, dass dich so leicht nichts aus der Fassung bringen könnte. Und oft hat dein Leben an einem Faden gehangen. So lange war es nicht her, dass mich der erzürnte Bayazid auf den Baum jagte, den seine Soldaten umwerfen sollten, damit er mich Bocksprünge machen sähe ... Da noch hast du die Kaltblütigkeit besessen, die Hosen fallen zu lassen und die Soldaten von oben zu bekleckern. Oh Sultan, wie hast du gelacht, lebensrettend ...

Aber das erhobene Schwert ist doch etwas anderes. Vorher sehen müssen, wie der Kopf der Geliebten in den Sand rollt ...

Das, Nasreddin, hat dir die Sinne verwirrt." Einen Augenblick blieb er stehen und drückte verzweifelt das Gesicht in die Mähne des Esels. „Oh Allah, Allah, erleuchte einen Unwürdigen, gib ihm zum Leben auch die Sinne wieder ...

Aber es ist Chiwa, die göttliche Stadt!"

Sein tränengetrübter Blick glitt zurück zum Mausoleum, die Festungsmauer entlang zum nahen Tor. Wären die Rillen im Lehm nicht gewesen, er hätte jeden einen Lügner genannt, der behauptete, dieses sei nicht Chiwa. „Aber warum nur gehen diese gottlosen

Frauen ohne Schleier?" Und er sah sich um nach einer solchen Frau.

Das Tor, das unmittelbar vor ihm wie eh und je seine Bögen gegen den blauen Himmel wölbte, ergoss soeben eine Gruppe jener eigenartig gekleideten, hellhäutigen Leute auf die Straße wie jene freundlichen, die ihm im Handumdrehen die Waren abgekauft hatten. „Die Waren. Wie, zum Scheitan, bin ich zu Waren gekommen?"

Die ersten dieser Menschen blieben stehen, einer rief etwas. Nasreddin grüßte. „Salam aleikum!" Einige nahmen kleine Kästen, die sie an Riemen über der Schulter trugen, richteten sie auf den Mann mit Esel. Es klickte mehrmals, und sie winkten dankend.

Da sie sich freundlich gaben, lächelte und winkte er zurück. Und natürlich befanden sich in der Gruppe auch viele Frauen, einige mit dunklen Scheiben vor den Augen, die sie eulig aussehen ließen. Aber sie waren unverschleiert, nicht nur unverschleiert, sondern, oh Allah, beinahe durchsichtig angezogen ...

Und wenn bei diesem Anblick die Verwirrung in Nasreddins Kopf auch nicht eben geringer wurde, er begann Gefallen an dieser unerklärlichen Neuheit zu finden. Der Gedanke, dass der Prophet gegen solchen Frevel sein könnte, störte ihn im Augenblick nicht im Geringsten. Schließlich waren es Ungläubige. „Der Emir wird sich etwas dabei gedacht haben, wenn er seine Stadt für solche Leute öffnete. Allah sei Dank!

Aber das von gestern auf heute?

Als sie mich vorhin, heute früh, mit Geschrei zum Richtplatz führten, standen Frauen vermummt an den Türen. Und diese bunten Leute befanden sich nicht in der Stadt ... Ja, es war Vormittag, als sie mich aus dem Verlies zerrten. Jetzt steht die Sonne hoch, es ist Mittag, also stimmt die Zeitfolge ... Das Einzige, was bisher wirklich stimmt."

Der Menschenstrom durch das Tor ließ nach, als verhindere die stechende Sonne den Zugang zur Stadt.

Nasreddin Chodscha zog mit seinem Esel weiter durch das Nordtor der Itschan-Kala, der Innenstadt Chiwas, ins Freie. Der Hufschlag des Esels dröhnte von den Gewölben wider.

Nasreddin blieb stehen, breitete die Arme. Ja, das war es, sein Land! Erst jetzt hatte ihn das Leben wieder. Im Augenblick fiel alles Wirre, Unklare, auch Wunderbare ab von ihm. Sonnenüberglüht lag die Ebene da, gelb, baumlos und dennoch fruchtbar und lieblich, die Oase Choresm, die er im Gefolge Timurlenks, des Gewaltigen, bereist und in der er die glücklichen Stunden mit Nilufar erlebt hatte.

Als nun Nasreddin den Kopf drehte, die Arme noch immer weit geöffnet, erstarrte er in dieser Pose. Was, zum Scheitan, bedeutete das schon wieder?

Aufgereiht wie die Kamelreiter des Bayazid, standen da im Schatten des Festungswalls langgestreckte Häuschen, glänzend und bunt bemalt, mit Reihen großer Fenster an den Seiten. Und unten hatten sie wulstige Räder.

Eine Weile starrte er auf das abermals Unfassliche. Dann ließ er die Arme sinken. Langsam kehrte Gleichmut in sein Denken. Er wandte das Gesicht erneut der Ebene zu. In der Ferne stieg aus einem Kischlak Rauch. „Allah ist groß, seine Wege sind unerforschlich. Wenn es ihm also eingefallen ist, dass die Menschen, seine Kinder, Häuser auf Rädern bauen sollen, dann bauen sie eben. Aber warum habe ich sie unlängst nicht gesehen? Na, sie haben Räder! Also werden sie daher gekommen sein, wo ich nicht war. Die Erde und das Reich Timurs sind allemal unermesslich!"

Nasreddin fasste den Strick des Esels fester; zögernd, aber stetig trat er an die Kolosse heran, klopfte mit dem Knöchel an die Außenhaut. Aus Lehm waren sie nicht. Es hörte sich an wie der eherne Gong des Muezzins. Welche Verschwendung! Und außerdem roch es in der Nähe dieser Merkwürdigkeiten nicht besonders gut.

Er stellte sich auf die Zehenspitzen, spähte in das Innere eines solchen Hauses. „Eigenartig", dachte er. „Wo sie wohl schlafen mögen, und eine Feuerstelle besitzen sie auch nicht. Ob auf den wulstigen Thronen ein angenehmes Sitzen sei, wer weiß."

Nasreddin runzelte unentschlossen die Stirn, dann setzte er sich auf den harten Boden, mit dem Rücken gegen eines der dicken Räder gelehnt, faltete das Tuch auseinander und sortierte die kleinen Scheine und unbekannten Münzen. Einen Augenblick dachte er daran, diesen unbrauchbaren Plunder wegzuwerfen, aber irgend etwas sagte ihm, dass das töricht wäre. Schließlich hatte sich der Handel auf dem Basar zugetragen - wie auf jedem Basar. Er hatte etwas gegeben - auch wenn er sich nicht erinnern konnte, dass ihm das jemals gehört haben sollte -, und er hatte dafür etwas bekommen - diese Scheine und Münzen, als seien es Goldstücke. Also verstaute er die Dinge in seinem Gewand, das sich, nun bei näherer Betrachtung, als äußerst neu herausstellte und den Schein weckte, als sei er wohlhabend.

Neugierig geworden, durchsuchte er die in den Chalat eingenähten Säcke und die Taschen der Unterkleider. Er war schon gar nicht mehr überrascht, dass er noch etliche solcher und anders gefärbte Scheine zu Tage förderte. Was ihm aber einen Schreck einjagte, war ein zusammengefaltetes Papier, aus dem ihm, als er es auseinanderklappte, das Abbild eines unbekannten männlichen Gesichts entgegenschaute vorkam. Es befanden sich darauf ferner seltsame Schriftzeichen und das sehr blasse Petschaft mit einem fremden Wappen. Doch plötzlich stutzte er. Da stand auf einer solchen Zeile „Omar Anoraew" in der Schrift, die er gelernt hatte. Ein Name! „Anoraew? Und wie überhaupt komme ich zu diesem Papier?"

Nasreddin wiegte den Kopf. Er sah nach oben, über den Zinnen der hohen Lehmmauer gleißte die Sonne. Aber dennoch wurde sehr deutlich, dass ebendiese Zinnen verfallen und verwaschen die Anlage säumten. Gleichzeitig aber ging von diesem hohen Wall etwas Bedrohliches aus. Dem Mann fiel ein, dass der Herrscher nicht selten beim Bau von Befestigungen dieser Art Gefangene, an Pfähle gebunden, als Bewehrung mit einstampfen ließ. „Es wird besser sein", murmelte er, „wenn zwischen mir und diesem Chiwa ein gut Stück Weges liegt!"

Mit einem Seufzer stand er auf, blickte noch einmal in das Räderhaus hinter seinem Rücken, stutzte, als er sein Spiegelbild in der harten, durchsichtigen Haut des Fensters erblickte. Er zog das Papier aus der Tasche, verglich das Bild dort mit dem, was er sah, und stellte verwundert fest, dass sich die Abbildungen einigermaßen glichen. Er wiegte erneut den Kopf, strich sich den Bart, rollte die Augen. Kein Zweifel, nicht nur um ihn her hatte sich vieles verändert, auch er selbst war auf einmal ein anderer.

„Nein!" Er sprach langsam. „Mein Ich ist hier drin", und er tippte sich an den Kopf. „Aber der Bart ist dichter und schwärzer, das Gesicht dicker und runder, und niemals, Nasreddin, hattest du eine gerade Nase und diese schönen Zähne! Ach, Teufelszeug!" Und er hieb mit der flachen Hand gegen das Fenster, dass es dröhnte und das Bild verzitterte. „Dieser Unboschi, der aufgeblasene Wachführer, wird mir in den Trank etwas gemixt haben, den er mir als Gruß des Beis so großherzig kredenzte. Und ich Esel habe ihn mit Genuss getrunken! - Ach, warum, Nasreddin, solltest du nicht? Es war dein letztes Labsal!"

„Eben nicht!" Er blickte noch einmal in das Fenster, strich sich über das Gesicht, fletschte die Zähne. „Es war gut, dass ich getrunken habe." Er betrachtete sich nun wohlgefällig. „Das hat er nun davon, dieser Unboschi, einen schönen Nasreddin hat er aus mir gemacht." Er hob die Arme an und wiegte sich auf Zehenspitzen vor dem Fenster.

„Seht euch den an!"

Erschreckt hielt Nasreddin ein, wandte sich der Stimme zu.

Im Tor stand eine kleine Gruppe von Leuten. Ein Mann, der sich in der Kleidung deutlich von den anderen unterschied - er trug eine Pluderhose, darüber einen kurzen Chalat, der sich über dem Bauch spannte, und auf dem Kopf eine Kappe mit einem lächerlichen Rand ringsum -, wies mit ausgestrecktem Arm herüber und lachte breit. Die anderen, unter denen sich abermals Frauen befanden, lächelten freundlich.

Nasreddin streckte, einer plötzlichen Eingebung folgend, die Zunge heraus, drehte sich um, reckte dem Mann sein Hinterteil zu, ergriff den Esel und machte sich davon, der Sonne abgewandt, nach Norden, den Weg, den er vor einigen Wochen in Fesseln gekommen war.

Zunächst trottete er im Schatten des Walls schnell und ohne sich umzublicken. Er hatte auf einmal Bedenken, ob sein ungehöriges Verhalten nicht vielleicht Folgen haben könnte. Dann, als die Mauer winklig nach Osten abwich, er in die blendende Helle trat, verhielt er doch den Schritt. „Das ist nicht der Weg", dachte er, „den du gekommen bist." Nur zu gut erinnerte er sich des spannentiefen Lehmstaubs, in den seine wunden Füße eintauchten wie in heißes Wasser. Ihm war, als spürte er zwischen den Zähnen das Knirschen des Sandes, den die Hufe der Esel, an deren einen er gebunden war, aufwirbelten, oder das Brennen in den Augen von Hitze, Schmutz und Helle. Statt dessen schritt er auf einer schwärzlichen, reinlichen, harten, aber nicht zu harten breiten und ebenen Fläche, die dem Hof des Sultanspalastes alle Ehre gemacht hätte, einer Fläche, die sich bis zum Horizont erstreckte, dort flimmernd in den Konturen von Büschen und einem fernen Kischlak verschwand.

Nasreddin blickte sich um. Dort lag Chiwa wie er es kannte.

Ein Lehmwall aus der flachen Ebene heraus ... Chiwa, das Kleinod der Oase Choresm, der sagenhaften. „Erst wenn du das Tor durchschreitest, umfangen sie dich, Wanderer, die himmelblauen Kuppeln, die hohen Bögen der Gewölbe, machen dich die Minarette schwindlig.

Ganz anders hast du es gesehen, dieses Chiwa, Nasreddin Chodscha. Als sie dich durchs Tor schleiften, der du lechztest nach einem Schluck Wasser, versuchtest, einen letzten Blick der Geliebten zu erhaschen, die im schwankenden Korb auf dem Dromedar nicht weniger litt als du, Nilufar, die dir im Mondlicht die Schönheit dieser Stadt gepriesen hatte."

Nasreddin straffte sich. „Ha", dachte er. „Ha!", rief er ergrimmt. „Noch lebt er, der Chodscha. Und ich werde im Anblick deiner Schönheit, Chiwa, der Geliebten gedenken, und dir sage ich, Bei, der du sie köpfen ließest, ich werde, wenn Allah mir die Kraft gibt, dein Scheitan sein, so wahr ich Chodscha Nasreddin bin und lebe!" Dann drehte er sich brüsk um, riss den Esel vorwärts, und kräftig schritten sie aus gegen Norden.

Es war noch keine Stunde vergangen, als Nasreddins Schritte kürzer, sein Elan kleiner geworden waren, das um so mehr, als der Mann immer stärkeren, schon quälenden Hunger und noch mehr Durst verspürte. Dem Esel schien es nicht anders zu ergehen, denn immer fester spannte sich der Strick zwischen den beiden, und oft wandte das Tier den langen Kopf nach rechts, wo auf unüberschaubaren Feldern der Mais in der Frucht stand.

Die Straße, auf der sie zogen, rollte unter den Füßen hinweg, als sei sie ein zu einem Reif gebogener endloser Streifen. Das Vorankommen ließ sich eigentlich nicht mehr recht feststellen; Chiwa, im Rücken liegend, war längst den Blicken entschwunden. Und der Kischlak, den Nasreddin meinte vom Tor aus gesehen zu haben, lag nun weit links vom Weg, von diesem nicht berührt.

Gesenkten Kopfes trotteten sie dahin, Nasreddin weitgehend unentschlossen, aber sich doch gewiss, dass irgendwann, bald, etwas geschehen müsse. Ihm schien, als sei sein Blick vor Hunger, Durst und Erschöpfung bereits mit einem Schleier verhangen. Und noch immer wies die Straße, gesäumt vom Mais, in die Unendlichkeit.

Plötzlich klang von hinten ein Brummen auf, das,

den Eindruck hatte Nasreddin, bevor er im Stande war, sich umzuwenden, sehr schnell lauter wurde und rasant näher kam.

Er hatte dann auch kaum mehr die Zeit, das Tier in den Graben zu drängen und sich selber dorthin in Sicherheit zu bringen, als das Ungetüm laut heranbrauste.

Nasreddin duckte sich hinter den Grauen. Er konnte nicht verhindern, dass Angst ihn förmlich schüttelte. Der Esel blieb, und das überraschte Nasreddin, völlig gleichmütig.

Ein solches Haus auf Rädern kam herangedonnert, hinter sich eine aufwallende Staubwolke.

Wäre der Esel nicht so ausstrahlend ruhig geblieben, Nasreddin hätte sich mit aller Macht rückwärts in das Maisfeld geschlagen und wäre gelaufen ... So aber schämte er sich vor dem Tier, krampfte die Hände in dessen Fell und harrte zähneklappernd aus.

So ließ er das, was da auf sie zukam, stoisch über sich hereinbrechen, wunderte sich dann aber doch, dass es so schnell ging, er dabei nicht den kleinsten Schaden erlitt und nicht die geringste Rolle spielte, weil dieses Ding keinerlei Notiz von ihm nahm.

Das Haus rollte vorbei, und hinter dessen Fenstern konnte Nasreddin lachende Menschen sehen. Und einer, der ihn und das Tier im Graben entdeckt hatte, winkte freundlich.

Nasreddin hustete, schüttelte den Kopf vor grenzenloser Verwunderung und schickte sich gerade an, den Esel aus dem Graben zu lotsen, als er wieder einen mächtigen Satz über den Streifen zwischen Straße und Feld machte, dort etliche der mannshohen Pflanzen niederriss.

Aus dem Staub vor ihnen, also dorther, wo das

Haus hin entschwunden war, rollte plötzlich eine merkwürdige - ja - kleine Hütte heran, rollte deutlich auf ebenfalls wulstigen Rädern, besaß Fenster, die das Sonnenlicht reflektierten, und hinter diesen saßen abermals Menschen, drei oder vier.

Allmählich legte sich der Staub, und langsam schwand die Furcht. Nasreddin kam wieder zu klarerem Denken.

Der nach wie vor gleichmütige Esel rupfte Gras, vergriff sich am Mais, und es war, als vertiefte das Mahlen der Zähne Nasreddins eigenen Hunger ins Unermessliche.

Noch immer ein wenig wie in Trance, strich er die Körner von einer Maisdolde, rieb in den Händen die Spelzen ab und warf sich die linsenförmigen Früchte in den Mund. Es schmeckte milchmehligsüß, und er hatte das Gefühl, dass ihm, äße er mehr davon, zum Sterben übel werden würde.

Dann hatte Nasreddin seinen Schreck überwunden. Er überlegte: „So wie diese fahrenden Häuser könnten auf dem Weg natürlich auch die Soldaten des Beis einherkommen, mich festnehmen, erneut ins Verlies werfen, das Ganze noch einmal ..."

Aber je intensiver er so dachte, um so weniger wahrscheinlich schien es ihm. Irgend etwas Unfassliches war geschehen, das stand fest - mit dem Bei in Chiwa und vielleicht sogar mit dem großen Timur selbst. Schließlich passierte das alles in seinem Reich, und das hatte er weiß Gott mit grausamer Strenge in der Hand. Das Wichtigste aber: Über alldem, was da unbegreiflich eingetreten sein musste, waren Nasreddin und Nilufar - vergessen. Andere Ereignisse, größere sicher, verlangten offenbar die volle Aufmerksamkeit des Herrschers. Vielleicht sind fremde, mächtige

Völker ins Reich gedrungen, haben es ganz und gar erobert? Das aber musste sehr schnell gegangen sein. „Einen halben Mond nur war ich im Kerker ..."

Nasreddin zog den Esel, der sich nur schwer vom Grünfutter trennen ließ, auf den Weg, kratzte sich unter dem Feṣ am Kopf, schnallte den Gürtel enger und - schwang sich schließlich auf das Tier. „Der Dampf meines Hungers macht mich leicht, und du hast dich gestärkt. Also nützt es uns beiden, wenn ich auf dir sitze. Du hast es nicht so schwer, ich brauche nicht zu laufen, und du vertust deine Kräfte nicht umsonst."

Kaum dass er saß, dem Tier die Fersen in den Leib gedrückt hatte, hieb er sich mit der flachen Hand an den Kopf, dass es bis weit in die Felder schallte. „Es scheint, der größere Esel von uns beiden bin ich", rief er laut. Unten in den schmalen Tragekörben, die links und rechts am Zaumzeug des Grauen baumelten, lagen in dem einen große saftige Birnen und Gurken, im anderen, gewickelt in Papier, kalte Mantys, die usbekischen Teigtaschen, deren Aussehen sofort das Wasser im Mund zusammenlaufen ließ. Daneben gluckste in einer durchsichtigen Flasche eine Flüssigkeit.

Nasreddin drehte die Augen gegen den blendenden Himmel, breitete die Arme und rief mit unernster Inbrunst: „Oh Allah - was bin ich für ein Unwürdiger. Wie konnte ich einen Augenblick annehmen, dass du mich in deiner Weisheit vom Tode durch das Schwert erretten könntest, um mich dann in der Unendlichkeit dieses Höllenbands von einer Straße verhungern zu lassen?" Schon bei den letzten Worten tastete Nasreddins Linke, ohne dass er den Blick vom Firmament gewandt hätte, nach einer Birne. Im Hineinbeißen ließ er sich vom Esel gleiten, löste die Riemen der Körbe und machte es sich am Feldrand gemütlich. Nur zu gern folgte ihm der Esel, um das unterbrochene Mahl genüsslich fortzusetzen.

Nasreddin schien, er habe noch niemals so gut und fürstlich gegessen wie in dieser Stunde zwischen Chiwa und nirgendwo.

Unterwegs

Die rollenden Häuser und Hütten nahmen zu, je weiter der Tag fortschritt. Sie kamen mit Gebrumm aus beiden Richtungen, und manchmal stießen sie auch ein gequetschtes Gebrüll aus, um den Mann mit dem Esel auf sich aufmerksam zu machen.

Anfangs drückte sich Nasreddin ganz weit an den Straßenrand, und es suchten ihn Angstschauer und Gänsehaut heim. Aber sehr bald hatte er sich mit der neuen Situation abgefunden, sich überzeugt, dass diese Dinge trotz ihres respektablen Äußeren und angsteinflößenden Getöses harmlos und im Ganzen dumm waren, eben wie Häuser, und von ihnen keinerlei Gefahr ausging, wenn man sich ihnen nicht in den Weg stellte.

Nasreddin winkte sogar schon zurück, wenn ihn Insassen grüßten.

In dem Maße, wie er sich an sein neues Dasein gewöhnte, fand er Gefallen am wiedergewonnenen Leben, und es störte ihn nicht im Geringsten, dass soviel Unerklärliches um ihn herum geschah. Satt und im Grunde zufrieden und mit nachklingender Freude, davongekommen zu sein, ritt er einher, ließ den Esel laufen, wie es dem gefiel, und sang. Fehlten ihm da und dort die Worte, setzte er neue ein. Immer aber waren es solche, die sein Geschick priesen.

Rechterhand hörte das Maisgebiet plötzlich auf. Knie- bis hüfthohe Stauden standen in Reih und Glied mit weißen Bäuschen an den Ästen, manchmal mit großblättrigen gelben Trichterblüten oder grünen strotzenden Kapseln.

Beim ersten Anblick hätte Nasreddin geschworen, es sei Baumwolle. Als er aber die riesige Fläche überschaute und sich erinnerte, dass er sich nicht in seiner Heimat, sondern in der Oase Choresm befand, dort niemals Baumwolle gezogen wurde, überkamen ihn Zweifel. Er stieg ab, vergewisserte sich: es war Baumwolle. „Gut, ist es eben Baumwolle und viel Baumwolle!" Nasreddin hatte eine Handvoll gepflückt, warf sie in den Wind, der leicht über das große flache Feld wehte. Im Aufrichten gewahrte er weit zum Horizont zu, gegen eine schwärzliche Buschgruppe, blaue Kästen, die emsig im Feld einherwanderten, und ihm war, als seien hinter ihnen dunkle Streifen im sonst insgesamt weißlichen Wolleflor. Wenn er sich anstrengte, glaubte er auch ein Brummen von dorther zu vernehmen.

Nasreddin saß auf. Vor ihm, noch fern, stieg Rauch aus der Ebene. „Wo Rauch ist, sind Menschen", dachte er. „Und wo Menschen sind, ist Leben." Denn langsam ging ihm diese endlose tötende Straße mit ihrem ewig gleichbleibenden schwärzlichen Belag, ihrem Staub und ihrer Geradheit auf die Nerven. Und daran änderte auch nichts, dass sich zu den fahrenden Häusern und Hütten noch eine Vielzahl anderer rollender Merkwürdigkeiten gesellt hatte: riesenhafte

Karren, kleinere auch, Fässer, aus denen Timurs gesamtes, stets durstiges Heer einen ganzen Tag wohl hätte trinken können. Und die Formen dieser Dinge, die da ihre Bahnen zogen, waren sehr unterschiedlich, auch die Farben. Aber - sie waren eben gleichgültig, die Bauten und die Menschen darin. Niemand nahm Notiz von dem Mann mit dem Esel, nichts, außer er bezog das gelegentliche Brüllen auf sich, und manchmal sah er deutlich den Bogen, den die Kästen um ihn und den Esel beschrieben, wenn sie auswichen. Man konnte sich da schon verloren und nichtig vorkommen.

Dann war da der Kischlak! Nasreddin atmete auf, glitt vom Esel, führte ihn hinunter von der Straße, auf einen lehmstaubigen Weg, mitten hinein zwischen die Häuser. Er atmete deshalb befreit auf, weil er endlich wieder auf Bekanntes traf, hier fühlte er sich wohler als zwischen diesen eisernen Kästen da draußen, hier standen die Häuser ohne Räder festverwurzelt mit dem Boden, hatten die vertraute gelbliche Farbe des Lehms, in dem das eingebackene Stroh dort, wo die Sonne es traf, ein freundliches Glitzern hervorzauberte, als sei es ein schmückender Schleier.

Nasreddin wanderte langsam, sah nach links und rechts. Ja, da war Leben. Magere Hunde strichen über die Wege, er hörte Kindergeschrei hinter den Mauern, sah die Kleinen tollen. Zwei Männer, in ein angeregtes Gespräch vertieft, begegneten ihm, im Chalat und mit der Tjubeteika auf dem Kopf, dem Käppchen, das man in Choresm trug.

Und als Nasreddin grüßte, antworteten sie „Salam!".

Die Granatapfelbäume in den Vorgärten trugen rote, reifende Früchte. Manchmal stand eine Tür offen, und man konnte die prächtigen Weintrauben von den Gerüsten, die den Hof überspannten, herunterhängen sehen.

Niemand nahm von Nasreddin weiter Notiz, außer dass man ihn grüßte oder auf seinen Gruß antwortete. „Also bin ich doch einer von ihnen", dachte er, „also ist mit mir zumindest nichts Außergewöhnliches geschehen." Kaum hatte er diesen Gedanken gefasst, begann er, seine Umgebung kritischer zu betrachten. Und dann fiel ihm auf, dass es doch etwas Neues war, wenn Türen zu Höfen offenstanden und man sehen konnte, was sonst ängstlich den Blicken Neugieriger verwehrt worden war. Gleichzeitig nahm er verwundert wahr, dass die meisten der Häuser Fenster hatten, die zur Straße zeigten und in die er hätte bequem hineinschauen können.

Auf den Dächern türmten sich die Heu- und Strohschober wie Nasreddin es kannte. Sie waren Vorrat, Futter für die Schafe und Schutz vor den eiskalten Winterstürmen zugleich. Das also war es nicht, was an diesen Dächern auffiel. Eher merkwürdig empfand er die vielen schlanken Stangen, die zwei, drei Mannslängen hochragten und an ihrem oberen Ende sehr verunglückte und sicherlich nur umständlich zu gebrauchende Heurechen trugen.

Nasreddin wiegte nachdenklich den Kopf. „So gut kennst du dich in Choresm nicht aus, Freund, bist zu Besuch hier, auf Einladung Timurs, des Herrschers persönlich." Und Nasreddin hätte tatsächlich nicht zu sagen vermocht, ob diese Stangengeflechte schon die Dächer zierten, als er nach Chiwa geschleppt wurde, und ob ihm dieses lediglich nicht aufgefallen war. „Ein Wunder wäre es nicht, habe, weiß Allah, an andere Dinge gedacht ... Sicher ein Brauch zur Abschreckung böser Geister oder ein Platz für die guten, wer weiß.".

Es war dies ein großer Kischlak. Mehr zum Zentrum hin nahm der Strom der Leute zu, und nicht jeder von denen, die ihm begegneten, blickte so, dass er gegrüßt werden wollte, und nur noch wenige grüßten ihn. Dass unter den Passanten sich gleich viele Frauen wie Männer bewegten, verwunderte Nasreddin nicht mehr. Allerdings fehlten hier diese hellhäutigen in ihrem scharenweisen Auftreten. Ab und an einer - aber mit dem gleichen Blick und der gleichen Geschäftigkeit wie diese Usbeken. Manchmal traf Nasreddin einen Mann mit einem Esel, und in nichts unterschied der sich von ihm und seinem grauen Freund.

Dass das Chanat Chiwa so reich war, hätte Nasreddin nicht angenommen. Der Kischlak jedenfalls deutete auf Wohlhabenheit der Leute hin. Es gab sogar Häuser übereinander und mit festem Dach.

Auf einmal stand Nasreddin vor einem - Basarhaus mit jenen blanken Flächen aus durchsichtigen Majolikascheiben in den Fenstern, einem Haus, dessen Decke nicht aus Kuppeln gebildet wurde wie in den Basarhallen in Chiwa, sondern wo sich Platten von Pfeiler zu Pfeiler hinzogen wie ein zweiter, meisterlich gestampfter Boden.

Ein wenig umständlich band Nasreddin seinen Esel fest, sich scheu umblickend. Er war misstrauisch und neugierig, hätte sich zu gern die Waren angesehen, war sich aber keineswegs sicher, ob er nicht in neue, für ihn nicht beherrschbare Situationen geraten würde. Ein wenig Vorsicht schien ihm in dieser verrückten Welt geboten.

Aber die Menschen, Männer, Frauen, Kinder, gingen durch die um sich schlagenden Türen. Und niemand kümmerte sich um den anderen.

Zurückhaltend reihte sich Nasreddin ein, und geschickt fädelte er sich hinter einer dicken Frau durch die pendelnde Tür.

Wenig später kam er sich vor wie in ein Märchen aus tausendundeiner Nacht versetzt. Das war kein Basar, das war das Paradies. Und einen Augenblick dachte er wieder daran, ob er, vielleicht doch getötet, in Allahs Reich Gnade gefunden hatte. Wie im Traum wandelte Nasreddin zwischen den Verkaufstischen und betrachtete gleichsam mit Kinderaugen die Schätze in den Regalen.

Es musste dies ein Ausstattungshaus für Emire und Chane sein, dessen war er sich nach dem ersten Eindruck sicher. Buntes Geschirr gab es: farbige Schmetterlinge auf schneeweißem Untergrund. Nicht ein Teil als wohlgelungenes Stück eines Meisters, nein, Hunderte. Und Tassen. Glänzende Töpfe, einer wie der andere und ganz ohne Spuren des Treiblings. Dort drüben, ha, Birnen in festen, durchsichtigen und ebenmäßigen Säcken, kleine bunte Häuschen auf Rädern, ganz ähnlich den großen, die nicht weit von hier auf der Straße fuhren.

Plötzlich wich er ein paar Schritte von einem Stand zurück. Ein Teufelsding stand da. Kleine Menschen in farbigen Trachten sangen und tanzten hinter einer Scheibe, die nicht größer war als einer von den Riesenbrotfladen, die es in diesem Ausmaß nur in Choresm gab. Und nicht genug. Ein junges Mädchen mit schwarzen Augen und dicken Zöpfen bis zu den Hüften, auf dem Kopf eine prächtige gestickte Tjubeteika, tat leicht etwas mit den Fingern an dem Kasten, in dem sich der Fladenschirm befand. Und statt der Tänzer und Sänger saß da plötzlich ein dicker Mann, der pausenlos in einer unbekannten Sprache redete und dem Beschauer unablässig in die Augen sah. Erneut gab es einen Knack, und - Nasreddin wagte kaum hinzuschauen, so schämte er sich - wenig bekleidete Mädchen sprangen von einem stattlichen Gerüst unter allerlei Körperverrenkungen. Fast hätte er aufgeschrien, wenn er nicht im letzten Augenblick das Wasser bemerkt hätte, das den Sprung sanft auffing ...

Als er jedoch begriff, dass seine Scham völlig unangebracht war, viele schauten hin - manche gleichgültig, gelangweilt -, gab er sich diesem Anblick hin. Und es waren da schwarze und hellhaarige, schlanke und mollige Mädchen, die ins Wasser tauchten.

Nasreddin stand verzückt und schaute, vergaß die Welt um sich her ...

„Seht euch den an", hörte er da plötzlich. Ein Kichern folgte. Erschrocken wandte er sich zur Seite. Hinter einem Tisch standen zwei dieser glutäugigen, drallen Usbekinnen mittleren Alters, hatten die Köpfe zusammengesteckt, lachten und tuschelten, sahen aber unablässig zu ihm herüber.

Schnell hatte er sich gefangen. „Wisst ihr, Tantchen", sagte er, „auch den Augen muss man eine Freude gönnen. Schon zu viele wie euch habe ich heute gesehen." Und mit einem letzten Blick auf diese Teufelskiste wandte er sich ab, aber ein kleiner Seufzer der Entsagung rang sich noch aus seiner Kehle.

„Hört euch den Frechdachs an!", sagte die eine.

„Er ist wohl mehr auf den Kopf als aufs Maul gefallen", die andere.

Aber sie lachten noch, als er scheel über die Schulter zurückblickte.

Vor ihm kauften junge Frauen Kleider oder wählten zwischen flammend bunt gefärbten Stücken, wie sie nur für Prinzessinnen gefertigt sein konnten oder für die Lieblingsfrau des Chans. Auch Nilufar hätte sich darin sehen lassen können.

Nilufar ...

Aber wie Prinzessinnen oder gar Lieblingsfrauen sahen diese, die respektlos in den Kostbarkeiten wühlten, wahrlich nicht aus. Niemand sah aus, als käme er vom Hof des Chans.

Nun schaute Nasreddin genauer hin. Vor ihm kaufte ein Alter ein Messer, ein schönes Messer, wie es Schuchrad, der Schmied, niemals hätte anfertigen können. Der Alte trug einen schmuddligen Chalat, und seine Schuhe legten Zeugnis ab, dass er einen weiten Weg in Staub und Lehm zurückgelegt hatte. Der Mann prüfte mit dem Daumen die Schneide, wiegte zufrieden den Kopf und schob, oh Wunder, dem Mädchen hinter dem Tisch, einem schmalen sommersprossigen - „Allah, wie vielfältig sind die Antlitze der Frauen, und gepriesen seist du, dass du sie mich schauen lässt!" -, einige zerknitterte Papierchen über den Tisch. Und diese wie vom lehmigen Regen gesprenkelte Blüte nahm die schäbigen Scheinchen und tauschte dafür das Messer. Der Alte schlurfte hinaus, schob das Erstandene in den fleckigen Chalat.

„Bitte, was wünschen sie?"

Nasreddin, noch nicht über sein Wundern hinaus, schreckte zusammen. Unmittelbar vor ihm stand schief das schmale Gesichtchen, und die Augen blickten erwartungsvoll.

„Ein, ein - auch ein Messerchen, Sonnenblume!"

Das Mädchen runzelte die Stirn, lächelte dann und holte unter dem Tisch einen Gürtel hervor, in dem an die zehn Messer steckten, eins blitzender und messriger als das andere.

Nasreddin zog laut die Luft durch die Nase ein,

nahm dann eins dieser Schneidwerkzeuge nach dem anderen, prüfte, fuchtelte sogar vor den Augen der Verkäuferin in einem Scheinkampf herum, bis er hinter sich hörte: „Ich hab ja gleich gesagt, der hats mit dem Kopf ..."

„Na, darf es eins sein?", fragte das Mädchen. Aber es klang wie: „Hast du nun dein Spielchen gehabt, Narr?"

Plötzlich fühlte sich Nasreddin unbehaglich. „Das", sagte er und drückte den Finger auf eine Klinge, dass der weiß wurde.

„Gut." Sie war wieder ganz freundlich. „Ein schönes Messer, Onkelchen. Soll ich es einpacken? Achthundert Sum."

Nasreddin runzelte die Stirn. Aber pfiffig hob er dann achtungsgebietend den Zeigefinger und schüttete, indem er sich über den Tisch beugte, den gesamten Inhalt des Tuches vom Basar in Chiwa vor dem Mädchen aus, sodass dieses zu tun hatte, die rollenden Münzen vor dem Herabspringen zu bewahren. Dabei schüttelte sie unwillig den Kopf. „Achthundert Sum", wiederholte sie.

Da sah er sie an, hob langsam die Schultern.

Sie verzog den Mund und schob mit langem Zeigefinger schicksalsergeben Scheine und Münzen aus dem wirren Häufchen und sagte, als sie offenbar hatte, was sie brauchte: „Achthundert Sum."

Zwei Buben lümmelten schon eine geraume Zeit am Ende des Verkaufstisches. „Der kennt das Geld nicht. Hättest in der Schule aufpassen müssen, Onkelchen", rief der eine.

Nasreddin blickte hilflos.

„Pass auf!" Der andere Junge tat sich hervor. „Das sind zehn Sum, das drei, und das ist immer einer ..."

Und er sortierte aus dem Häufchen die Scheine aus, glättete sie ein wenig und legte sie als Bündel.

Umstehende wurden aufmerksam. „Der Naseweis. Aber recht hat er. So dumm sieht der Mensch nicht aus, dass er das nicht hätte lernen können. Zu alt ist er auch nicht."

„Dafür frech!" Es war dies wieder die mittlerweile Nasreddin wohlbekannte Frauenstimme von vorhin. Ihm wurde heiß und unbehaglich. Scham und Zorn stritten in ihm. Doch er sagte sich: „Sei klug, Chodscha! Schöner Chodscha, der sich von einem Rotzjungen belehren lassen muss ... Aber noch durchschaust du in diesem verhexten Choresm nicht alles." Und er begann hastig, Scheine und Münzen zusammenzuraffen.

„Hier, vergiss dein Messer nicht, du Leuchte aller Leuchten." Und das Mädchen hielt ihm die Klinge hin. Spöttisches Lächeln prägte sein Gesicht.

„Eine Sonnenblume mit Dornen", dachte Nasreddin. Und er trat rückwärts vom Tisch hinweg unter dem Gelächter der Umstehenden, drängte sich durch einen kleinen Pulk von Leuten, machte eine jähe Wende, und da polterte es seitwärts von ihm. Metallene kleine Walzen stürzten, rollten nach allen Seiten. Als eine vor seinen Füßen zur Ruhe kam, sah er, dass sie das Bild zweier rotbäckiger Äpfel trug. Und er ahnte mehr, als dass er es wusste, dass er wohl einen ganzen Turm dieser Walzen, der da kunstvoll aufgebaut stand, umgerissen hatte.

Die Umstehenden lachten, andere kamen hinzu.

„Töchterchen, ich bau es wieder, dein Türmchen, glaub es mir, ich bau es wieder", stammelte Nasreddin, und er schickte sich an, den Walzen, von denen noch immer einige rollten, hinterherzusetzen, in der einen

Hand das zusammengeraffte Tuch, in der anderen das Messer.

„Schon gut, schon gut. - Pass lieber auf, dass du nicht noch mehr umreißt!" Und das Mädchen kniete sich hin und begann die Behälter erneut zu stapeln.

Die Umstehenden lasen die verstreut liegenden Rollen zusammen, die beiden Jungs halfen beim Aufbauen, die Leute liefen auseinander.

Nasreddin hatte das Messer in den Gürtel gesteckt, das Bündel abgelegt und half, so gut er konnte, darauf bedacht, kein weiteres Unheil heraufzubeschwören.

„Geh nur, geh, Onkelchen", forderte die Verkäuferin ihn ab und an.

Entfernt hörte er wieder die Frau. „So dusslig sieht er gar nicht aus."

Als Nasreddin gewahrte, dass er nicht mehr helfen konnte, stahl er sich davon. An der Tür erwischte er den Flügel, der verriegelt war, drückte und zog daran herum, bis von der anderen Seite jemand eintrat.

Draußen nestelte er hastig, zu hastig, am Strick, mit dem er den Esel angebunden hatte, schwang sich dann auf das Tier, gab ihm die Fersen, und im Trab gings auf die Straße zu, die er gekommen war. Als er sich umdrehte, sah er hinter sich die beiden Jungs, die ihm nachrannten und lachten.

Nasreddin beruhigte sich schnell. Im Grunde war nichts geschehen, außer dass er sich sehr ungeschickt angestellt hatte. Aber es wurmte ihn, dass dieses Ungemach aus seinem Nichtbegreifen, aus seiner Unwissenheit spross. Und es machte ihn schon der Gedanke unsicher, dass noch vieles geschehen konnte, was er erneut nicht übersah, was ihn wieder in Furcht und Verlegenheit stürzen konnte.

Doch später, als Mann und Esel wieder Tritt gefasst hatten, als das dumpfe gleichförmige Trappeln der Hufe auf dem schwarzen Belag der Straße die Augenlider schwer machte, schlussfolgerte Nasreddin, dass er sich eben zunächst zurückhaltender bewegen, mehr beobachten müsse, wenn er nicht abermals und immer wieder hereinfallen wollte. „Ist die Welt verrückt, auf den Kopf gestellt - na gut! Habe ich gelernt, dass Blitz und Donner aus Gewitterwolken ebenso folgerichtig kommen wie die Stockhiebe auf einen ungehorsamen Schüler, so wird sich auch begreifen lassen, was den Allmächtigen und den Gebieter bewogen haben mochte, von heute auf morgen das Unterste zuoberst zu kehren. Immerhin, Wertvolles habe ich ja schon erfahren bei diesem Intermezzo, Wertvolles und eigentlich Ungeheuerliches. Oder ist es nicht ungeheuer, wenn sich Kinder und Greise kleiden können wie Fürsten? Wenn sie im fleckigen Chalat in herrschaftlichen, überdachten Basaren herumscharwenzeln, das Messer nicht vom Hundertschaftsführer wie ein Heiligtum entgegennehmen, sondern es selbst gegen ein paar lächerliche papierene Zettel eintauschen? Ich sagte es schon: Die Welt steht auf dem Kopf; und bestimmt steckt eine Teufelei Timurlenks dahinter! Ich werde es noch herausbekommen."

Nasreddin gab dem Esel die Fersen, sodass dieser ein paar schnellere Schritte machte. Die Straße führte noch immer schnurgerade - jetzt beiderseits von Baumwollfeldern gesäumt - von Chiwa weg.

„Aber eine ausgezeichnete Sache ist das schon mit diesen Scheinchen!" Nasreddin griff nach dem erstandenen Messer, betrachtete es wohlgefällig und hieb dann damit nach einem Zweig, der von einem Busch bis zum Straßenrand ragte. „Und beinahe hätte ich diese Papierchen missachtet." Er dachte an den Rotzjungen, der sie gezählt hatte. „Die Scheinchen müssten noch für etliche dieser Messer gut sein!"

Nasreddin fühlte danach - und erschrak durch und durch. Das Bündel befand sich nicht in der Tasche des Chalats. Er fingerte nervös nach den anderen eingenähten Säckchen, aber bereits in der Gewissheit, dass es ergebnislos sein würde. Eine heiße Welle stieg in ihm hoch. Er sprang vom Esel, griff hier- und dorthin. Aber ihm wurde immer klarer, dass das Bündel nicht mehr da war, dass es nicht mehr dasein konnte, weil es in jener Basarhalle in einem Regal neben einem Haufen gelber Paprikaschoten lag, von ihm dort deponiert, als er half, diese vom Teufel selbst in den Weg gestellten Apfelwalzen wieder aufzutürmen.

Sein erster Gedanke war, den Esel zu wenden und zurückzureiten. Aber resignierend ließ er diese Idee fallen. Zuviel hatte er in seinem Leben erfahren. Jedermann wusste offenbar um den Wert dieser Scheinchen, und immer schon, seit Allah die Welt geschaffen hatte, befanden sich unter hundert Menschen mindestens zwanzig Spitzbuben, die noch stets eine derartige Gelegenheit ausgespäht und genutzt hatten. Nasreddin seufzte. „Du stellst deinen gläubigen Sohn, oh Allah, auf harte Proben", sagte er vor sich hin - sich mit dem Unabänderlichen abfindend. „Aber wenn du es so willst ..."

Er zog die Schultern an und ließ sie resignierend herabfallen. Dann blickte er in die Körbe; ein geringer Vorrat an Obst und ein Gebäckstück befanden sich noch darin.

Weiter ritt Nasreddin, aber gedämpfter Stimmung und mit zunehmender Sorge um die Zukunft. Er konnte nicht ewig diese Straße entlangziehen, zumal wenn sie tatsächlich, wie es den Anschein hatte, ins Unendliche führte.

Später, die Sonne brannte noch heiß herab, neigte sich jedoch bereits deutlich zum Horizont, überlegte Nasreddin abermals, ob er nicht doch zum Kischlak zurückkehren sollte. Nicht der Scheinchen wegen, die hielt er nach wie vor für unwiederbringlich verloren, nein, um dort unter Menschen zu sein, die Nacht und vielleicht die nächsten Tage unter ihnen zu verbringen. Er zählte sich nicht zu jenen, die ihr Leben - und noch dazu ein so wundersam wiedergewonnenes - für sich allein leben. „Kein Mensch kann nur für sich existieren, ich schon gar nicht ..."

Nasreddin aß einen Apfel, reichte dem Esel den Griebs hinab. Er ließ das Tier weitertrotten; noch immer schien es ihm erstrebenswert, einen möglichst großen Abstand zwischen sich und dem Chan von Chiwa zu bringen. Das auch gab den Ausschlag, dass er sich entschloss, nicht umzukehren.

Längst interessierten den Mann die rollenden Häuser und Hütten, Fässer und Karren, nicht mehr. Er blickte höchstens einmal auf, wenn ein Gefährt vorüberschoss, das sich in Form oder Farbe von den anderen abhob. „Wer mich nicht ästimiert, den achte ich auch nicht. Na, na!", sagte er zu sich selbst. „Beim Chan oder gar dem Gebieter bist du schon bereit, eine Ausnahme zuzulassen. Für diese bist du, Nasreddin, ein Dreck." Bei dem Gedanken fasste er sich an den Hals. „Oder hat der große Timur, der dich, berühmter Chodscha, eingeladen hat, dich beschützt, als es dir ans Leder ging? Du hast ein Gesetz verletzt, weil du dich verliebtest. Was für ein Widersinn. Und das kostet den Kopf. Gut, wenn sie schon solche Gesetze haben, mögen sie nach ihnen leben, aber einen zu behandeln wie einen räudigen Hund, nachdem sie vorher dich ehrten? So eben, Nasreddin, ist diese Welt verlogen, und sie betrügt."

Der einsame Reiter seufzte, gab sich diesem oder jenem unnützen Gedanken hin. Unter noch warmer usbekischer Sonne bummelten sie dahin, in einem Staubschleier ...

Schließlich begann Nasreddin zu dösen, zeitweise einzunicken. Ab und zu ruckte er hoch, wenn einer der Karren besonders nahe oder laut an ihm vorbeieilte oder gar, um ihn zu erschrecken, quakte.

Dann hörte Nasreddin mehr im Unterbewusstsein vor sich ein lautes Quietschen. Munter aber wurde er erst, als der Esel stehenblieb.

Vor den beiden hielt ein großer Karren, beladen mit Sand. Aus dem Fenster des kleinen Häuschens vorn lehnte sich ein Mann, bekleidet mit einem lächerlich wirkenden Trägerhemdchen, braungebrannt und unrasiert, mit einer Tjubeteika auf dem Kopf. Er blickte Nasreddin entgegen, ja, es schien fast so, als erwartete er ihn.

Noch bevor Nasreddin an dem Kasten des Karrens vorbei war, verschwand der Mann vom Fenster. Gleich darauf erstarb das nervende Getucker des Gefährts, und der Mann sprang von dem Häuschen herab, noch im Sprung der Tür einen Stoß versetzend, dass sie mit einem lauten Knall zuschlug, und kam auf Nasreddin zu. Eine Hand hielt er hinter seinem Rücken verborgen.

Zunächst hatte Nasreddin das Gefühl, es jenem anderen, der offenbar abgestiegen war, weil er mit ihm zu sprechen wünschte, gleichtun zu müssen. Er hopste also von seinem Esel. Gleichzeitig aber regte sich in ihm Misstrauen, das alsbald jedes andere Gefühl überwog. „Warum wohl hat jener seine Fahrt unterbrochen, hat angehalten, nachdem Hunderte, ohne von mir Notiz zu nehmen, vorübergerollt sind? Mit dem Chan von Chiwa wird er wohl nichts zu schaffen haben, so laufen dessen Leute nicht herum", dachte Nasreddin. „Aber ob dieser lächelnde und durchaus freundlich tuende Mensch lautere Absichten hegt, bleibt stark zu bezweifeln!" Nasreddin fühlte unter dem Chalat nach dem Griff des Messers.

„Ty etot tschelowek ...", begann der andere in jener fremden Sprache.

Nasreddin schüttelte sogleich heftig den Kopf, sein Misstrauen stieg, und er rief: „Ich verstehe dich nicht, Brüderchen, mit mir musst du in der Sprache reden, die Allah seinen Gläubigen gegeben hat!" Er wurde laut, verdeckte damit seine steigende Furcht.

„Gut, gut, Onkelchen." Der andere lachte nun breiter. „Also bist du nun jener Mensch, der im Magazin von Foril ein Messer gekauft hat?"

„Foril?", fragte Nasreddin zögernd zurück, um Zeit zu gewinnen. Worauf wollte dieser Mensch hinaus, der jetzt so nahe stand, dass man leichten Schweißgeruch wahrnahm?

„Nun, der Kischlak da hinten." Er wies mit der freien Hand unbestimmt die Straße zurück.

„Bin ich", bekannte Nasreddin, fasste dabei jedoch den Griff des Messers fester. „Ich habe dafür - Scheine gegeben."

„Hast du, hast du!", bestätigte der Fremde. Es klang, als wollte er sagen: „Sieh an, was für ein tüchtiger Kerl du bist." „Und, hast du *noch* welche?"

„Aha", dachte Nasreddin „Aha! Ein gewöhnlicher Straßenräuber. Gleich wird er die Hand vorziehen mit einem ordentlichen Dolch darin, wird mir die Klinge an die Kehle legen und schreien: 'Her damit, Hundesohn!' - oder so ähnlich. Findet er bei mir nichts, wird er ärgerlich werden, außerdem wird er nicht wollen, dass ich ihn eines Tages wieder erkenne und dem Kadi übergebe. Also hat er nicht den geringsten Grund, mir die Kehle nicht durchzuschneiden, ob ich Scheinchen habe oder nicht. Nasreddin, es ist viel zuviel, an einem Tag den Hals zweimal abgeschnitten zu bekommen. Und bist du einmal entwischt, sogar dem Chan mit seinen Schergen, wird ein Straßenräuber nicht vollenden, was jenen so wundersam versagt geblieben."

Nasreddin trat einen Schritt zurück. Nur einen Augenblick dachte er an sein Darben im Kerker, aber nun fühlte er sich voller Kraft. „Pech, Freundchen", rief er, und zum Teil war sein Bedauern echt. „Nicht ein einziges Scheinchen habe ich mehr." Er knüpfte mit der freien Hand behend die Kordel des Chalats auf, ließ das Kleidungsstück über die linke Schulter fallen, zog den rechten Arm mit dem Messer durch den weiten Ärmel - schließlich war der Räuber kein leichter Gegner, und der Mantel würde beim Kampf hinderlich sein -, sprang plötzlich mit erhobenem Messer und mit größter Kraftanstrengung vor und hieb dem Gegenüber beide angezogenen Knie in den Leib.

Der Mann, auf den Angriff nicht gefasst, schlug mit einem kläglichen Röcheln zu Boden und krümmte sich. Beim Fallen flatterte etwas aus seiner verdeckten Hand, was zu ergründen Nasreddin keine Zeit blieb - wie ein Messer, merkwürdig - sah es jedenfalls nicht aus.

Nach einem weiteren Satz hockte sich Nasreddin dem Gegner auf den ohnehin schon misshandelten

Magen und hielt ihm die Klinge so fest an die Kehle, dass beim geringsten Druck Blut fließen würde.

Nasreddin war kaum außer Atem. „Alle Achtung", dachte er anerkennend. „Bist stark, Nasreddin. Und das ist ein unerfahrener Räuber, ein Anfänger." Einen Augenblick kam ihm sein alter Chodscha Mulim Aba in den Sinn, der ihm diesen Angriffstrick beigebracht hatte. „So, Freundchen", sagte er ruhig, „nun wollen wir weitersehen. Auf jeden Fall werde ich es dir austreiben, friedliche Wanderer zu überfallen."

Auf der Straße fuhren weiter Fahrzeuge aller Art, aber niemand gewahrte die merkwürdige Gruppe, bestehend aus einem intensiv grasenden Esel und einem auf einem anderen sitzenden Mann mit einem bedrohlichen Messer. Der Karren schützte gegen Sicht.

Der Mann unter Nasreddin stöhnte, verdrehte die Augen, offenbar quälten ihn Leibschmerzen.

Nasreddin spürte nur mäßige Regungen des Körpers unter ihm, keine aber, die darauf hindeutete, dass der andere Kräfte sammelte, um den Angreifer abzuschütteln.

Als sich nach Augenblicken der Räuber ein wenig erholt hatte, stand ihm weiter nichts als zunächst Staunen, dann Zorn im Gesicht. Aber er sagte nichts, und - sich offenbar der Gefahr bewusst - er bewegte sich auch weiterhin nicht.

Nasreddin wurde unsicher, seine Erregtheit schwand. „Warum, zum Teufel, macht jener Mensch nicht die geringsten Anstrengungen, sich zur Wehr zu setzen?" Er löste seinen Blick aus dessen Gesicht, das, obwohl es nun nicht mehr lachte, ein durchaus freundliches war, und entdeckte etwas Erstaunliches: Rings um ihn her lagen Münzen und Scheinchen im dürren, staubigen Gras. Einige der Papiere bewegten sich im leichten Wind, der über die Baumwollfelder strich. Und unter dem Kopf des Geschlagenen lugte der Zipfel eines Tuches hervor, das erstaunliche Ähnlichkeit mit jenem hatte, in das Nasreddin seine Münzen und Scheinchen eingebunden hatte auf dem Basar in Chiwa.

Leise, dass der Kehlkopf nicht zu sehr schwang, rief der Mann: „Onkelchen, du bist gewiss dümmer als dein Esel!"

„Halt dein loses Maul, oder ich lasse dir die Luft aus dem Blasebalg!" Aber es klang schon unsicher, was Nasreddin da mit halb gespieltem Grimm von sich gab, und er lockerte die Verkrampfung, in der er die Schneide des Messers an die Haut des anderen drückte.

„Also du warst im Magazin, hast dich dort betragen wie ein närrischer Elefant und obendrein dein Geld liegenlassen, weil du weggerannt bist, als sei der Leibhaftige hinter dir her."

„Was gehts dich an?"

„War es so?"

„Aber nicht wie ein Elefant, ein närrischer ..." Nasreddin versuchte vergeblich, seiner Stimme Forsche zu verleihen.

„Also was ist? Das Geld, hast du es liegenlassen?"

„Der Scheitan hat mir diese - Apfelwalzen in den Weg gestellt. Wie konnte ich da an das - Geld denken!" Während Nasreddin mit einem Schulterzucken sprach, nahm er das Messer von der Kehle des Mannes. „Er nennt die Scheinchen Geld", dachte er.

„Aber andere - der Teufel soll sie holen - haben an dein Geld gedacht, und ich Esel ...", der andere drehte vorsichtig den Kopf zur Seite, erfasste mit ausgestrecktem Arm Scheine, hob sie ein wenig an und ließ sie flattern, „wollte sie dir bringen. Springst mich an wie eine Sandviper."

„Meine Scheine?" Obwohl irgendwie überzeugt, dass der andere die Wahrheit sprach, fragte Nasreddin mit deutlichem Unglauben in der Stimme, beinahe fassungslos, weil er nicht begriff.

„Ja, deine!" Der Lenker des Karrens wurde zornig. Erneut griff er nach dem Geld, knüllte einiges zusammen und schleuderte es von sich.

„Und bist du - kein Räuber?", fragte Nasreddin, ein wenig lauernd aber schon verunsichert. Und es war nicht nur so eine Frage. „Es könnte ja sein", dachte er, „dass dieser mich dort beobachtet, selbst das Geld weggenommen und gemeint hat, ich könne noch mehr davon bei mir haben. Und das wollte er sich nun holen. Dass er das Tuch in der Hand hielt, könnte eine üble Finte sein!"

„Genausowenig, wie du kein Esel bist!"

Nasreddin brauchte eine Sekunde, bis er den Sinn der Worte begriff. „Werde nicht frech!", rief er. Dann, das Messer in der Vorhalte, den Mann fixierend, erhob er sich langsam, stand mit gegrätschten Beinen. „Bleib mir vom Leib, hörst du!" Schnell brachte er einen gehörigen Abstand zwischen sich und den am Boden Liegenden, beobachtete jenen jedoch scharf.

Der Mann hatte keine Eile. Er richtete sich behutsam zum Sitzen auf, dann schüttelte er sich, nahm eine Hand nach vorn und rieb sich die Magengegend. „Bist ein Grobian, Onkelchen", sagte er, aber es klang versöhnlich. „Und manchmal hakt's hier aus, was?" Er tippte sich an den Kopf.

Der zunehmend verlegen werdende Nasreddin verzog den Mund, sagte nichts.

Der Mann breitete das Tuch auf seinen Schoß und begann das herumliegende Geld aufzusammeln. „Kannst mir wenigstens helfen, es ist deines!", brummte er.

Zögernd folgte Nasreddin. Er nahm die Münzen und Scheine auf, die außerhalb der Reichweite des sitzenden Karrenlenkers lagen. Aber immer noch beobachtete er den Mann.

Als sie alles im Tuch hatten, nahm Nasreddin seinen Platz im ruppigen Gras am Straßenrand wieder ein. Der Mann aber stellte sich langsam auf die Füße und schritt steifbeinig auf Nasreddin zu, so wie man sich beruhigend einem zähnefletschenden Hund nähert. Ausgestreckt hielt er an den Zipfeln das zusammengeschlagene Tuch. „Warum nimmst du es nicht, es gehört dir!"

Nasreddin richtete sich auf, stand wie unverhofft mit kaltem Wasser begossen, und er fühlte, wie ihm Schamröte ins Gesicht stieg. An der Lauterkeit des Mannes zweifelte er nicht mehr. In seinem Kopf summte es, und ein Druck legte sich auf seine Kehle, der ihm das Sprechen versagte. Als sei es etwas Heißes oder gar ein Stück Unrat, nahm er mit ebenfalls ausgestrecktem Arm und spitzen Fingern das Bündel, wusste dann nicht, wohin damit, blickte sich unbeholfen um, ging steif in die Hocke und legte es neben sich.

Da machte der Karrenlenker einen Schritt auf den Verdatterten zu, klopfte ihm auf die Schulter. „Mach dir nichts draus", rief er jovial, wandte sich ab, zögerte, ging ein paar Schritte, drehte sich wieder halb um und fragte: „Sag, du bist wohl nicht von hier?"

Nasreddin nickte, schüttelte dann den Kopf. Und noch immer wie abwesend, antwortete er: „Ich bin aus

Aksehir ..." Und nun hob doch ein wenig Stolz die Stimme: „Der Gebieter hat mich an seinen Hof gerufen, weil er bis Samarkand von mir gehört hat!" Er machte eine Pause, fasste sich an den Hals und fügte kleinlaut hinzu: „Allah hat es so gewollt, dass dieser Besuch, hm, ein wenig unglücklich ausging."

Der Mann hatte verdutzt die Stirn gerunzelt und beim Nennen des Ortes Aksehir durch die Zähne gepfiffen. „Der Gebieter, tja, meinst du den Gebietsvorsitzenden oder den von der Volkspartei?"

Nasreddin warf sich in die Brust. „Timur selbst, du Unwissender, meine ich!"

Der Mann zog hörbar die Luft durch die Nase ein. Die Furchen in seiner Stirn vertieften sich, der Schalk trat in seine Augen. „Ich verstehe", sagte er mit betontem Kopfnicken. „Timur, der Lahme. Und wie kommst du in das Urgentscher Gebiet? Immerhin war - ist Timur in Samarkand, und das ist weit von hier."

„Das, Freund, weiß ich. Aber das ist eine lange Geschichte und eben mein Unglück. Er gestattete mir eine Inspektionsreise nach Chiwa zum Chan, seinem Neffen. Und unterwegs, Freund, sah ich die schönste Blume unter der Sonne. Und - o Allah - glückselig war ich, weil sie mich, den einfachen Chodscha, erhörte ... Aber was rede ich da. Was weißt du armseliger Lenker eines Karrens ... Und mein Herz wird nur wieder schwer, wenn meine Zunge sich ihrer erinnert, sie, die mir in der aufgehenden Sonne heute früh den letzten Blick zuwarf, bevor der Henker zuschlug. Oh Freund, den Schmerz kannst du nicht ermessen." Nasreddin verstummte, fasste sich. „Warum willst du das wissen?", fragte er, und ein wenig von dem alten Misstrauen regte sich in ihm.

Der andere schüttelte den Kopf. „Nur so", sagte er.

„Es ist nicht so wichtig. Aber - übertreibst du nicht ein wenig?" Er fragte es augenzwinkernd. „'Der Henker schlug zu ...', wo leben wir denn!" Als er sah, dass Nasreddin heftig entgegnen wollte, fügte er schnell hinzu: „Sag, Onkel, wie heißt du eigentlich?"

Nasreddin, schnell beruhigt, kniff ein Auge zu und antwortete nicht ohne Stolz: „Ich bin Nasreddin, der Chodscha!"

„Aha!" Der Mann sagte es so, dass es klang wie: „Drum!" „Das dachte ich mir doch gleich!", fügte er hinzu.

„Wieso kannst du dir so etwas denken, wenn ich doch fremd bin in eurer Gegend?" Nasreddin richtete sich, aufmerksam geworden, auf. „Du kannst mich gar nicht kennen!"

Der Mann stutzte einen Augenblick, überlegte sichtlich angestrengt, sagte dann jedoch - und abermals stand Schalk in seinem Blick: „Du irrst, warte!" Er lief zu dem Häuschen an dem Karren, stieg auf das Rad, beugte sich hinein, kramte. Wenig später sprang er herab, ein länglich zusammengedrücktes Papier in der Hand. Und er entfaltete es vor dem neugierig näher tretenden Nasreddin. Dann schlug er auf eine Abbildung auf der letzten Seite, die das gezeichnete Konterfei eines bärtigen Mannes zeigte. „Das bist du", sagte er.

„Ich! Ha!" Nasreddin verzog das Gesicht. „Siehst du nicht, dass ich viel jünger bin?" Er nahm die Zeitung, betrachtete interessiert die Strichzeichnung.

„Das jedenfalls ist *unser* Nasreddin Effendi."

„Effendi! Freilich bin ich ein Effendi. Jeder Chodscha ist ein Effendi. Aber merke dir, nicht jeder Effendi ein Chodscha."

„Gewiss, gewiss ..."

„Und - was habe ich da zu suchen auf deinem Papier?"

„Na, lies!"

„Ich kann diese fremde Sprache, die der Gebieter, für mich nicht begreifbar, so Hals über Kopf gestattet hat, nicht lesen."

„Und was kannst du lesen, wenn du überhaupt kannst?"

„Na, hör mal!" Nasreddin brauste auf. „Ich kenne die Sprache, in der Allah sein Wort an die Gläubigen richtet, die Sprache des Korans, die die Menschen in meiner Heimat sprechen. Also, was steht da?"

„Es gibt viele Missstände im Land ..."

„Du sagst es!", unterbrach Nasreddin mit ausgeprägtem Kopfnicken.

„Und hier schreibt man, was Nasreddin Effendi, also du", es klang ein wenig spöttisch, aber Nasreddin, voller Aufmerksamkeit, nahm es nicht wahr, „zu diesen Missständen sagen würde. Man kennt deine kluge und scharfe Zunge."

„So, kennt man ... Aber ich habe nichts gesagt. Versteh', der Gebieter nahm mich in Anspruch, und dann, nun ja, die letzten Wochen war ich verhindert."

Der Mann kratzte sich am Kopf. „Weißt du, es gibt da bei der Zeitung..." Als er sah, dass Nasreddin bei dem Wort „Zeitung" verwirrt blickte, fuhr er fort: „Nun dort, wo dieses Papier beschrieben wird, einen Mann oder auch eine Frau - eben Leute, die dich so gut zu kennen glauben, dass sie wissen, was du zu diesem oder jenem gesagt hättest, verstehst du?"

„Frauen auch?", fragte Nasreddin staunend.

„Ja natürlich, auch Frauen. Warum denn nicht?"

„Lies mir das vor!" Nasreddin tippte mit dem Finger auf den Zeitungsartikel.

„Du wirst es - vielleicht - nicht verstehen", entgegnete der andere zögernd.

Nasreddin brauste auf: „Hat mich Allah etwa mit Dummheit geschlagen? Ich bin in meiner Heimat ein Chodscha, ein angesehener. Wohlhabende Leute vertrauen mir ihre Kinder an!"

„Oja, ich vergaß, entschuldige. Ich dachte nur, weil du die Leute nicht so kennst, du nicht von hier bist", sagte der Mann besänftigend. Er befand sich sichtlich in Bedrängnis, begann den Artikel zu lesen, bemüht, ihm diesem irren Kauz - denn das stand bei ihm ganz fest: normal war dieser Mensch nicht - so verständlich wie möglich auch mit eigenen Worten vorzutragen.

„Im Kolchos - das ist so etwas Ähnliches wie ein Kischlak - ‚Weißes Gold' sind in der Ernte Rückstände aufgetreten. Wie sich jetzt herausstellt, hat man versäumt, alle blauen Elefanten rechtzeitig vorzubereiten. Jüngst wurden zwei von ihnen entdeckt, die mit nur kleinen Schäden schon seit Wochen herumstehen. Als Nasreddin davon hörte ..."

„Ich habe davon nichts gehört, und ich glaube dir auch nicht, dass es blaue Elefanten gibt", unterbrach ihn Nasreddin verwundert und fuchtelte dabei mit den Armen.

„Nun ja, ich habe dir doch gesagt, derjenige der das schreibt ..."

„Oder die!"

„Ja, ja - also: Der das geschrieben hat, der hat sich das halt so ausgedacht, verstehst du, hat ein wenig gedacht, er wäre du, hat das mit deinen Augen gesehen und gebraucht nun deine Worte. Und blaue Elefanten nennen wir scherzhaft die Baumwollpflückmaschinen - weil sie blau angestrichen sind." Der Lenker des K*?* rens wischte sich über die Stirn, warf einen suchtsvollen Blick auf sein Fahrerhaus und fügte hinzu: „Auf der Baustelle warten sie auf den Kies, ich muss weiter."

„Also, was glaubt er, habe ich gesagt?"

„Na schön, aber schnell: Als Nasreddin davon hörte, berief er eine Vollversammlung - eine Zusammenkunft aller - ein und schlug vor, dass der, der die Schluderei verschuldet hat - es war der Abteilungsleiter Technik ..."

„Technik, was ist das?"

„Nun jener, der, na, die Geräte und Karren und all diese Dinger in Ordnung hält." Der Mann bemühte sich, Geduld zu bewahren.

„So wie der Waffenmeister des Gebieters die Waffen."

„Ja, ja, richtig, wie die Waffen - hier für friedliche Zwecke ... Dieser Abteilungsleiter Technik ..."

„Halt, Brüderchen. Ich denke, Elefanten?"

„Nein!" Nun wurde er doch ungeduldig, schielte erneut zu seinem Fahrerhaus. „Ich habe dir gesagt: So nennt man die Geräte oder Wagen, die uns helfen, die Baumwolle zu pflücken. Die musst du doch kennen!" Er stellte sich auf die Zehenspitzen, überschattete die Augen und blickte zum Horizont. „Dahinten, glaube ich, arbeiten einige. Aber sag, bist du bislang mit geschlossenen Augen durch die Lande gereist? Und hast dir dabei auch die Ohren zugehalten, du Chodscha? In deiner Heimat gibt es solche Maschinen auch."

Nasreddin verstand das Wort „Maschine" nicht. Aber er verspürte bereits wieder jenes Flimmern, das ihm in den letzten Stunden stets angezeigt hatte, dass die Grenze seines Verstehens überschritten, er bereits wieder ein Opfer des Unbegreiflichen geworden war, und deshalb fragte er nicht.

„Also, Nasreddin schlug vor, dass dieser Abteilungsleiter in seiner Freizeit das in Ordnung bringen und ihm die Prämie, die Belohnung, gekürzt werden solle. Und so geschah es dann auch. So nun wurde nach dem Rat des Effendis der Abteilungsleiter Lubkin im Kolchos ‚Weißes Gold' erzogen; denn nie mehr vergisst er den Zeitpunkt der Ernte."

Der Mann, der den Text sehr frei nacherzählt hatte, ließ die Zeitung sinken, wiegte langsam den Kopf hin und her, als wollte er damit seine Zweifel zum Ausdruck bringen, ob sein Gegenüber etwas von dem Artikel verstanden habe.

„Ha!" Nasreddin sah einen Ausweg aus seiner Bedrängnis. Zeigen muss man, dass die anderen die Dummköpfe sind! „Nie und nimmer wird durch Erziehung aus einer Krähe eine Nachtigall! Deshalb kann ich einen solchen Unsinn nicht gesagt haben, siehst du. Das hast du nun von deinen Männern und Frauen, die so etwas schreiben, ohne mich auch nur einmal gesehen zu haben. Meine Zunge, dass ich nicht lache! Oh Allah, was ist das für eine Welt, in der einem das Wort im Mund verdreht wird wie die Wolle beim Spinnen! Man muss ihm den Kadi ins Haus schicken, diesem Sohn eines Chamäleons und einer Gottesanbeterin. Weißt du, was man mit deinen blauen Elefantentreibern machen muss? Fünfundzwanzig Hiebe mit der neunschwänzigen Katze. Und dann sollte er die Baumwolle rupfen, die für die verletzten Elefanten bestimmt war. Und wehe dem Elenden, bliebe ein Tupfer auf dem Feld zurück!"

Der Mann lachte. „Du bist ja ein ganz Scharfer", sagte er. „Ich wünsche dir und deinem Esel alles Gute."

„He, such dir ein Scheinchen aus als Finderlohn!"

„Lass gut sein, Onkelchen. Wie ich das so sehe, wirst du sie noch gut gebrauchen können, deine Scheinchen ..."

„Ein Äpfelchen wenigstens ..."

„Gut, ein Äpfelchen." Der Mann nahm die Frucht, klopfte dem Esel aufs Hinterteil. „Behüte deinen Herrn gut - auch das wird er brauchen können!"

„Allah sei mit dir! Mögen *deine* Scheinchen nie zu Ende gehen, Brüderchen", rief Nasreddin dem Davongehenden hinterher.

„Schon gut!" Der Mann lachte, biss kräftig in den Apfel und verschwand in seinem Häuschen. Gleich darauf begann das Gefährt zu heulen, dass Nasreddin einige Schritte zurückwich. Es rüttelte, und aus einem Rohr am Hinterteil drang schwarzer Rauch. Die Räder warfen Steine und Staub, und in ganz kurzer Zeit war der Karren am Horizont nur noch ein kleiner Punkt. Zurück blieb ein sehr nachdenklicher Nasreddin, der mit hängenden Schultern dastand, noch lange, nachdem auch der winzige Tupfer dort verschwunden, als längst wieder andere Häuser und Hütten, Karren und Fässer, Mann und Esel nicht beachtend, vorbeigerast waren.

Die Räuber

Es begann bereits dämmrig zu werden, als Nasreddin am Straßenrand, ein wenig entfernt von dem befestigten Band, auf einen Wagen traf, der herrenlos und leer dastand, offenbar nicht fähig, weiterzurollen. Dieser Wagen schien neu zu sein, er glänzte in den letzten Sonnenstrahlen, und er besaß eine geschlossene derbe Plane. Und unter dieser Plane befand sich ebenfalls nichts, wie Nasreddin, nachdem er sich sorgfältig umgesehen hatte, unschwer feststellte.

Er fühlte sich unsagbar müde und noch immer arg verwirrt. Das Erlebnis mit den zurückgebrachten Scheinchen hatte ihm einen größeren Schock versetzt, als er sich selbst eingestehen wollte. „Allah stellt mich auf harte Proben", dachte er oft. „Warum nur?" Und er sah ein, dass er diese verrückte Welt nicht so schnell begreifen würde, wie er sich das vorgestellt hatte.

Noch einmal war er an diesem Nachmittag auf einen großen Kischlak getroffen, durch den die Straße direkt hindurchführte. Nur an einem Brunnen hatte er haltgemacht, sich und den Esel gelabt, und er hatte sich gewundert, dass niemand dafür etwas bezahlt haben wollte, war doch Wasser das höchste Gut ... Der Brunnen befand sich auf einem Platz, auf dem eine große Anzahl leerer fahrender Hütten herumstand. Und die betrachtete er sich eingehend. Er ritt vorbei an Magazinen mit fremdartigen Waren, deren Zweckbestimmung ihm verschlossen blieb. Große übereinandergestellte Häuser sah er, größer als mancher Palast eines Chans. Aber eingedenk seiner Erfahrung und dessen, was er sich vorgenommen hatte, nämlich zunächst wirklich nur noch zu beobachten, kehrte er nirgends ein, sondern sah sich nur alles gründlich an - und verließ den Kischlak, obwohl er sich im Klaren war, dass er bald seine Vorräte würde auffrischen müssen.

Nasreddin hatte sich das Ziel gestellt, zunächst Urgentsch zu erreichen, Urgentsch, das er flüchtig kannte. Ein kleiner Flecken, das neue Urgentsch, nachdem die Menschen das alte aufgeben mussten, weil der Fluss, der Lebensspender, plötzlich seinen Lauf geändert hatte. Dort aber hatte der Chan von Chiwa keine Macht, dort würde man weitersehen.

Ein Passant hatte Nasreddin die Auskunft gegeben, die unendliche Straße führe dahin, und es sei so weit nicht mehr, zweimal zehn Kilometer, hatte jener gemeint.

Nasreddin hatte „Aha!" gesagt, aber nicht zu fragen gewagt, wie viele Kulasch das wohl sein mochten. Man würde sehen. Jede Straße, und dünke sie noch so endlos, findet ihr Ziel.

Aber auf diesem Marsch, seit der Karren jenes Mannes seinen Blicken entschwunden war, dachte Nasreddin ständig an dieses Ereignis. Man hatte ihm sein Geld wiedergebracht, das er bereits für unwiederbringlich verloren gehalten hatte. Das schien unbegreiflich, unwirklich. Wenn dieser Mensch dort das Geld in Empfang genommen und sich aus dem Staub gemacht hätte, niemandem wäre aufgefallen, wenn er es nicht dem Besitzer gebracht, sondern einfach behalten hätte. „Und noch nicht einmal Schaden wäre jemandem zugefügt worden", so dachte Nasreddin. Denn als Geschädigter sah er die Schuld bei sich. „Warum, zum Scheitan, habe ich nicht besser aufgepasst auf das, was mir gehörte, zumal ich jetzt weiß, dass es wertvoll ist wie Gold." Und Nasreddin fragte sich, ob dies wohl eine bessere Welt sei, in die er da unversehens geraten war, besser als seine, aus der er kam? Denn darüber wurde er sich immer klarer - oder er hoffte, dass es so sei -, eine andere Welt hatte sich rings um ihn aufgetan, von der er wusste, dass es seine und auch wieder nicht seine war. Er fasste es nicht, aber er vertraute auf Allah, der einen wahrhaft Gläubigen noch niemals im Stich gelassen hat, wie man sagt.

Viel hatte Nasreddin an diesem einen Tag nach seiner merkwürdigen Rettung erfahren, etliches von dem, was er gesehen, hatte das Furchteinflößende verloren. Aber zuviel musste er in sich aufnehmen, verarbeiten, zuviel für einen einzigen Menschen, für einen Kopf, zuviel auch, um an diesem Tag noch mehr darauf zu türmen. Ihm schien ohnehin, als surrte es in seinem Schädel, als schwirrte darin ein Schwarm dieser gefräßigen Heuschrecken.

So empfand er den verlassenen Wagen als Nachtquartier wie ein Geschenk des Himmels.

Er trat auf die Straße, auf der der Verkehr sehr nachgelassen hatte, sah nach links und nach rechts. Links, dort wo er herkam, blinkten weit zwei Lichter. Offenbar stand dort eine Fahrhütte, aber das war sehr fern. In der Nähe befand sich keine Menschenseele.

Nasreddin führte den Esel in der Randfurche eines Baumwollfeldes bis zu einer Anhöhe unweit der Straße. Büsche befanden sich dort und saftiges Gras. Das Tier würde hier gegen Sicht von der Straße gedeckt sein und konnte ordentlich fressen. Er band es sorgfältig fest, aber nur so, dass es sich gut bewegen und nicht im Seil verfangen konnte.

Dann, sobald er zum Wagen zurückgekehrt war, vergewisserte sich Nasreddin noch einmal, dass sich kein Mensch in der Nähe befand.

Links, ein wenig trübe jetzt, so als hätte man den Docht kleiner gedreht, leuchteten noch immer die zwei Lichter. „Sicher haben dort", dachte er, „andere ihr Nachtquartier bezogen." Sonst bemerkte er in der rasch hereinbrechenden Dunkelheit nichts, was zu irgendwelchen Befürchtungen Anlass gegeben hätte.

Nasreddin kroch unter die dichte, dicke Plane des

Wagens, empfand die gespeicherte Sonnenwärme gegen die Abendkühle draußen als angenehm.

Es war stockdunkel. Er verzehrte ohne Hast seine Manty, wickelte sich dann in den Chalat und kuschelte sich in eine Ecke, von der aus er durch ein kleines Fenster in die Fahrerhütte sehen konnte, und von dort drang auch der einzige Lichtschimmer in den Raum.

In den wenigen Minuten Wachsein, die ihm seine Erschöpfung noch ließ, genoss er mit Freude, dass es seine erste Nacht sein würde, die er wieder außerhalb des feuchten Kerkers und ohne diese schreckliche Todesfurcht im Nacken verbringen konnte.

Und der Bretterboden des Wagens deuchte ihm wie die Daunen eines Prizessinnenbettes.

Nur ganz langsam wurde Nasreddin munter - fast so wie am Morgen auf dem Basar in Chiwa. Gewiss war er sich - mit dem Gespür des erfahrenen Wanderers -, dass ihn etwas aus seinem Schlaf gerissen haben musste, ein Laut, der nicht in die Natur dieser Landschaft gehörte, kein Rauschen des Windes also, weder ein Vogelschrei noch das Rascheln einer Eidechse oder Schlange. Selbst das Vorbeirollen eines dieser Wagen war schon Gewohnheit.

Nasreddin saß hellwach, wie verflogen war die vordem bleierne Müdigkeit. Er lauschte.

Da schien ihm, als atmete jemand schwer. Und dann ganz deutlich: ein Geraune in jener oft gehörten fremden Sprache. Kein Zweifel, irgendwelche Leute machten sich an dem Wagen zu schaffen. Na, die natürlich, denen er gehört!

Nachts und mit Geraune? In Nasreddin erwachte äußerstes Misstrauen. Zu viele Spitzbuben hatte er im Lauf seines Lebens kennengelernt, und er konnte unterscheiden, ob irgend etwas rechtens war oder nicht. Hier geschah Unrechtes!

Plötzlich, Nasreddin fuhr zusammen, ein metallisches Klirren, so als stießen 2 Schwerter aneinander, und er wusste sofort, dass es ein solches Geräusch war, das ihn aus dem Schlaf gerissen hatte.

Vorsichtig schob Nasreddin sich empor, blickte durch das Fenster zur Fahrerhütte. Durch die durchsichtigen Häute sah er Sterne und die Rahmen des Fensters nur als Schatten. Er rutschte zu der Seite, von der er das Geräusch vernommen hatte, lauschte zwischendurch, aber die, die sich da zu schaffen machten, gaben keine besondere Obacht, fühlten sich ihrer Sache offenbar sicher.

Nasreddin drückte behutsam die Plane zur Seite und blickte nach unten, sah direkt in ein schweißnasses Gesicht, das im gelben Licht eines gebündelten Lichtstrahls lag. Wieder klang die Stimme auf, unwillig, und Nasreddin gewahrte, dass der Sprecher, der Angeleuchtete, vorn im Gebiss neben einer schwarzen Lücke einen Zahn aus Gold hatte!

Der Lichtfleck wanderte, Nasreddin sah auf schmutzige, aber geschickte Hände, die ein kreuzförmiges Werkzeug hielten und dieses drehten. Mehrmals wurde neu angesetzt, wo, konnte man nicht sehen, aber es musste in der Nähe eines dieser wulstigen Räder sein.

Und in der Tat. Nach kurzer Zeit erfasste das Licht ein Rad, das zwei Hände aufrecht dirigierten, es dann in der Nähe hinfallen ließen. Es gab einen dumpfen Laut.

Hätte Nasreddin noch gezweifelt, dass die beiden Spitzbuben waren, so räumte das nächste Ereignis alle Unklarheiten aus. Einer von den beiden stieß einen scharfen Laut aus, worauf das Licht erlosch und alle Geräusche erstarben. Gleichzeitig tastete ein unsteter Lichtschein zu Nasreddin herein, worauf sich dieser noch mehr an die Bretterwand drückte. Ein Brummen kam auf, näherte sich, schwoll an, wurde in der Tonlage höher, das Licht nahm zu, es fiel durch die Öffnung zur Fahrerhütte. Dann war klar, ein Wagen rollte auf der Straße heran, huschte mit Getöse vorbei, das Licht erlosch sofort, und schnell erstarb das Gebrumm. Die beiden draußen aber nahmen sofort ihre Arbeit wieder auf. Ein anderes Werkzeug hatten sie nun, einen scharf gebogenen Eisenstab, an dem die Hände drehten, gleichzeitig konnte Nasreddin wieder das Gesicht sehen, diesmal im Profil. Die Nase wies einen deutlichen Höcker auf. „Wahrlich, mit Schönheit hat Allah dich nicht gesegnet, Sohn einer Elster!".

Mit dem Drehen des Stabs hatte Nasreddin deutlich das Gefühl, als neigte sich der Boden des Wagens und sänke allmählich nach unten.

Dann draußen rasche Bewegungen, Klirren, flackernder Lichtkreis, und die beiden gingen. Schon wollte Nasreddin aufatmen, als er bemerkte, dass sie sich nunmehr vorn, und zwar rechts, zu schaffen machten. Vorsichtig verlagerte sich Nasreddin, und er erblickte wieder die Hände, die den Stab drehten, und abermals, kein Zweifel, bewegte sich der Wagen. Er neigte sich nach der anderen Seite und stieg gleichzeitig nach oben.

Schnell war sich Nasreddin im Klaren, dass die Unholde da draußen den Wagen seiner Räder beraubten, denn bald spielten sich die Vorgänge links ab.

Nasreddin überlegte. Weshalb hatten sie nicht zuerst nachgeschaut, ob sich vielleicht unter der Plane Wertvolles befindet? Lange dachte Nasreddin darüber nach und kam dann zu dem einen Schluss: Sie haben es gewusst, wahrscheinlich am Tage gesehen, dass der kranke Wagen hier stand, und sie haben sich vorgenommen, nachts dessen Räder zu holen, nur so konnte es sein.

Als der Vorgang viermal vollzogen war, holten sie die Räder, und Nasreddin gewahrte durch Verrenken des Halses, dass sie sie durch eine offene Klappe in eine kleine rollende Hütte schoben, die unmittelbar am Straßenrand hinter einigen einzeln stehenden Maisstauden hielt.

Plötzlich flammte dort Licht auf, dass der Beobachter erschrocken zurückwich. Die Hütte heulte auf. Mit einer wilden Schleife schwang sie sich auf die Straße und entschwand in Windeseile in Richtung Urgentsch.

Ruhe trat ein, als sei überhaupt nichts geschehen.

Nasreddin verharrte noch eine kleine Weile, dann sprang er vom Wagen, er deuchte ihm niedriger als vordem. Dann eilte er die wenigen Schritte bis zur Straße. Er ahnte mehr, als dass er es sah: Rote Pünktchen verschmolzen dort mit den Sternen.

Ihm fielen die zwei Lichter ein, die er am Abend links von sich gesehen hatte. „Das werden die Räuber gewesen sein", dachte er, „sie haben auf die Nacht gewartet. Aber nein!" An derselben Stelle glommen nach wie vor die beiden gelben Punkte.

„Da kann man nichts machen." Nasreddin fröstelte. Er ging langsam zurück, tastete sich wieder in den Wagen. „Hätte ich etwas tun, sie verscheuchen sollen? Sie waren zu zweit, hatten Licht und Werkzeug. Leicht hätten sie mich überwältigen können!"

Nasreddin wickelte sich wieder sorgfältig ein, die Sterne hatten ihm gesagt, dass die Nacht noch lohnend lang sei. Er streckte sich wohlig und zufrieden! Es war doch seine Welt, in der er sich befand. Es gab schadenfrohe Händler - und es gab Spitzbuben und Diebe! Mit diesem beruhigenden Gedanken schlief Nasreddin abermals ein.

Ein mächtiges Geschepper weckte ihn. Auf der Straße musste ein riesiger Karren vorbeigefahren sein, von dem der Lärm ausging.

Heller Tag drang durch das Fensterchen. Nasreddin reckte sich, sofort stand das Geschehen der Nacht wieder vor ihm. Wie, wenn die, denen der Wagen gehörte, kamen? Sie würden einen Chodscha und keine Räder vorfinden, es würde Fragen geben, Unwillen. „Besser, es findet mich hier niemand ..."

Er blickte vorsichtig durch den Schlitz in der Plane, dann sprang ab. Er schüttelte entrüstet den Kopf, als er die hässlichen runden Stummel erblickte, auf denen der Wagen jetzt stand, halb im lockeren Untergrund versunken.

Nasreddin holte den Esel, der zufrieden am taufrischen Gras zupfte. Bevor er ihn auf die Straße lenkte, sah er erneut nach links. Weit weg, aber noch erkennbar, stand eine dunkle, fahrbare Hütte. In ihren Fenstern brachen sich die Strahlen der Sonne.

Nach einer Stunde erreichte Nasreddin einen großen Kischlak, in den die Straße mitten hineinführte.

Gleich am Rand gelangte er auf eine Brücke über eine stattliche Anzahl eiserner Stränge, die in der Sonne blinkten und mit kräftigen Sprossen wie bei einer Leiter verbunden waren.

Wie Nasreddin noch dastand, um sich diese Merkwürdigkeit zu betrachten, donnerte unter ihm, unter der Brücke hervorschießend, eine mächtige Gliederschlange entlang, die kreischte und klopfte. Aber auch sie besaß an der Seite Fenster, aus denen - Allah ist groß - Leute herausschauten.

Nasreddin war abgestiegen, lehnte sich über das Geländer und studierte diese neue Seltsamkeit. Und bald überblickte er, dass diese Wagenschlangen, es gab welche für Menschen und welche für Güter, so wie der Pfeil in der Nut im Schaft der Armbrust, von diesen eisernen Strängen auf ihren Weg gezwungen wurden. Also gegenüber dem, was er schon kannte, eigentlich auch nichts Besonderes mehr. Aber wie viele Schwerter könnte der Gebieter aus diesem Eisen schmieden lassen!

Nasreddin verließ die Brücke, blieb aber nach kurzer Zeit erneut stehen. Linkerhand befand sich ein Zaun aus einem Geflecht, und dieser umgrenzte einen Hof, in dem himmelhohe Berge, aufgebaut wie Schmuckkästen, von - kein Zweifel! - Baumwolle aufragten. Ungeheuer verworrene beräderte Wagen standen umher, alle von blauer Farbe. Und ihm fiel dieser Karrenlenker ein, der von blauen Elefanten gesprochen hatte und damit Ma... Maschinen meinte. In der Tat, diese da in dem Hof besaßen vorn einen dicken Schlauch, als sei es ein Rüssel.

Nasreddin hatte aufgehört, sich in einem fort zu wundern. Es hieß einfach, sich mit dem Unbegreiflichen abzufinden. Allerdings, er hätte schon liebend gern gewusst, was das kleine Volk der Usbeken wohl mit diesen riesigen Bergen von Baumwolle anfangen mochte.

Prächtige Häuser aus Steinen nahmen links und rechts der Straße zu. Längst trugen die Dächer nicht mehr den charakteristischen Wintervorrat an Stroh und Brennmaterial, spitz ragten die meisten gen Himmel, mit Blech oder gebrannten Ziegeln abgedeckt.

Eine prachtvolle Stadt, würdig der Residenz eines Großchans.

Obwohl Nasreddin ahnte, dass er sich in Urgentsch befinden mochte, fragte er einen Passanten, einen alten Mann. Er hatte bislang die Erfahrung gemacht, dass die Alten ihn besser verstanden als die Jungen. Und er erfuhr, dass er sich tatsächlich in Urgentsch befand.

Wenn er in der kurzen Zeit nach seinem Erwachen in Chiwa noch nicht in aller Deutlichkeit zu spüren bekommen hätte, dass sich die Welt um ihn her verändert hatte, dieses Urgentsch hätte ihm spätestens die Augen geöffnet. Das hier war der winzige, gerade wieder im Entstehen begriffene Kischlak, in dem noch nicht einmal ein Basar abgehalten wurde - jener Ort, an dem Nasreddin, noch in Freiheit, mit der Karawane ein paar Stunden verweilte? „Aber", so tröstete er sich, „wenn alles anders oder neu ist, es wäre verwunderlich, wäre Urgentsch alt geblieben!"

Nasreddin rief sich das Erlebnis der vergangenen Nacht ins Gedächtnis, wurde darüber froher, sodass er, ein Liedchen trällernd, in die Stadt einritt, so als wäre er in ihr aufgewachsen, hätte als Kind jeden Winkel durchstreift. Richtig glücklich fühlte er sich, als er auf einer breiten Straße, die zu überqueren er sich nicht gewagt hatte, weil - wie leibhaftige Blitze - Hütten und Karren ständig hin und her flitzten, an einen großen, bunten Basar kam. Er band seinen Esel an einen Baum, weil er feststellte, dass es andere ebenso hielten. Ein paar staubige Grasbüschel standen sogar dort, über die das genügsame Tier sich sofort hermachte.

Eingedenk seiner Absicht, vorsichtig zu sein, mischte sich Nasreddin unter jene, die in stetem, endlosem Strom an den Ständen und Auslagen vorbeidefilierten. Er besah sich alles, hörte da und dort zu, vernahm Vertrautes und Fremdes, betrachtete sich eingehend Kaufgeschäfte. Es gelang ihm auch die ganze Zeit, seinen mundwässrigen Appetit, seinen Hunger, angesichts der vielen Köstlichkeiten, zu zügeln. Dann aber kaufte er ein, was er für zwei bis drei Tage zu benötigen glaubte. Er wandte sich auch hier an alte Leute. Und wenn sie auch mit dem, was er sagte, Schwierigkeiten zu haben schienen, schließlich verstanden sie ihn so gut, wie ihn dieser Karrenlenker verstanden hatte.

Nasreddin konnte sich nur schwer entschließen, als er bereits seine Käufe erledigt hatte, den Basar zu verlassen. Er fühlte sich heimisch hier, vielleicht auch deshalb, weil er nicht so viele jener hellhäutigen Fremdlinge traf, vielleicht auch, weil der Anteil an verwirrenden Neuheiten auf diesem Basar verhältnismäßig klein war. Schließlich aber zwang ihn das Eingekaufte selbst, zu seinem Esel zurückzukehren; denn mit der Zeit wusste er nicht mehr, wie er die Früchte, das Brot und den Käse halten sollte.

Was er gewahrte, was ihm aber nicht weiter ins Bewusstsein drang oder ihn gar beschäftigte: Nicht weit von seinem Esel entfernt stand eine bläuliche, fahrbare Blechhütte, die sich im Aussehen von anderen etwas unterschied. Sie hatte kein Dach.

Hinter dem Lenkrad saß eine Frau - warum auch nicht? -, die ihm einen Augenblick bekannt vorkam. „Aber woher soll ich in diesem neuen Urgentsch eine Frau kennen?" Er legte daher mit Bedacht seine Waren in die Körbe, nahm dann eine große Scheibe Melone und brach ein Stück Fladenbrot ab, setzte sich auf eine kleine Mauer und ließ es sich schmecken.

Es schien ihm, als hätte er in seinem Leben nie köstlicher gespeist, und es mundete ihm noch besser als am Tag vorher an der Straße. Dort hatte er zuviel Unruhe über die veränderte Welt in sich verspürt. Soeben aber hatte er erfahren, dass man sich darin durchaus zurechtfinden konnte, er hatte bekommen, was er brauchte, und er hatte noch Scheinchen und Münzen genug, die er sorgsam aufbewahrt im tiefsten Sack seines Chalats wusste. Zum erstenmal hatte er auch das Gefühl, dass, würde man sie erst besser kennen, man sich in dieser neuen Welt wird wohlfühlen können, wohler als in der alten vielleicht?

„Ob man mir in der Heimat Glauben schenken wird?" Zum ersten Mal dachte Nasreddin daran, dass er hier ja nur als Gast weilte, dass er nach Aksehir gehörte und es wohl viel besser wäre, er würde sich beizeiten auf den Weg machen. Aber - würde man ihn nicht dort zuerst suchen, wenn man sich erinnerte, dass er sich, auf welche Weise auch immer, der Gerechtigkeit entzogen hatte? Schließlich hatte der Chan von Chiwa Einfluss auf den Gebieter, „so viel zumindest, dass ihn dieser nicht gehindert hat, mich zu köpfen." Nasreddin seufzte. Er spürte, dass noch Zeit verstreichen musste, bevor er ganz der alte, der mit Entschlusskraft und großem Tatendrang, sein würde.

Noch einmal schlenderte Nasreddin über den Basar, nachdem er sich richtig satt gegessen und auch eine Weile geruht hatte. Jetzt beobachtete er nur, tat sehr unbeteiligt, wenn er aufmerksam Gesprächen lauschte, hörte neue Begriffe, versuchte, sich darunter etwas vorzustellen, und oft verstand er dann doch, worum es ging. So gewahrte er, dass das Wort „Maschine" eine große Rolle spielte, dass alles, was da fuhr, so hieß.

Er betrachtete sich auch die Menschen eingehender, und er stellte Unterschiede fest. In seiner Erinnerung - und jedesmal, wenn er sich auf einer Reise befunden hatte, waren es die Menschen, denen sein uneingeschränktes Interesse galt - nahmen die Usbeken einen besonderen Platz ein, ein Menschenschlag, stolz, gastfreundlich, dem Fremden gegenüber aber zunächst zurückhaltend. Menschen auch von kleinem Wuchs, die Frauen mit mongolischem Augenschnitt - mehr war von ihrem Gesicht im allgemeinen ohnehin nicht zu sehen gewesen -, die Männer, orientalisch patriarchalisch. Jetzt war das offenbar ein Völkergemisch, das man in den Straßen, auf den Basaren traf. Die Fremdländischen erkannte man auf den ersten Blick, sie meinte Nasreddin nicht. Nein, auch die Einheimischen, die man daran erkannte, wie sie einkauften, gekleidet gingen, sich zueinander benahmen oder wie sie sprachen, erschienen ihm als ein Gemisch von Hellhäutigen aus dem Norden und Tataren. Ja, sogar Schlitzäugige gab es unter ihnen. Und einmal, Nasreddin blieb staunend stehen, begegnete ihm eine Gruppe von beinahe schwarzen Menschen. Aber die rechnete er zu den Fremdlingen ... Nur noch die Hälfte aller Leute, die er traf, hätte er zu den Usbeken gezählt, wie er sie kannte! „Wie nur konnte das alles in der kurzen Zeit geschehen ...? Oder ..." An ein Oder wagte Nasreddin gar nicht mehr zu denken, weil er fürchtete, wieder im Dschungel von Unbegreifbarem, Widersprüchlichem und Furcht zu versinken.

Später nahm Nasreddin den Esel am Halfter und zog mit ihm langsam durch die Stadt. Mehr unbewusst wurde er gewahr, dass sich nicht lange nach seinem Aufbruch vom Basar die bläuliche dachlose Maschine ebenfalls in Bewegung setzte. Er sah es zufällig, als er sich nach einer großen, seiner Ansicht nach nur halbbekleideten fremdländischen Frau umsah.

Dann befand er sich zweifelsfrei im Zentrum der Stadt. Ein riesiger steinerner Kasten, ein Haus wie ein kleiner Kischlak, stand auf Stützen, und eine Front davon zeigte sich fast gänzlich mit jenem Durchsichtigen bespannt, das die Leute Glas nannten. Ein Park schloss sich an mit Bäumen, von denen ein jeder aus einem kleinen Rohr Wasser bekam. Niemals zuvor hatte man in Urgentsch so prächtige Bäume gesehen. Und einen Augenblick glitten Nasreddins Gedanken erneut ab. Mindestens 50 Sommer hatten diese Bäume auf der Rinde. Es muss ein Stück Arbeit kosten, solche Bäume zu transportieren und zu pflanzen ...

Aber etwas fiel Nasreddin auf: Nicht eines der Bauwerke des Islam, die sonst stets den Kern einer Stadt bestimmten, um an zentraler Stelle Ruhm und Ehre Allahs zu preisen, ließ sich erspähen. Kein Minarett ragte über die Dächer, keine Medrese, keine Moschee weit und breit. „Sind von heute auf morgen alle ungläubig geworden, hat Allah sie mit Blindheit geschlagen, diese Usbeken? Aber hätte das der Gebieter zugelassen? Man sagt ihm nach, dass er einmal auf einem Eilmarsch den Männern eines ganzen Trupps die Köpfe abschlagen ließ, weil sie im Eifer des Vorankommens das Mittagsgebet ausgelassen hatten. Er wollte nicht den Zorn Allahs auf das Unternehmen lenken, das war ihm Grund genug dazu. Und hier in seinem Reich eine ganze Stadt voller Ungläubiger?

Aber, aber, Nasreddin, das so zu sehen, fehlt's dir an Einblicken und Kenntnissen! Denk daran, was dein Chodscha sagte: 'Urteile, wenn du weißt ...' Und was kannst du von hier aus zwischen hohen Häusern und Bäumen schon erblicken von der Stadt, und dass du im Zentrum bist, vermutest du."

Doch der Gedanke bewog Nasreddin, sich die Stadt näher anzuschauen. Er zog mit seinem Esel durch die Straßen, sah weiterhin Wundersames, lernte abermals viel dazu, aber eine Moschee oder gar eine Medrese fand er nicht.

Lange stand Nasreddin unschlüssig, vom Stadtwandern müde geworden, vor einer Tschaikana. Er verspürte Durst, die Füße schmerzten, hatte aber Furcht, die Teestube zu betreten. Er blickte durch das Fenster, ein vertrautes Bild: Die Gäste lagen auf den halbhohen, mit Teppichen belegten Gestellen und schlürften Tee. Nasreddin war gewiss, es war grüner ... Alte Männer, gemeinsam gekommen, gemeinsam Platz genommen, gemeinsam schweigend schlürfend. Aber etwas Neues, wie könnte es anders sein, gab es drin doch: Auf einem der Gestelle ruhten zwei Frauen, eine im mittleren Alter und eine junge. Auf dem Boden standen ihre Schuhe, die verrieten, dass ihr Schritt über unbefestigte Wege geführt hatte. Und Netze lagen da mit Früchten.

Wie Nasreddin so stand und überlegte, geschah etwas, was zunehmend seine Aufmerksamkeit erregte, bis er, aufs Höchste gespannt, seinen Plan, die Tschaikana zu betreten, aufgab, sich unauffällig ein wenig zurückzog und sich auf eine Bank setzte, von der aus er das Geschehen an einem Anbau der Teestube bestens verfolgen konnte.

Dort war eine Maschine vorgefahren, der zwei Männer entstiegen, ein Vorgang, der Nasreddin keineswegs aufmerksam gemacht hätte, nein, aber sie entluden wulstige Räder! Nur langsam war in Nasreddins Gedächtnis das Erleben der vergangenen Nacht geflossen. Schließlich musste es gang und gäbe sein, dass dort, wo viele solcher Maschinen liefen, auch viele Räder waren.

Drei Männer machten sich damit zu schaffen, das heißt, einer, offenbar zur Tschaikana gehörend, nahm lediglich in Empfang. Er stand mit verschränkten Armen und sah dem Abladen zu. Die beiden anderen beeilten sich sehr. Von der Maschine sprangen die Räder auf den Hof und wurden hastig in den Anbau gerollt. Es waren vier, vier komplette Räder einer Maschine. Aber all das hätte Nasreddins Aufmerksamkeit sicher nicht derartig gefesselt, wenn er nicht in einem der Männer jenen erkannt hätte, der in der vergangenen Nacht ebendiese Räder von der Maschine genommen hatte, auf der er, Nasreddin, nächtigte. Und dass das Ganze unrechtmäßig war, nun, das ging aus dem Getue hervor, darüber bestand bei Nasreddin nicht der geringste Zweifel. Ja, es war der Mann. Nasreddin erkannte das Gesicht, die gebogene Nase. Und einmal, als jener sprach, blitzte der Goldzahn neben der Lücke im Gebiss.

Die vier Räder waren schnell im Anbau verschwunden. Aber statt danach die Maschine wieder zu besteigen und fortzufahren, gingen die Spitzbuben auf den dritten Mann zu, und jener zählte dem mit dem Nasenhöcker Scheinchen in die Hand. Als er das beendet hatte, gab es einen Disput. Wäre er nicht in jener fremden Sprache geführt worden, Nasreddin hätte viel verstanden, so laut wurde gesprochen. „Sie handeln auch noch", dachte er.

Schließlich packte der Mann einige Scheine dazu, und dann stiegen die anderen in die Maschine, winkten freundlich lachend zurück, als wollten sie sagen: 'Bis zum nächsten Mal!'

Die Maschine reihte sich in den Strom der anderen

ein, fuhr an Nasreddin vorbei und bog, nicht zu weit entfernt, nach links ab.

Nasreddin nahm zufrieden seinen Esel und ging in ebendiese Richtung. „Ob man auf einem Basar Äpfel, dem Chan ein Pferd oder einem Dümmling Münzen stiehlt oder wie hier die Räder einer Maschine - gestohlen ist gestohlen. Ist man schlau, wird man nicht erwischt, stellt man es ungeschickt an, kommt man vor den Kadi, eine Hand wird abgeschlagen, man wird in den Kerker geworfen. Wenn man Glück hat, geht es ab mit fünfundzwanzig Hieben auf die Fußsohlen. Diese Diebe hier sind sicher schlau. Sie haben ihre Scheinchen, die Räder sind verschwunden. Ein schönes Leben werden sich die Spitzbuben nun machen. Der einzige Unbeteiligte, der das alles weiß, bist du, Nasreddin Chodscha. Du kannst sie vor den Kadi bringen - wenn du sie wiederfindest -, nein, da ist der Mann aus der Tschaikana. Ihn kann man peinlich befragen. Die Männer des Beis werden die Namen aus ihm herausprügeln ... Du wirst nicht zum Kadi gehen, Nasreddin. Vielleicht fängt man die Räderdiebe - aber dich obendrein als Zugabe. Vielleicht bist du bereits auf der Liste der Vogelfreien." Bei diesem Gedanken blickte sich Nasreddin scheu um. Es war, als kehrte die alte Furcht vor dem Wiederergriffenwerden zurück. Und schließlich: „Warum hat jener, dem die Maschine gehört, auf der ich genächtigt habe - Allah möge es ihm vergelten -, nicht besser aufgepasst? Wenn es Diebe gibt - und warum sollte es keine Diebe geben? -, muss man wohl damit rechnen, dass gestohlen wird, also muss man sich sichern. Wenn sie es schlau angestellt haben, sollen sie die Frucht ihres Tuns genießen." Nasreddin hob die Arme wie der Vater eines reuigen Sohns, als wollte er sagen: „Nun, es ist passiert, aber schließlich, Allah hat es gewollt, und kein Unschuldiger ist zu Schaden gekommen."

Mittlerweile befand sich Nasreddin an der Stelle, an der die Diebe abgebogen waren. In einem zur Fahrbahn hin offenen, langgestreckten Hof stand die Maschine.

Nasreddin überquerte nicht ohne Gefahr die Straße und betrat nach einigem Geschimpfe mit Maschinenlenkern ebenfalls dieses Geviert. Von den Männern war weit und breit nichts zu sehen.

Nasreddin näherte sich ziemlich unbefangen, äugte in das Gefährt, stellte nichts Ungewöhnliches fest und sah sich weiter um.

Vor ihm ein schmuckloser, aber mächtiger grauer Hauskasten mit einer breiten Treppe und großen Türen. Links und rechts zogen sich bis zur Straße langgestreckte Häuser zweifach übereinander. Auf einem gepflegten Grasstreifen - Nasreddin spürte am Strick, dass der Esel nicht übel Lust zu einer Verkostung hatte - plätscherte, oh Verschwendung, ein munterer Springbrunnen.

Die großen Türen schwangen beinahe unablässig hin und her, ließen Menschen hinein und hinaus.

Langsam trat Nasreddin näher.

Er blickte zunächst durch ein Fenster neben der Tür, ein sauberer, aber verhältnismäßig kahler Raum, ein hoher verkleideter Tisch an der Wand, hinter dem eine dickliche junge Frau saß. An der Seite ausgelegt die Waren eines kleinen Basars, auch dort eine Frau.

Ab und an durchschritten Menschen, auch hellhäutige, den Raum, verschwanden in Türen oder stiegen die Treppe hinauf oder hinunter.

Dann lärmte eine Gruppe Fremdländischer an Nasreddin vorbei hinein in das Haus. Samt und sonders trugen sie eckige, wie es schien, ziemlich schwere Behälter, und sie sprachen in einer Sprache, hart und abgehackt, wie er sie noch nie vernommen hatte. Sie stürzten auf den hohen Tisch drin zu, bildeten dort einen Pulk, danach heftiges Gestikulieren; mehr konnte Nasreddin nicht ausmachen. Aber aus allem schloss er: Das ist eine Karawanserei, eine Herberge, eine merkwürdige zwar, denn nirgends war auch nur ein Kamel zu erblicken, aber die Menschen, nachdem sie eine Weile an dem Tisch zugebracht und von der phlegmatischen Frau etwas bekommen oder ihr etwas gegeben hatten, stiegen mit einem Schlüssel in der Hand die Treppe hinauf.

Schließlich fasste Nasreddin Mut. Als zwei Leute durch die Tür schritten, schloss er sich an. Und bevor die Flügel zuschwangen, hatte er sich in die Halle geschlängelt. An dem Tisch standen noch einige Gäste, unschlüssig stellte er sich dazu. Nach ihm kam ein Mann, der sah an ihm hinunter, stand dann mit gleichgültigem Gesicht, das feist und gebräunt war. Unauffällig bewegte sich Nasreddin so, dass jener vor ihm in die Reihe kam. Der andere nahm das wie selbstverständlich auf.

Dann aber sah Nasreddin sich allein der rundlichen Frau hinter dem Tisch gegenüber. Sie hatte Pausbacken, lustige kleine Augen, war aber eine Weißhäutige. Viel Henna hatte sie auf die Lippen gestrichen, und grüne Lider hatte sie.

Ohne ihn richtig anzuschauen, so als sei ihr dieser Tag bislang sehr sauer angekommen, fragte sie, ein wenig herablassend: „Was wollen sie?"

Ja, was wollte er. Nasreddin fasste sich schnell. „Übernachten in dieser Herberge - und einen Stallplatz für meinen Esel."

Sie runzelte die Stirn, schlug von unten her die Augen auf, Verwunderung, Ärger und Spott gleichzeitig im Blick. „Soso", sagte sie gedehnt. „Bist wohl mit dem Esel auf Dienstreise, Onkelchen?"

Als Nasreddin sie verständnislos anblickte, fuhr sie fort: „Zeigen sie mir bitte ihren Dienstauftrag, den Einreisepropusk und das Personaldokument."

Nasreddin bekam große Augen. Da fiel ihm ein: Der Wesir des Gebieters hatte ihm ein Petschaft überreicht, das ihn legitimierte. Er begann also in seinen Taschen und eingenähten Säcken zu kramen. Mit unbeweglicher Miene, aber, die trommelnden Finger auf der Tischplatte zeugten davon, wachsender Ungeduld sah ihm die Frau zu.

Nasreddin fielen die Papierchen in die Hände, die er in seinem Chalat vorgefunden hatte. Gleichgültig legte er sie auf den Tisch, damit sie ihn beim Weitersuchen nicht behinderten. Aber sein Wühlen in den Taschen verlor an Intensität. Es waren nicht seine Kleider, die er anhatte. Das Letzte, an das er sich erinnerte, war jener Sack, in dem man ihn zur Hinrichtung führte. Er hatte also nicht die geringste Hoffnung, das Petschaft zu entdecken, erstarrte dann aber beinahe, als er in der letzten Tasche der Hose etwas Plattes, Hartes erfühlte. Wenig später förderte er tatsächlich das Gesuchte ans Licht, und triumphierend klatschte er es mit der flachen Hand der Frau auf den Tisch, überzeugt, dass sie nun ehrfürchtig seinen Wünschen nachkommen würde. Wer schon besaß ein Petschaft des Gebieters? - „Und, Nasreddin, was hat es *dir* genützt? Den Kopf wollte man dir trotzdem abschlagen. Der Chan von Chiwa, nicht der Gebieter! Vielleicht hat er davon gar nichts erfahren?" Einen Augenblick dachte er auch daran, wie wohl der Ausweis in die

Tasche dieser Hose geraten sein mochte. Aber der andere Gedanke faszinierte ihn mehr. „Es war ein Übergriff des Untergebenen, des Chans! Hätte ich nur Gelegenheit gehabt, Timurlenk zu benachrichtigen! Ha, vielleicht hätte man ihn, den Chan, gerichtet statt meiner!" Nasreddin fühlte sich geneigt, nun, da er das Petschaft wiedergefunden hatte, das Tür und Tor zu öffnen vermochte, hochachtungsvoller an den Herrscher zu denken, als er das zeitweise am ersten Tag der wundersamen Rettung getan hatte.

Als er sich jedoch wieder der Frau widmete, verstand er nicht sofort. Sie hielt sein Papier in spitzen Fingern, deren Nägel überdies in einem violetten, aber abgeblätterten Rot wie die Schale eines gefetteten Granatapfels leuchteten. Sie beachtete das Siegel nicht im Mindesten. Missbilligend hatte sie aufgesehen, als er es ihr so aufdringlich hingeklatscht hatte.

„Sie erkennt es nicht", dachte er. „Sieh dir das an, Nichtsnutzige!" Er sagte es jedoch in einem sehr versöhnlichen Ton, und sie reagierte nicht.

Nasreddin ließ das Siegel auf dem Tisch klappern. Da schob sie es mit der flachen Hand beiseite, ohne aufzusehen. Aber sie murmelte: „Seien sie nicht albern, Bürger." Dann nahm sie die Papiere herab, die sie mit zu Fäusten geballten Händen hüben und drüben hielt, ohne sie loszulassen, und sagte in einem unnachahmlichen Ton, teils verächtlich, teils erhaben: „Ein provisorischer Propusk und eine Aufenthaltsgenehmigung, das ist wohl alles, was du bieten kannst. Keine Arbeitsbescheinigung, keinen Dienstauftrag. Es ist kein Zimmer frei, Bürger!"

„Ha!" Nasreddin hatte das Petschaft am Lederriemen gefasst, zog es zu sich heran, hob es empor und ließ es der zunächst leicht Verdutzten vor dem Gesicht baumeln. „Du wirst eins finden, Töchterchen!"

Sie ließ das Papier los, drückte Nasreddins Arm mitsamt dem Petschaft unverhofft auf die Tischplatte, sah ihn mit schief gehaltenem Kopf von unten her an und sagte ruhig: „Den Teufel werde ich. Und ich sage dir, du Eselstreiber, wenn du nicht gleich verschwindest, hole ich die Miliz. Du treibst dich rum, und ich muss am Sonntag in die Baumwolle, am Sonntag, verstehst du, an dem der Sohn meines Onkels heiratet." Lauter wurde sie nicht, aber ihre Sprache nahm Ähnlichkeit mit dem Zischen einer Schlange an.

Nasreddin unternahm einen letzten Versuch. „Weißt du nicht, was das ist, du mit Blindheit Geschlagene? *Ich* werde sie holen, die Häscher des Emirs von Urgentsch. Sie werden dich Ehrfurcht lehren. Es ist das Siegel vom Erhabenen selbst. Nur seine besten Freunde erhalten es. Also, gib das Zimmer schon heraus!" Sie warf nur einen kurzen Blick auf das Siegel, tippte sich an die Stirn, sagte in normalem Ton und so, als spräche sie wie zu sich: „Mach, dass du rauskommst, Verrückter!" Aber sie schloss den Schrei: „Mascha!" so laut und schrill und beinahe übergangslos an, dass Nasreddin zusammenfuhr und ein Mann, der in einer entfernten Ecke in einem Sessel saß, erstaunt ein großes Stück Papier, in dem er gelesen hatte, sinken ließ.

Aus einem Korridor, der links in die Halle mündete, näherten sich rasche Schritte. Ein mächtiges Weib rückte heran, in einen weißen Kittel gehüllt, ein ebensolches Tuch um den Kopf geschlungen, einen Haarknoten im Nacken.

Mascha fragte nicht, sah, schien offenbar gewohnheitsmäßig im Bilde zu sein. Vermutlich war ihr die Art, *wie* sie gerufen wurde, Auftrag genug. Sie fasste ohne zu zögern Nasreddin hinten am Chalat, sagte beruhigend: „Na, komm, Väterchen, mach keine Schwierigkeiten." Und sie schob den nicht Widerstrebenden zur Tür.

Nasreddin, der sich sehr wohl in der Lage gesehen hätte, auch mit diesem kräftigen Frauenzimmer fertig zu werden, fühlte sich ein wenig benommen. Der Angriff war zu überraschend und auf eine Art gekommen, die ihn wehrlos machte. Wer würde sich in der Öffentlichkeit an einem Weib vergreifen! Entweder sie wird verurteilt, und es wird zum Volksfest, sie zum Beispiel einzugraben und zu steinigen, oder man prügelt sie zu Hause ganz für sich ordentlich durch.

Nasreddin hatte seine Gedanken noch nicht zu Ende gedacht, als er sich bereits draußen vor der Tür wiederfand. Von Mascha sah er durch die Fenster nur den breiten Rücken, und ihm schien, als klopfte sie sich die Hände ab, indem sie sie gegeneinander schlug, so als befreite man sie von Erdkrumen oder Mehl.

Die andere am Tisch blätterte gleichgültig in irgendwelchen Papieren. Sagte dann aber etwas zu Mascha. Diese schwenkte zu ihr ein, raffte etwas auf, näherte sich erneut der Tür und warf Nasreddins Habe hinaus. „Deine Papiere!" Sie lächelte dem immer noch recht Verdatterten mit einem freundlichen Kopfnicken zu, bevor sie abermals verschwand.

Entnervt ließ Nasreddin das Petschaft nun vor seinem Gesicht baumeln, schüttelte den Kopf und seufzte. Den erneut einfließenden Gedanken, dass er die Welt nicht mehr verstünde, ließ er nicht aufkommen. Er bückte sich und raffte das zusammen, was Mascha als seine Papiere bezeichnet hatte. Und er fühlte, dass es wohl besser sei, sie mitzunehmen. Ohne Bedeutung schienen sie ja wohl nicht zu sein.

Wieder einmal sehr nachdenklich, wandte er sich zum Gehen. Zu allem Überfluss empfing ihn der Esel mit einem kräftigen, fröhlichen „I-a!", was für Nasreddin Grund genug war, dem Frechen einen sachten Tritt an die Hinterhand zu geben. Kurz darauf tätschelte er aber den Hals des Tiers, dann, als er das Siegel in seiner Hand wahrnahm. Er hielt dieses dem Esel vors Gesicht. „Knie nieder, Nichtswürdiger", zischelte er. „Knie, bezeuge deinem Gebieter, dem Erhabenen, die geschuldete Ehrfurcht, du Hund von einem Esel!"

Der Esel ließ den Kopf hängen, scharrte.

In einem Anfall von Entsagung und Ärger schleuderte Nasreddin das unnütze Petschaft in den Sand, hob es jedoch wenige Augenblicke später wieder auf, pustete den Schmutz ab und ließ es in die nämliche Tasche sinken. Man kann nie wissen!

„Also, Esel", sagte er dann resignierend, „werden wir uns halt ein anderes Nachtlager suchen müssen. Bist du von Samarkand nach Chiwa gereist, Nasreddin, in keiner Karawanserei hast du ein, was hat sie gesagt: Propusk gebraucht. Heute, nachdem Allah es zugelassen hat, dass der Gebieter, der Herr sei seinem Geist gnädig, die Welt auf den Kopf gestellt hat … Allah akbar! Tja, wir werden sehen, ob wir abermals eine Hütte finden. Du siehst, den Untertanen Timurs geht es gut, sie bewegen sich mit ihren Häusern wie die Schnecken, nur schneller, leben in steinernen Hütten … Es ist eben nicht alles beisammen." Nasreddin seufzte, aber niedergeschlagen fühlte er sich nicht. Wie oft hatte er auf den Wanderungen im Freien übernachtet. Aber wenn schon die Bäuerinnen wie die Prinzessinnen gekleidet laufen …

Nasreddin setzte sich seitlich auf die Treppe.

Es wurde zunehmend dämmrig. Er verspürte Hunger und begann genüsslich zu Abend zu speisen. Ab und an traten Leute aus der Tür oder gingen ins Haus. Nur wenige nahmen von dem Mann Notiz. Und wenn ihn ein Blick traf, dann höchstens ein freundlich-gleichgültiger.

Nur einmal sah er in aufmerksame Augen. Eine schwarzhaarige Frau betrat die Stufen zu Herberge gemessenen Schritts, verhielt einen winzigen Augenblick. In der Sekunde, in der die Blicke sich trafen, hielt sie ein Täschchen in der Höhe ihres Gesichts, sodass Nasreddin nur diese Augen sah. Flüchtig kam es ihm vor, als hätte er die Frau bereits einmal gesehen. Das Licht, das vom Inneren des Hauses auf ihr Gesicht fiel, verriet eine gebräunte Haut und eine hohe Stirn. Dann stieß sie lässig die Tür auf und ging drin auf den Tisch zu, hinter dem sich nunmehr eine dürre blonde Frau aufhielt. Mit dieser sprach die Angekommene.

Nasreddin strich sich den Bart, sah an sich herunter. Und in ebendiesem Licht gewahrte er, dass sein Chalat in den zwei Tagen der Wanderung doch ein wenig gelitten hatte. „Na, na", dachte er, „ein einziger, wie es schien, interessierter Blick, und du bildest dir bereits etwas ein. Nun aber, ein stattlicher Mann in den besten Jahren bist du!" Und er spürte abermals die Lebensfreude in sich.

Lange saß Nasreddin, hörte auf den Abendgesang der Vögel, blickte roten, gelben und stechend weißen Lichtern nach, die vorn auf der Straße hin und her schwirrten, schaute auf Beine und Körper der nahe an ihm Vorübergehenden. Sterne blinkten über ihm aus einem kohlschwarzen Himmel. Einmal war da ein Brummen, und eine seltsame Erscheinung zog über den Himmel. Ein roter und ein grüner Stern, im gleichbleibenden Takt abwechselnd verlöschend und erstrahlend, fuhren eine stetige Bahn.

Nasreddin verfolgte sie mit dem Blick, bis ihm die Dachkante die Sicht nahm. Er wunderte sich über dieses neuerliche Phänomen nicht, überhaupt, wieder einmal war ihm, als sei das alles nicht wirklich, als träumte er. Er fühlte sich satt und glücklich in einer im Grunde freundlichen, - abgesehen von der Propuskwütigen da drin - aber unfasslichen Welt. „Vielleicht bin ich doch tot, in Allahs Reich, einem Reich, das der Prophet, als er es den Menschen pries, wohl auch noch nicht persönlich gekannt haben mochte, denn einiges sollte es wohl in Gottes Gefilden nicht mehr geben, wie es heißt. Dass sich die Seelen gegenseitig bestehlen oder beschimpfen, dass sie ausgelacht werden oder - keine Herberge bekommen. Niemand hat prophezeit, dass man für den Himmel einen Propusk benötigt. Aber was schon schadet das? Im Grunde genommen kannst du von Glück reden, Nasreddin Chodscha, dass du nicht in der Dschehenna gelandet bist und nun beim Scheitan brätst, denn, betrachtet man es nüchtern, immer hast du dich nicht gottgefällig verhalten. Bist du in seinem Reich, hat er dich wohl in seiner unendlichen Gnade aufgenommen. Oder ist dieses Unvollkommene etwa nur eine Vorstufe, werden hier die Menschen auf ihre Himmelstauglichkeit geprüft? Und je nachdem, wie diese Prüfung ausfällt, geht es in den echten Himmel oder doch noch in die Hölle? So etwas sollte man natürlich wissen! Oder liegt gerade die Absicht darin, dass man es nicht weiß? Aha! Auf diesem Weg soll der Mensch entscheiden, ob er sich zum Guten kehren oder ob er im Alten verhaftet bleiben will. Und Allah wirbt um uns, indem er uns bereits heute einen Teil seines Paradieses eröffnet, ja, so könnte es sein."

Nasreddin stieß zufrieden auf. „Ich jedenfalls werde alles tun, um mich dem noch Besseren würdig zu erweisen." Und er war froh darüber, dass er sich mit der Dame an dem Tisch nicht in einen Streit eingelassen und sich nicht gegen die Mascha zur Wehr gesetzt hatte. Wer weiß, was für eine Prüfung dies war ...

Nasreddin döste vor sich hin, fühlte sich wohl, weil er sich satt gegessen hatte und weil er glaubte, endlich das Gebäude gefunden zu haben, in das er sich und die Welt um sich her einordnen konnte. „So lasse ich mir das Totsein gefallen", dachte er noch, als er jäh aus seinem Überlegen gerissen wurde.

Die Tür flog heftig auf, ein Körper strauchelte die Treppe hinunter, die Arme rudern, ein unartikulierter Laut, und er landete rasselnd kopfüber in einem stachligen Wacholderstrauch.

Nasreddin sah zur Halle, erblickte den wohlbekannten Rücken Maschas und ihr unvergleichliches Händeaneinanderschlagen.

Neben Mascha aber schritt ein kleiner, breiter Mann, dem der Kopf scheinbar direkt aus den wulstigen Schultern spross. Schwappend pendelte die Tür. Weiter aber geschah nichts.

Nasreddin saß, sah hinunter auf den Mann, der sich zunächst nicht rührte, sich wenig später jedoch unendlich langsam zur Seite drehte, ein Bein anwinkelte, wieder zusammenfiel und dann - Nasreddin glaubte seinen Ohren nicht zu trauen - in ein leichtes, wohliges Schnarchen verfiel. Die Arme hielt er dabei um den stachligen Strauch geschlungen, als sei der das Kissen des daunigsten Himmelbetts.

Nasreddin benötigte eine ganze Weile, um sich zu

einem Entschluss durchzuringen. Wenn jener schnarchte, war ihm offensichtlich nichts passiert. Wahrscheinlich hatten sie in der Herberge wirklich kein Zimmer mehr frei, und man hat es ihm, der es vielleicht nicht glauben wollte, ein wenig handgreiflich bewiesen. Nun ja. Aber wie kann einer da nach wenigen Minuten genüsslich einschlafen? Und an so einem Weg, auf dem fast ständig - wie jetzt - Menschen hin und her laufen?

Eine Gruppe näherte sich der Herberge. Erst spät entdeckte einer den Mann, der eins zu sein schien mit dem Busch, den er liebevoll umschlang. Nur wenig Licht fiel aus der Halle auf den hingestreckten Körper. Die Leute machten einen Bogen um den Daliegenden. Nasreddin verstand nicht, was sie ausriefen, aber der Ton, die Gesichter sagten ihm, dass es Verächtliches war, dass sie sich in irgendeiner Weise ekelten. Dann verstand er das Wort „Miliz", erinnerte sich, dass es jene da drin auch gebraucht hatte, und ihm schien, dass sich damit eine Drohung verband.

Als die Leute im Haus verschwunden waren, näherte sich Nasreddin dem Schlafenden, beugte sich zu ihm hinunter, rüttelte ihn sacht an der Schulter und rief leise: „He, Onkelchen, wach auf!"

Der Mann lallte etwas Unverständliches, kam jedoch Nasreddins Aufforderung in keiner Weise nach.

Nasreddin packte ihn an den Schultern, hob ihn, der sein stattliches Gewicht hatte, an. Dabei geriet dessen Gesicht ins Licht. Nasreddin pfiff durch die Zähne. Es war ohne Zweifel der eine von den beiden, die die Räder stibitzt und an den Mann in der Tschaikana verkauft hatten. Unter Hunderten würde er dieses Gebiss und die Höckernase herausgefunden haben. Der Mann nämlich hatte den Mund halb geöffnet, und ein wenig Speichel lief ihm über das Gesicht.

Obwohl kräftig angepackt, wurde jener nur ungenügend wach, sodass Nasreddin ihn gleichsam zu der Treppe schleifte, ihn sitzend an einen Pfeiler lehnte und dann durch Rütteln und gutes Zureden weiter zu ermuntern versuchte.

Plötzlich sagte jemand in einem kaum verständlichen Dialekt: „Hallo, ihr zwei, gehört euch das?" Ein kleiner alter Mann trat auf sie zu und hielt einen flachen schwarzen Gegenstand weit ausgestreckt Nasreddin entgegen. „Es lag dort", sagte er und wies zum Wacholderbusch.

Nasreddin nickte und nahm die lederne Hülle.

Der Alte in einem ziemlich prächtigen Chalat und einer bestickten Tjubeteika zog die Luft tief in die Nase. „Ihr Nichtswürdigen", sagte er erhaben. „Wenn ihr das Saufen schon nicht vertragt, passt wenigstens auf eure Sachen auf!" Sagte es, drehte sich abrupt um und ging mit großen Schritten davon.

Jetzt roch Nasreddin es ebenfalls. Der Mann neben ihm stank förmlich nach kaltem üblem Rauch und nach dem Geist des Weins, den Allah verflucht hatte. Und wie Recht der Erhabene behielt, pfui Teufel! Nasreddin spuckte ins Gebüsch.

Vorn an der Straße verhielten die Scheinwerfer einer Maschine. Langsam hob sie sich dann über die Steinfassung und kroch näher.

Die beiden Männer auf der Treppe gerieten in starkes Licht.

Dann ahnte Nasreddin mehr, als dass er es sah, dass zwei Männer ausstiegen.

Erst als jene aus dem Lichtschein heraus und auf die Treppe traten, bemerkte man, dass sie Stiefel und stattliche Uniformen mit eigenartigen, hochgewölbten

Mützen trugen.

Nasreddin erinnerte sich, gelegentlich in den Straßen ähnliche Personen gesehen zu haben.

Der eine trat näher und sagte barsch: „Na, ihr zwei!" Der andere klopfte kräftig an die Tür, worauf die schmächtige Blonde schnell durch die Halle eilte.

„Die beiden?", fragte der, der geklopft hatte, und wies auf den bereits wieder Schlafenden und mit ausgestreckten Beinen Dasitzenden sowie auf Nasreddin, der unterwürfig dastand, eine Hand mit dem schwarzen Leder im Chalat verborgen. Zweifelsohne waren das zwei Männer von der Miliz, also Häscher des örtlichen Gebieters. „Verteufelt schnell sind die", dachte Nasreddin, „und zu spaßen ist mit ihnen bestimmt nicht." Längst war ihm das Herz in die Hose gerutscht. „Ade, Freiheit, ade, Leben. Sie wissen längst, dass der Chan mich sucht ... Hast du nicht geglaubt, du bist bereits tot? Und die beiden, eine erneute Probe Allahs?" Nasreddins Gedanken gingen wirr.

„Nein, nein", antwortete da die Frau, „nur der." Und sie wies nachdrücklich auf den friedlich Schnarchenden, dessen goldener Zahn im halboffenen Mund im Licht der Scheinwerfer ordentlich funkelte.

„Charascho", sagte der eine von der Miliz. „Dann wollen wir!"

Sie packten den schwach Protestierenden unter den Achseln und an den Füßen, schleppten ihn zur Maschine, und einer kommandierte: „Eins, zwei, drei!", dabei setzten sie den Mann in Schwung, ließen ihn bei „drei" gleichzeitig los, und er polterte auf die kleine Ladefläche. Undeutlich in der Dunkelheit sah Nasreddin, dass die Füße über die Bordwand hinausragten.

„Und frech ist er auch noch geworden, der Hundesohn", rief die Blonde.

„Zu dir?", fragte der kleinere der Milizionäre.

„Nein, nicht zu mir, ich hätt's ihm schon ordentlich gegeben ..."

„Na, na!" Er musterte sie von oben bis unten, und Nasreddin war sich ziemlich sicher, dass die beiden sich kannten. Dann jedoch gab der von der Miliz den Frötzelton auf und fügte hinzu: „Bis morgen früh hat er Zeit, sich auszunüchtern, und teuer kommt es ihm auch zu stehen. Ich wünsche dir weiterhin friedliche Gäste, Natascha."

Er stieg zu seinem Kollegen in die Maschine. Diese heulte auf, bewegte sich rasch rückwärts, der Straße zu, und verschwand.

„Geh nach Hause, Onkel", sagte jene Natascha und legte Nasreddin sacht eine Hand auf den Arm.

Nasreddin nickte, zog die Hand mit der Hülle aus dem Chalat, hielt sie ihr hilflos hin.

Sie verstand die Geste nicht. „Geh nach Hause, es ist spät", sagte sie erneut, nickte ihm zu und verschwand im Haus.

Langsam fand Nasreddin zu sich. Lange sah er auf die Hülle in seiner Hand, klappte sie dann auf. Fein säuberlich, einer über dem anderen und glatt lagen darin gleichartige Scheinchen, ein ziemlich dickes Bündel. Und es musste Nasreddin niemand sagen: Das waren die Scheinchen, die der Zahnlückige gegen die Räder getauscht hatte, der Erlös des Diebesgutes. Nasreddin pfiff durch die Zähne. Er sah sich um. Niemand hatte ihn beobachtet. Unauffällig band er den Esel ab, blickte noch einmal in die Runde. Am Tisch in der Halle sah er die schwarzhaarige Frau, die ihm den langen Blick zugeworfen hatte, aber sie blätterte in einem Papier, und jetzt war Nasreddin anderes wichtiger als die Unbekannte.

Langsam erst, dann schneller werdend, zog er mit dem Esel auf die Straße und schlug auf dem breiten Gehweg die Richtung ein, die vom Zentrum hinwegführte.

Nach einiger Zeit wurden die Häuser weniger, Bäume und Sträucher nahmen zu. Maschinen waren links und rechts abgebogen, sodass ihr Strom in der Richtung, in die er marschierte, recht dünn geworden war. Als am Stadtrand ein Seitenweg auf die Straße mündete, bog er in diesen ein, ging so weit, dass er den Lärm einzelner Maschinen nur noch gedämpft vernahm, nötigte dann den Esel, sich hinter einem Gebüsch zu lagern, wickelte den Chalat eng um sich, kuschelte sich mit dem Rücken an das Tier und war bald zufrieden eingeschlafen.

Der Morgen sah Nasreddin schon frühzeitig auf der Straße, die von Urgentsch hinwegführte, wohin, wusste er nicht zu sagen.

Aber je weiter er zog, desto lustloser wurde er, nachdenklich und voller Gewissensbisse. Der Gedanke, der ihm am Abend vorher gekommen war, Allah erlege ihm Prüfungen auf, ließ ihn nicht los. Und er spürte, solch eine Menge Scheine konnten eine harte Prüfung sein.

In seinem früheren Leben hätte Nasreddin sich nicht die geringsten Gewissensbisse gemacht, er kannte sich daher selbst nicht mehr. Einem Spitzbuben das unrechtmäßig Erworbene abzunehmen war nachgerade ein Spaß, eine Ehrensache. Man konnte es sogar dem Besitzer wiedergeben, vorausgesetzt, dieser selbst war kein Geizkragen und Halsabschneider. Man konnte es sich auch teilen mit anderen Habenichtsen oder einem, der es arg nötig brauchte, damit helfen.

Hier aber lagen die Dinge anders. Der Besitzer der

Räder war dieser tote Gegenstand, die Maschine, die irgendwo draußen auf der anderen Seite der Stadt traurig im Straßengraben stand. Freilich, die Maschine wiederum musste jemandem gehören, und dann waren es auch dessen Scheine. „Ich könnte zurückkehren, dort warten, bis dieser kommt, seine Maschine zu holen. Aber wird er nicht denken, dass ich selbst diese Räder abgenommen und verkauft habe? Wie, wenn solche Räder knapp sind wie jene Medizin, die der Erstgeborene des Ah Bek benötigte? Er musste sterben, weil sie gegen alles Gold des Vaters nicht aufzutreiben war. Denn", so schloss Nasreddin, „warum sollte der Mann aus der Tschaikana von Dieben jene Räder kaufen, wenn er sie jederzeit auch auf dem Basar erwerben konnte? Nun, vielleicht erhielt er sie auf diese Art billiger ..." Wie dem auch sein mochte, zu der Maschine zurückzukehren, hielt Nasreddin nicht für eine gute Idee.

Je weiter er ging, später ritt, desto schwerer erschien ihm die Tasche, in der sich die Lederhülle befand. Als er bereits unschlüssig den Esel zu noch langsamerem Trott veranlasste, zweigte links ein Weg von der Straße ab, der zu einem Kischlak führte, dessen erste Häuser in einiger Entfernung hinter Büschen hervorlugten.

Einer Eingebung folgend, lenkte Nasreddin den Esel dorthin. Eine Weile ritt er noch durch Baumwollfelder. In der Nähe des Dorfes wuchs dann Mais, und bald hatte der Reiter den Eindruck, dass er sich einem stattlichen Kischlak näherte. Am Rande wurden neue Häuser gebaut, so wie Nasreddin es kannte. Der Lehm, gleich neben der Baustelle ausgeschachtet, in einer dicken Lage, so stark, wie man die Mauer zu haben wünscht, mit Strohhäcksel gemischt, in großen

Blöcken aufgereiht. War die erste Reihe abgetrocknet und hatte die nötige Druckfestigkeit, wurde die zweite drübergeschichtet, und so fort. Das einzige, was von dem, das Nasreddin kannte, abwich, waren die Fenster, die zur Straße hin frei gelassen wurden.

Neben diesen Neubauten aber standen Häuser, an denen der Zahn der Zeit sich bereits gründlich versucht hatte. Aber auch sie waren umgeben von Gärten mit Granatapfelbäumen, und durch offenstehende Türen gewahrte Nasreddin mit Weinreben überspannte Höfe.

Einen alten Mann, der an einem Stock ging, fragte er nach dem Kadi.

Dieser sah ihn stirnrunzelnd an, wies ihn dann jedoch zu einem großen Torbogen, der ein wenig ohne Sinn einfach so dastand. Als Nasreddin den sah, musste er kräftig lachen, worauf der alte Mann stehen blieb und zweifelnd aufsah. Zwei Kinder hatten sich dazugesellt, die nun ebenfalls neugierig auf den lachenden Eselreiter blickten.

„Habt ihr hier einen - Nasreddin?", fragte Nasreddin.

Der Alte wiegte den Kopf. „Was soll diese Frage, Bruder? Überall findest du einen Usbeken, der Nasreddin heißt."

„Ich meine den - Chodscha!" Nasreddin gedachte der Unterredung mit jenem Maschinenlenker, der ihm die Scheine zurückgebracht hatte. „Mal sehen, ob dieser Recht gehabt hat", dachte er.

„Ja, den", antwortete der Alte. Das Wiegen seines Kopfes verstärkte sich. „Wer sollte den nicht kennen."

„Hast du ihn schon gesehen?"

Wieder sah der Alte zweifelnd zu dem Reiter empor.

Die Kinder kicherten.

„Du Spaßvogel. Hast du ihn gesehen?"

Nasreddin sprang vom Esel herab, wies theatralisch mit einer großen Geste von oben nach unten auf sich und sagte: „Hier hast du ihn leibhaftig."

Die Kinder lachten jetzt lauter.

Den Alten offenbar erschütterte so leicht nichts. „Und warum fragst du, Nasreddin, ob wir hier auch einen haben? Wenn du es bist, ist das ja wohl nicht möglich."

„Du wirst es nicht wissen. Ich habe bei Samarkand auf freiem Feld ein großes Tor mit Schloss und Riegel gebaut. Das gab, sag ich dir, ein allgemeines Staunen. Und weißt du, warum ich das gemacht habe? Die allerspäteste Zukunft wird die Erinnerung an dieses Tor ebenso getreu bewahren wie die an die Siege Timurs. Während aber die Welt bei meinem Denkmal lachen wird, wird das Andenken an Timurs Taten Trauer hervorrufen, von Athen bis Delhi von Bagdad bis Chiwa. An diese Begebenheit musste ich denken, als ich euer Tor hier erblickte. Du musst zugeben, dass dieses *auch* komisch ist."

„Es ist das Tor zum Kolchos!" Der Alte sagte es mit Nachdruck und nicht ohne Stolz.

„Und warum ist es da, wenn man links und rechts daran vorbeigehen kann?"

„Aber die Straße führt hindurch, wie du siehst. Und dort oben, das ist unser Name, wenn du lesen kannst."

„Ein Chodscha kann lesen, du!"

„Schon gut, schon gut - also, deshalb das Tor: Jedermann soll wissen, dass er sich im Kolchos ‚Glückliches Usbekistan' befindet." Der Alte warf sich in die Brust.

Jetzt erst gewahrte Nasreddin allerlei Geschmeide

am verschlissenen Chalat des Greises, bunte Bänder mit Münzen und Sternen daran, die jetzt, da er den Oberkörper reckte, sogar klimperten.

„Da bist du wohl ein bedeutender Mann in diesem - Kolchos ‚Glückliches Usbekistan'?"

Der Alte lächelte in falscher Bescheidenheit. „Man hat getan, was man konnte", sagte er. „Im Krieg war ich Leutnant."

„In welchem Krieg?", fragte Nasreddin. „Gegen Bagdad?"

„Bagdad, wer soll das sein? Gegen die Faschisten habe ich gekämpft. Hör mal, willst du dich über mich lustig machen?"

Nasreddin gemahnte sich innerlich zur Vorsicht. Er spürte, dass er bereits wieder an einem Punkt angelangt war, den er nicht fasste. Faschisten, was war das schon wieder? Er erinnerte sich nicht, dass Timur jemals gegen einen Stamm der Faschisten vorgerückt wäre. Und er als Chodscha hätte sich schon verpflichtet gefühlt, die Taten des Timur in einem solchen Feldzug zu preisen, das Erste, das man von einem Lehrer verlangen kann, *den* hochzuhalten, dessen Volk man erzieht ... „Wo - leben diese - Faschisten?", fragte er daher zurückhaltend.

Die Kinder lachten hellauf.

Der Alte legte Nasreddin die Hände auf den Schenkel und sah dem Überraschten sehr aufmerksam in Gesicht und Augen. „Bist du nicht bei Trost, Freund, hat der weise Allah dir den Verstand getrübt?"

„D-das nicht ..." Nasreddin kam ins Stottern. „Schon wieder habe ich mich verleiten lassen", dachte er mit Grimm. „I-ich war lange krank, und von einem bestimmten Zeitpunkt an kann ich mich nicht mehr zurückerinnern, weißt du."

„Hm, hm." Der Alte wiegte den Kopf, ließ Nasreddin jedoch los. „So etwas gibt es", herrschte er die Kinder an, die noch immer spottend lachten. „Aber du solltest das alles wieder lernen, das ist wichtig, weißt du. Und dann vergiss es nie wieder!", setzte er väterlich hinzu.

„Das will ich, das will ich", beeilte sich Nasreddin zu versichern. „Sag, komme ich hier zu einem Kadi?" Und er wies, um den für ihn so unvorteilhaften Disput abzukürzen, durch das Tor in Richtung eines zweietagigen Gebäudes, das man in einer Gasse zwischen allerlei seltsamen Maschinen, unter denen Nasreddin auch blaue Elefanten erkannte, erreichen konnte.

„Ja, dort gibt es einen Justitiar, das ist so etwas Ähnliches. Kommt darauf an, was du willst ..." Am Ton war zu erkennen, dass der Alte selbst dies wohl allzugern gewusst hätte.

„Eine Geldangelegenheit", sagte Nasreddin wichtigtuerisch „Ich kann sie nur mit ihm klären. Allah sei mit dir." Er nahm seinen Esel und zog auf das Gebäude zu, entschlossen, dort die Sache mit dem Diebesgeld tatsächlich zu klären.

Aus der Nähe erwies sich das Gebäude prächtiger als von weitem. Gleich nach den Pendeltüren nahm Nasreddin eine große kühle Halle auf, in der tiefe Sitzmöbel standen. Von der Decke hingen funkelnde, glitzernde Gebilde, eine teppichbelegte Treppe führte nach oben.

Von dort kamen zwei Mädchen, junge Dinger, die sich immerfort etwas zutuschelten und albern kicherten.

„Töchterchen, ich möchte zum Kadi", sprach Nasreddin die eine an.

Das pausbäckige Mädchen hielt sich die Hand vor

den Mund, die andere, eine Feingesichtige, wandte sich ab. „Zum Vorsitzenden vielleicht?", fragte sie dann zurück, mühsam um Haltung ringend.

„Ja, ja, wenn er vorsitzt, wird es wohl der Rechte sein."

„Gleich oben am Treppenabsatz ist das Sekretariat." Laut lachend und sich immer wieder umwendend, verschwanden die beiden nach draußen.

„Allah hat sie mit dem Verstand von dummen Gänsen ausgestattet", murmelte Nasreddin: „Das kommt davon, wenn man die Weiber so schamlos herumlaufen lässt; sie stiften nur Schaden und verbreiten Albernheit."

Nasreddin betrat den oberen Korridor. Aber seine Forschheit hatte von Stufe zu Stufe abgenommen. Die Atmosphäre des Gebäudes wirkte irgendwie einschüchternd auf ihn, strahlte etwas Ehrfurchtgebietendes aus, wie der Palast eines hohen Herrschers vielleicht, aber das traf es nicht.

An den Wänden hingen Bilder eigenartigen Gepräges, meist Gesichter von Männern, selten eines einer Frau. „Welch ein Frevel! Wissen sie nicht, dass der Koran das Menschenabbild verbietet, diese Giaurs!" Aber alle, ob Mann oder Frau, blickten sie ernst, in schwarzen und grauen Tönen gemalt. Zerfurchte Stirnen und verkniffene Münder zeugten von Sorgen und Last. Aber auch bunte Bilder gab es. Auf rotem Untergrund Felder von Baumwolle mit Elefanten darauf, so naturgetreu und echt, dass Nasreddin sich vornahm, unbedingt einmal einen Maler solcher Bilder aufzusuchen, einen wahren Zauberer offenbar. Und in den Feldern, den Maschinen, bei der Obsternte, überwogen eigenartigerweise wieder Frauen, und sie schienen wohlgenährt und samt und sonders von überaus freundlicher Natur. Sie lachten im heißen Baumwollfeld, auf der rüttelnden Maschine - Nasreddin kam sogleich der Lärm in die Ohren, den diese Monstren vollführten - oder auf der unbequemen Leiter im Apfelbaum.

Es gab auch Bilder, unter deren Inhalt er sich nichts oder nicht viel vorstellen konnte: Ein Mann lag mit dem Rücken zuoberst in einem weißen Zuber, und eine Frau malträtierte ihn mit einem dicken Wasserstrahl, einer horchte mit einer Trompete einem Kind an der Brust, und noch ein anderer, mit einem seltsamen Gewand angetan, stand vor einer Maschine, die aussah wie der übermächtige Pfeil einer Tatarenarmbrust. Ein nächster gar schwamm in einer Kugel zwischen den Sternen umher. Nasreddin kam es schier vor, als hätte man aus einem Buch der Märchen hier die Seiten aufgeblättert. Aber Freude, das alles zu betrachten, machte es schon, und fast hätte er darüber sein Anliegen vergessen, wenn er nicht häufig in seinen Betrachtungen gestört worden wäre.

Es herrschte ein ständiges Kommen und Gehen in den Gängen. Dauernd klappten irgendwelche Türen, eilten Leute - wieder meist Frauen - mit dickeren oder dünneren Papieren in der Hand geschäftig hin und her, die Frauen mit eigenartigen Gebilden an den Füßen, die ihm draußen so deutlich noch gar nicht aufgefallen waren, die er hier jedoch um so mehr beachtete, weil es klang, als trabten Esel über Bretter. Gebilde, von denen er annahm, dass man sie gar als Schuhe bezeichnen würde. „Allah, oh Allah, was für eine Welt!"

Die Männer auf den Bildern jedoch dämpften seine Spottlust, wenn er aufsah und sein Blick sich mit dem eines dieser Strengen traf. Dazu diese eigenartige Kleidung, freilich, ab und an hatte er in den beiden letzten Tagen schon Ähnliches gesehen, aber beileibe nicht so gehäuft. Hier trug jeder dieser Männer einen verknoteten Strick um den Hals. „Sollte ...? Aber nein! Dann wäre doch der Knoten hinten!"

Da blieb eine schon etwas ältere Frau vor ihm stehen, und Nasreddin meinte, dass sie wohl zur Vielzahl der allzu Beschäftigten zählen müsste, weil er sie schon mehrere Male hatte hin und her rennen sehen. Und da sie recht wohlgenährt wirkte, klang ihr Trab besonders einprägsam. Sie redete ihn in einer unbekannten Sprache an, korrigierte sich aber sofort, noch bevor er ihr deutlich machen konnte, dass er sie nicht verstehe, und fragte in bestimmtem Ton: „Sie wünschen, Bürger?" Und sie musterte ihn von oben bis unten.

Wieder hatte Nasreddin Mühe - und er schalt sich albern deswegen -, Verlegenheit zu bekämpfen und klar zu antworten. „Zum Ka-ka..., zum Vorsitzenden möchte ich."

„Angemeldet?"

Er schüttelte ein wenig verständnislos den Kopf. Dann aber wurde ihm klar: Schließlich konnte man zum Gebieter auch nicht gehen, noch nicht mal zu einem Chan, wann es einem einfiel. „Nein", setzte er deshalb kleinlaut hinzu, „aber - ich dachte - es ist wichtig!"

„Dachten sie!", wiederholte sie mit einer Miene, die deutlich machte, dass es wohl außer dem, was sie tat, kaum etwas Wichtiges gäbe. „Na, reden sie einmal mit Nasdja. Wenn Herr Chaibabtulajew guter Stimmung ist ..." Sie klemmte ihre Papiere unter den Arm und trabte davon.

„Zum Scheitan mit Nasdja", brummte Nasreddin,

weil er nicht wusste, was wohl diese und jener Chaibabtulajew mit ihm zu tun haben könnten. Er steuerte die Tür an, die ihm die beiden albernen Mädchen bezeichnet hatten, und trat ein.

Vor einer Art Kiste saß eine Frau, die wie besessen mit spitzen Fingern in mehreren Reihen von Plättchen herumstocherte, diese nach unten drückte, wonach kleine Hämmer einen Bogen weißes Papier wie irr beklopften. Den Eintretenden beachtete sie nicht im Geringsten.

Eine Weile sah Nasreddin dem zu, dann wurde es ihm langsam zuviel, und eine leise Wut stieg in ihm auf. Schließlich war er im Begriff, ein gutes Werk zu tun, auch wenn diese da das alles nicht wussten, aber sie konnten vermuten, dass jeder, der da kam, ein gutes Werk verrichten wollte, und da konnte man demjenigen schon mit mehr Achtung begegnen und ihn dann strafen, wenn er einem auf die Nerven ging. Noch dazu geziemte es einer Frau erst recht nicht, einen Mann, dem sie zu dienen hatte, einfach nicht wahrzunehmen.

Nasreddin trat also näher, noch immer unbeachtet, obwohl er sich klar war, dass sie ihn wahrgenommen haben musste – denn so vertieft kann niemand sein, dass er einen knapp vor ihm stehenden Menschen nicht spürte. Er stellte sich an die Kiste und hustete nachdrücklich.

Als sie noch immer tat, als sei sie allein, fasste er den Bogen – und erst jetzt stellte er fest, dass es ein ganzes Bündel war – und riss ihn verhältnismäßig langsam entzwei.

Im nächsten Augenblick traf Nasreddin zwei bemerkenswerte Feststellungen: Die erste war, dass ein Mensch in Bruchteilen einer Sekunde vom völligen

Nichtbeachtetsein, aus dem Nichts gleichsam, ins Zentrum, in einen Brennpunkt des Interesses, geraten kann. Und die zweite Feststellung, die überraschte ihn nicht zu sehr, schließlich handelte es sich um eine Frau: Von einer stummen Hämmerin wurde sie zum größten Springborn, den Allah wohl je hervorgebracht hatte. Sie schoss empor, und die Gewalt ihrer Stimme, unterstrichen durch die schwabbernde Masse ihres Körpers, ließ Nasreddin einige Schritte zurückweichen. Wie ertappt warf er ihr die Papierfetzen vor die Füße.

Was sie schrie und gestikulierte, verstand er nicht, dass es für ihn alles andere als schmeichelhaft war, wurde ihm sehr deutlich, als sie noch auf ihn zukam und ihm mit flachen Händen gegen die Schultern hieb, ihn gleichsam zur Tür drängend. Dann trat sie zurück, ohne natürlich den fremdartigen Wortschwall zu unterbrechen, klopfte auf die Kiste, aus der traurig die Fransen des Papiers ragten, wies auf diese Reste und stürzte erneut auf ihn zu.

Nasreddin ließ das mit großer Gelassenheit über sich ergehen. Dass so etwas eintreten würde, damit hatte er gerechnet. Schließlich hatte er das Bezweckte erreicht. Nur, wie es weitergehen sollte, das wusste er noch nicht. Es wurde ihm daher, je länger jene keifte, die Situation doch peinlich.

Plötzlich jedoch wurde eine zweite Tür zum Zimmer aufgestoßen, ein grauhaariger untersetzter Mann, klein von Wuchs, machte einen riesigen Schritt ins Zimmer und herrschte etwas in ebender fremden Sprache, worauf die Frau erneut in eine diesmal weinerliche Tirade ausbrach und dabei mit dem einen weit ausgestreckten Arm auf Nasreddin zeigte, mit dem anderen auf die Papierreste sowohl in der Kiste als auch auf den Boden wies. Mehr und mehr wandte sich daraufhin der Mann Nasreddin zu, mit einem Gesichtsausdruck, der durchaus nichts Gutes verhieß und der zunehmend finsterer wurde.

Nasreddin hielt es für besser, in die Offensive zu gehen. „Ich möchte zum - Vorsitzenden", sagte er devot. „In einer Geldangelegenheit."

Einen Augenblick stutzte der andere. „Was wollen sie, sie Flegel? Dies war ein dringender Bericht an die Gebietsleitung, man wartet dort darauf. Was haben sie sich dabei gedacht, he? Er nahm der Frau die Papierfetzen, die sie aufgelesen hatte, aus der Hand und warf sie im hohen Bogen im Zimmer umher.

„Sie hat mich nicht beachtet", erklärte Nasreddin sanft, ein wenig vorwurfsvoll. „Und ich komme in guter Absicht."

„So, in guter Absicht", höhnte der andere. „Das hat man gesehen. Und wie konnte sie ahnen, dass sie in guter Absicht kommen?"

„Eben", antwortete Nasreddin bescheiden.

„Warum haben sie ihn nicht beachtet?", fragte der Kleine die Frau. Und es klang gar nicht freundlicher.

Sie zog die Schultern an und sah Nasreddin von oben bis unten an, als wollte sie sagen: 'Schau ihn dir an!' „Ich hatte zu tun", erwiderte sie mit leichtem Vorwurf in der Stimme.

„Ja, ja, aber das berechtigt nicht, Bürger unfreundlich zu behandeln, Galja Petrowna! Was sie davon haben, sehen sie. Manchem gehen eben die Nerven durch."

„Jetzt bin ich wohl noch schuld!" Und sie heulte los wie ein kleines Kind, warf sich an die Kiste und begann wütend, die restlichen Papierstücke herauszudrehen.

„Also, was wollen sie, machen wir es kurz", herrschte der Mann Nasreddin an.

„Bist du der Vorsitzende?", fragte dieser.

„Ich bin der Vorsitzende! Kommen sie rein."

Sie gingen in den Nebenraum. Wieder griff die seltsame Atmosphäre nach Nasreddin, als ihn gleich dem Eingang gegenüber aus einem Bild ein ernster bärtiger Mann anblickte, zwar nicht streng, aber nachdenklich, gütig, aber immerhin irgendwie gebietend. Und es schien, als wäre ständig einer im Raum; ein stiller Zuhörer.

„Also was ist, und wer sind sie überhaupt?"

„Ich bin Nasreddin Chodscha aus Aksehir."

Das Gesicht des anderen wandelte sich. Der Zorn, der es vorher deutlich gezeichnet hatte, schwand, ein unduldsames Erstaunen machte sich mehr und mehr darin breit. „Soso, Nasreddin, der Chodscha. Und was führt dich hierher, Chodscha? Oder besser, wo, aus welcher Anstalt bist du ausgebrochen?"

„Also doch! Sie wissen es", dachte Nasreddin. „Aber wieso Anstalt? Jedermann auch in Usbekistan nennt das Kerker oder höchstens noch Gefängnis, aber nicht Anstalt!"

„Also was, ich habe meine Zeit nicht gestohlen!" Wieder stand Zorn im Gesicht des Vorsitzenden. Dann schien er sich jedoch eines anderen zu besinnen, zwang sich sichtlich zur Ruhe und versuchte es mit einer Art ironischer Güte, soweit er zu derartigen Regungen überhaupt fähig war. „Gut, gut. Ich lasse dir den Kolchos zeigen, du wirst staunen. Und dann gehst du hübsch nach Urgentsch, oder besser, du fährst mit unserem Geländewagen, hm? Eine Tasse Tee vorher? Ich kann dir leider nicht Gesellschaft leisten, die Gebietsleitung ..." Er tat, als lauschte er zur Tür, hinter der wieder rasantes Hämmern erscholl. „Du verstehst, Nasreddin", fügte er einschmeichelnd hinzu.

Da begann Nasreddin: „Du bist hier so etwas wie Kadi, Vorsitzender. Hier ..." Er zog die Lederhülle hervor, warf sie leger auf den Tisch, die Scheinchen blätterten sich auf wie ein Kartenspiel.

„Ah!", entrang es sich dem Vorsitzenden.

„Das habe ich einem Dieb abgenommen, einem, der in der Nacht, die Allah den Gläubigen für den Schlaf geschenkt hat, Räder von den Maschinen nimmt und diese gegen solche Scheinchen eintauscht. Geschickt, dieser Teufel."

Der Vorsitzende, bis dato bedacht, den Verrückten in Güte loszuwerden, trat interessiert näher, nahm das Geld auf, schob die Scheine wieder zum Bündel zusammen, wog dieses bedächtig in der Hand. „Zwei-, dreihundert Dollar ...", schätzte er gedanklich, „ein imposanter Monatslohn. Für solche Tagediebe wie diesen da fast ein halbes Jahr Arbeit. Und das schmeißt der so hin." „Wo hast du das her?", fragte er misstrauisch.

„Allah ist mein Zeuge, dass ich die Wahrheit spreche!" Nasreddin legte treuherzig die Hand auf die Brust und verbeugte sich leicht.

Der Vorsitzende kratzte sich am Kopf. „Räder, sagst du?", fragte er obenhin, er dachte nach. „Alle vier?"

„Alle vier."

„Und was soll ich mit dem Geld?"

„Du bist der Kadi, vertrittst den Gebieter. Vor Allah und ihm übst du Gerechtigkeit, bestrafst die Schuldigen, beschützt die Gerechten ..."

„Schon gut, schon gut, halt die Luft an" „Also doch ein Verrückter. Aber das Geld ist eine Tatsache, ist nicht wegzuleugnen." Er kratzte sich am Kopf. „Also werde ich die Miliz verständigen."

„Nein, nicht die Miliz!" Nasreddin dachte an das abendliche Erlebnis, dachte an die Häscher des Chans. Oh, er konnte sich außerdem denken, wie es zugehen würde. Sie würden ihm Fragen stellen, vielleicht die Neunschwänzige zum Kosten geben, nein, nein, nein, nicht die Miliz!

„Aha!" Es klang, als ob der Vorsitzende sich mit diesem „Aha!" selbst etwas bestätigte. „Und warum keine Miliz, wenn ich fragen darf?"

„Der Gebieter hat dir das Amt gegeben. Allah wacht über dich. Du bist weise und stark, wozu brauchst du die Miliz. Mit einem lumpigen Räderdieb wirst du wohl allein fertig werden, und ich helfe dir! Frage den Maschinenlenker, ich bin stark!"

„Wer ist denn das schon wieder ... Also höre, für solche Späße habe ich keine Zeit. Ich habe mich überhaupt schon zu lange aufgehalten." Doch plötzlich, als wäre ihm eine Idee gekommen: „Wo wohnst du eigentlich?"

„Nun, ich werde eine Herberge finden, so Allah es will. Eines Tages, wenn die Umstände es erlauben, kehre ich heim ..."

„Hast du Papiere?" Es war schon lauernd, wie der Vorsitzende das fragte.

Nasreddin zog die Stirn in Falten. „Außer diesem habe ich nichts." Er zog die schon ein wenig zerknitterten Zettel hervor, die er in seinen Taschen gefunden hatte.

„Aha" Eine kleine Weile vertiefte sich der Vorsitzende in diese Unterlagen. Dann sagte er gönnerhaft: „Du kannst hierbleiben."

Schon wollte sich in Nasreddin Freude regen, aber

Misstrauen überwog. „Ich kann hierbleiben", wiederholte er wie für sich.

„Pass auf", der Vorsitzende wurde lebhaft, „mit diesen Papieren greift dich über kurz oder lang die Miliz auf, sperrt dich in ein Heim, das ist klar. Bei uns hängt der Plan, verstehst du. Ich brauche jede Hand für die Baumwolle. Ein kräftiger Kerl bist du. Für den Sack zweihundert Sum, das ist der Satz. Da kannst du am Tag auf, na, bei einiger Übung auf fünftausend Sum kommen... Übernachten umsonst, die Verpflegung kostet dich achthundert je Tag. Na, wie ist es?" Er hielt Nasreddin die Hand hin, dass dieser einschlüge. Ein wenig Ungeduld lag bei aller Freundlichkeit der Rede auch in dieser Geste.

„Was müsste ich tun?, fragte Nasreddin zurück.

„Baumwolle pflücken, ich habe es dir gerade erklärt. Kinderleicht ist das."

Nasreddin erinnerte sich der riesigen Felder, die er draußen links und rechts der Straßen gesehen hatte. Die Baumwolle muss gepflückt werden, versteht sich. Und der Karrenfahrer hatte ihm gesagt, nicht alles machen diese blauen Elefanten. Aber er dachte weiter: „Das machen in der Heimat Sklaven, Gefangene, Leibeigene, aber doch kein Chodscha." Er sagte daher ganz ruhig: „Allah hat dir das Gehör verstopft. Ich habe dir gesagt, dass ich Nasreddin, der Chodscha, bin. Das ist keine Arbeit für einen Chodscha. Ja, wenn du mir sagtest, ich solle deine Kinder zu wahren Gläubigen erziehen, sie die höchste aller Wissenschaften, die Astronomie, lehren, den Koran, die Schlachten des großen Timur ..."

„Das möge Allah verhüten." Der Vorsitzende stöhnte, griff dabei mit einem abschätzenden Blick zum Geldbündel.

„Was sagst du da?" Nasreddin brauste auf, mit zornigem Gesicht trat er auf den Mann zu. „Allah ist mein Zeuge, dass du mich beleidigst. Ich bin der anerkannteste Chodscha von Aksehir. Deswegen hat der große Gebieter selbst mich hierher, in dieses Land, gerufen, das Allah mit Dieben, Halsabschneidern und solchen wie dich gestraft hat!"

„Schon gut, schon gut. Du verstehst mich falsch. Ich, ich habe lediglich - die Feldzüge des großen Timur gemeint, nicht deine Fähigkeiten, wie könnte ich denn, bekannter Nasreddin ..."

Aber Nasreddin war wieder äußerst misstrauisch geworden. „Wieso bekannt? Ich bin dir nicht bekannt, so wie du mir nicht bekannt bist. Du verhöhnst mich!"

„Hier irrst du, mein Lieber!" Der Vorsitzende seufzte, hob ein wenig fatalistisch die Schultern, schmunzelte dann, weil ihm der rettende Einfall gekommen war. Er ging zu einem Zeitungsständer, wühlte einen Augenblick, brachte dann, was er gesucht hatte. „Hier", sagte er, betont triumphierend, „das bist du, und daher kennt dich jedermann!"

„Also doch!" Nasreddin fühlte sich geschmeichelt und verängstigt zugleich. Das gleiche gezeichnete Gesicht blickte vom Papier, und wieder stand da etliches geschrieben. „Die blauen Elefanten, was?", fragte er.

„Welche blauen Elefanten?", fragte der Vorsitzende verblüfft.

„Die ein Anführer nicht mehr bewegen wollte und die er an einem Sonntag ..."

„Ach, die Geschichte meinst du! Nein, hier geht es um die Schlaglöcher in der Straße. Aber immerhin, vielleicht willst du mich verkohlen, was?" Aber dann wurde er betont sachlich. Er blätterte im Dollarpaket. „Ich muss in die Gebietsleitung, also, das ist viel Geld, ich lasse die Miliz holen, du kannst hier warten, bis sie kommt, kannst dann alles erklären, so, also kommen sie, Bürger Nasreddin." Und er zog den Überraschten, der gerade noch das Geld an sich reißen konnte, am Ärmel aus der Tür, ging mit ihm einige Schritte durch das Nebenzimmer. Die Frau hinter der klappernden Kiste sah kurz und wütend auf, der Vorsitzende schob Nasreddin in ein zweites Zimmer, in das man von hier aus gelangte, und ehe es sich dieser versah, schloss sich die Tür hinter ihm, und er hörte, wie sich ein Schlüssel im Schloss drehte.

Einen Augenblick brauchte Nasreddin, um sich zu sammeln. „So ein Hundesohn!" Nasreddin riss an der Tür, die nicht nachgab. Drüben hörte er ein Auflachen, das zweifelsfrei zu dieser Kistenfrau gehörte und ihn noch wütender machte.

„Verhalte dich ruhig, Bürger Nasreddin, es geschieht dir nichts. Aber versteh, dreihundert Dollar sind viel Geld, und ich muss jetzt weg. In höchstens einer halben Stunde ist die Miliz da, dann klärt sich alles, also, sei friedlich!" Es sollte beruhigend wirken, was dieser Vorsitzende durch die geschlossene Tür rief.

Nasreddin hieb mit der Faust gegen das Holz, dass es dröhnte. „Ersticke an deiner Spucke, du Sohn eines räudigen Schafes", räsonierte er, aber nicht überlaut. Dann, nach einer Weile des Besinnens, rief er: „Lass mich raus. Ich werde es mir überlegen, das mit deiner Baumwolle."

Ein Lachen auf der anderen Seite, höhnischschadenfroh. Dann schrie sie: „Der Vorsitzende ist weg, Söhnchen." Der Tonfall änderte sich. „Wirst schon auf die Miliz warten müssen, du verfluchter Wüterich. Geschieht dir ganz recht."

Nasreddin stand und kratzte sich am Kopf. „Früher habe ich oft bei anderen gesehen, wie sie übertölpelt wurden. Und nicht selten war Nasreddin einer von jenen, die übertölpelten. Du wirst alt, Chodscha. Von jedem hergelaufenen Vorsitzenden lässt du dich hineinlegen, und keifende, alte, zahnlose Weiber machen sich über dich lustig." Er wusste sehr wohl, dass jene da draußen weder alt noch zahnlos war, aber er hatte ein stehendes Bild von widerlichen abscheulichen Zeitgenossen, und die hatten zu keifen, alt und zahnlos zu sein.

Er überlegte, besah sich sein Verlies. Einen Augenblick dachte er daran, wie sehr es sich unterschied von dem, aus dem er kam. Das hier war fürstlich, hatte Vorhänge an den Fenstern, und diese besaßen keineswegs Gitter. Aber ein Blick nach draußen überzeugte ihn, dass man eine Kletterpartie nach unten nur in äußerster Lebensgefahr wagen sollte. „Na und, besteht die nicht?" Aber darüber war sich Nasreddin keineswegs im Klaren. Im Grunde glaubte er nicht mehr daran, dass jene von der Miliz mit den Häschern des Chans etwas gemein haben, dass der dortige Chan überhaupt etwas zu tun haben könnte mit diesem neuen Urgentsch. Wie weit liegt das alles weg!

Nasreddin wunderte sich, als er sich vergegenwärtigte, dass seither erst zwei Tage vergangen waren. Aber dennoch drängte ihn nichts, mit dieser Miliz Bekanntschaft zu schließen. „Was hatte dieser, dieser Vorsitzende gesagt: 'Sie sperren dich in ein Heim'".

„Sperren! Wenn es so ist wie hier, warum nicht!" Nasreddin sah sich weiter um: Zwei Sessel standen in einer Ecke an einem kleinen Tisch. Sogar ein Teppich hing an der Wand, ein weiterer kastenförmiger Tisch stand da, ein Stuhl dahinter, einer davor, und längs der

Wand gegenüber der Tür zog sich ein leeres Regal hin, wie überhaupt alles leer und unbenutzt wirkte.

Die Ecke rechts neben der Tür war durch einen Vorhang abgeteilt. Vorsichtig blickte Nasreddin dahinter, ein weißes Becken hing in Hüfthöhe an der Wand, darüber ein Stück gebogenes Rohr mit einem Knopf darauf. An der Wand hing eine Scheibe. Als Nasreddin näher trat, gewahrte er in dieser Scheibe einen Kopf, und er erschrak. Aber nach wenigen Augenblicken wusste er, dass dort er aus der Scheibe sah. Ein Spiegel, allerdings einer von einer Größe und Klarheit, wie er ihn selbst in den Palästen nicht gesehen hatte. Lange betrachtete Nasreddin sein Bild, strich sich über den Bart, und noch ein paarmal überkam es ihn, als blickte ihm da ein Fremder entgegen. Stück für Stück besah er sich dieses Gesicht, befühlte es mit den Fingern, rückte an den Zähnen und machte da eine erstaunliche Entdeckung. Er selbst hatte einen Zahn aus Gold! An anderer Stelle zwar als der Dieb, im Oberkiefer unter dem linken Auge, aber kein Zweifel, Gold!

Nasreddin schwindelte. Einen Augenblick fühlte er sich zum Umfallen elend, suchte nach einem Halt. Er griff zum gebogenen Rohr, der Knopf darauf gab nach, schien locker. Aus dem Rohr floss plötzlich ein dünner Wasserstrahl in das Becken. Aber Nasreddin achtete zunächst nicht auf das neue Phänomen. Er wusste, dass es diesmal keine Erklärung geben würde, wie er zu dem goldenen Zahn gekommen sei. „Hier muss Allah selbst seine Hand im Spiel haben." Abwechselnd wurde es ihm heiß und kalt. „Ich bin verrückt", dachte er. „Allah hat meinen Verstand verwirrt. Oh, was tust du deinem unwürdigen Sohn an, weiser Allah! Schlage ihn nicht auch noch mit Blindheit, auf dass er deinen Willen erkenne und dir zu Diensten sein kann." Noch einmal betrachtete Nasreddin diesen Zahn, drehte sich vor dem Spiegel, rüttelte an dem güldenen Fremdkörper, und er fand ihn von Sekunde zu Sekunde durchaus schöner und wohl zu ihm passend. „Ein schlechter Einfall des Allmächtigen war das nicht", dachte er.

Seine Hand, die zufällig in den Wasserstrahl geriet und ihm das kostbare kühle Nass signalisierte, brachte ihn in die Realität zurück. Hier war nicht Zeit, sich an goldenen Zähnen zu berauschen, und wenn es die eigenen waren! „Will ich die Miliz oder nicht? Ich will sie nicht, nun schon gar nicht. Am Ende wollen sie wissen, woher dieser goldene, kostbare Zahn stammt, womöglich vermisst in dieser Gegend ein hochgestellter Vorsitzender einen solchen. Nein, keine Miliz."

Nasreddin trat in das Zimmer zurück, sah sich um, noch immer plätscherte hinter ihm das Wasser. Weil es ihn beim Nachdenken störte, versuchte er, es abzustellen, auch deshalb, weil es ihm zuwider war, diese Kostbarkeit nutzlos zu verschwenden.

An einer Schnur tanzte auf dem Grund des Beckens ein schwarzer Stöpsel um ein Loch, durch das sich wirbelnd das Wasser drängte und darin vergurgelte. Nasreddin passte spielerisch den Stopfen ein, und sieh da! Sofort stieg das Wasser im Becken, und nicht lange, dann würde dieses voll sein und überströmen. Und da schoss ihm die Idee ein. Noch einen Augenblick befasste er sich mit dem drehbaren Knopf und stellte erfreut fest, dass man damit den Wasserstrahl bedeutend verstärken, ja so stark machen konnte, dass er einem die Hand ins Becken drückte. „Teufelskerle, diese Vorsitzenden", dachte Nasreddin, „haben die Flüsse in die Zimmer geleitet, lassen sie nach Belieben aus der Wand springen …" Aber vorerst nahm Nasreddin dem Strahl die Kraft, indem er mit gebotener Vorsicht am Knopf drehte. Dann ging er zur Tür. Was war das? Auch von außen näherten sich Schritte wie von Eselshufen.

„Töchterchen", rief Nasreddin unterdrückt, „kannst du mich hören?"

Es antwortete niemand, aber ein Geräusch am Holz verriet ihm, dass er sich nicht getäuscht hatte. Auf der anderen Seite stand jemand, und die Schrittgeräusche hatten wie jene geklungen, die die Frauen auf dem Gang verursachten.

„Pass auf", rief Nasreddin in aller Gelassenheit und bemüht, den Spott, der aus ihm hinauswollte, zu unterdrücken. „Ich bin zwei Tage in eurer heißen Sonne geritten, und ich möchte Allah nicht und nicht die Nasen der Miliz mit meinem Geruch beleidigen. Ich werde, da ich Wasser vorfand, baden. Denk daran, Töchterchen, wenn du die Miliz einlässt, dass du vor Scham nicht in die Erde versinkst, wenn du mich vielleicht so erblickst, wie Allah mich geschaffen hat."

„Du Esel, was kann schon an dir zu sehen sein." Und wieder lachte sie hämisch.

„Na, na", rief Nasreddin mahnend und aufgelegt, einen saftigen Scherz loszulassen. Aber dann dachte er an die Miliz, und ihm schien Eile geboten. „Also", rief er daher. „Ich beginne. Es ist die Pflicht des wahrhaft Gläubigen", deklamierte er, „seinen Körper zu säubern, um Allah wohlgefällig zu sein."

„Mach keinen Unsinn, du Narr!" Offensichtlich traute sie ihm doch allerlei zu.

Nasreddin schmunzelte, trat zum Becken und drehte den Wasserstrahl voll auf, darauf bedacht, dass sich der Stöpsel nicht verfing und das Wasser gut ablaufen konnte. Er begann das Lied vom Wasserfall zu trällern, patschte mit den Händen im Becken herum und prustete ordentlich laut. Zwischendurch lief er auf leisen Sohlen zu dem Kastentisch, nahm dort einen großen Becher auf, der auf dem Fußboden stand, wohl nicht dazu gedacht, Wasser darin zu transportieren, aber das störte ihn nicht. Diesen Becher füllte er voll, schlich damit zur Tür und begann, ihn so auszugießen, dass ein großer Teil der Flüssigkeit durch den Spalt nach außen dringen musste.

Plötzlich drüben ein Aufschrei. Dann: „Du Ausgeburt der Hölle, du Satansbraten, na warte, dir zeig ichs!"

Schon bei dem Aufschrei lehnte sich Nasreddin an die Wand neben der Tür, dort, wo sie aufgehen musste. Keinen Augenblick zu früh. Der Schlüssel wurde heftig gedreht, die Tür aufgestoßen, und die Frau stürzte förmlich an Nasreddin vorbei, auf die Waschecke zu. Sie schwenkte eine dicke grüne Flasche, bereit, sich damit auf jeden Gegner zu stürzen. Und einen Augenblick fühlte sich Nasreddin glücklich, dass es keinen gab, den das unverhofft treffen würde.

Mit einem raschen Schritt befand er sich hinter der Berserkerin, die gerade in dieser Sekunde den Vorhang zur Seite riss, aber gleichzeitig zauderte, weil sie gewahrte, dass der Fußboden dort völlig trocken war.

„Dir werd' ich ..." Den Rest ihrer begonnenen Rede verschluckte sie gurgelnd.

Nasreddin hatte ihr den großen Becher mit dem Rest des Wassers über den Kopf gestülpt, befand sich mit einem Satz vor der Tür, warf diese zu und drehte den Schlüssel um. Ein weiterer Satz brachte ihn auf den Gang. Dort stieß er mit der geschäftigen Frau zusammen, die die Papiere, die sie unter dem Arm hielt, fallen ließ, einen kleinen Schrei ausstieß, dann aber intensiv und glücklicherweise leise schimpfte und sich anschickte, alles aufzuklauben.

Aber das alles nahm Nasreddin nicht bewusst wahr. Er befand sich bereits im unteren Gang, schwang die Türen auf, dass sie gegen die Wand stießen. Er erreichte den Vorplatz, löste behänd den Knoten des Eselstricks, schwang sich auf das erschreckte Tier, gab ihm die Fersen und rief flehend: „Mach, mach, Grauer, hast zwei Tage gefaulenzt und gefressen. Lauf, sonst ergeht es uns schlecht."

Schwer kam der Esel in Gang, aber er gehorchte, und bald trabte er am freistehenden Tor vorbei. Dort war der Alte von vorhin, der hob seinen Stock, schrie etwas, was Nasreddin nicht verstand; aber er winkte dem Mann freundlich zu und rief: „Alles erledigt, keine Zeit, ein wichtiger Auftrag ..." Und er gab dem Tier erneut die Fersen zu spüren, lenkte es der Straße zu.

Als er den Kischlak hinter sich hatte, sah Nasreddin sich um. Lediglich die hohen Masten mit den eigenartigen Leitern darauf konnte er noch sehen – und keinen Menschen. Ein Huhn lief weiter hinten suchend über die Straße. Da drängte Nasreddin den Esel links ins Maisfeld, bedacht, in der Zeile zu bleiben, die Pflanzen nicht zu brechen.

Er band das Tier an eine kräftige Pflanze und lief geduckt zurück, bis er, durch die Blätter gedeckt, wieder den Weg einsehen konnte.

Es dauerte gar nicht lange, bis er von der Hauptstraße her eine Staubfahne auf sich zukommen sah, dann die Maschine, die sie verursachte. Und in der Tat, Miliz! Zwei von der Miliz saßen vorn, der eine lenkte die offene Maschine. Und hinten, hinten saß, kein Zweifel, dieser Vorsitzende!

Nasreddin lachte lautlos, als sie vorüber waren, dann zog er den Esel weit in das Maisfeld hinein, schlug einen Bogen nach links, von dem er meinte, dass er ihn um den Kischlak herumführen würde.

Es wurde ein ermüdender Marsch. Die Pflanzen standen enger, als die Körper breit waren. Die Blätter schnitten, und die kräftigen Stengel hielten die Luft so fest, dass sie sich nicht im Geringsten bewegen konnte, träge und heiß dastand und Feuchtigkeit aus den Körpern von Mensch und Tier saugte.

Dann endlich hörte der Mais auf. Vorsichtig Umschau haltend, trat Nasreddin hinaus. Vor sich hatte er eine kleine Anhöhe, auf der ein prächtiger, einsamer Baum stand, eine Insel, eine Bastion mitten in einem Maismeer.

Nasreddin erklomm den knorrigen Baum. In der Tat, ein imposantes, schier endloses grünes Wogen unter ihm. Aber was ihn interessierte: Der Kischlak lag weit hinter ihm. Ein Zweifel war nicht möglich, der Bogen des prächtigen Tores überragte alles.

Ein Einschnitt im Mais, links vorn, ließ Nasreddin vermuten, dass dort ein Weg sei. Dieser führte wohl in hügliges Gelände, das auch weißliche Flächen erkennen ließ. Nasreddin seufzte: Baumwolle. Aber was soll's: Der Alte hat mich zur Hauptstraße fortreiten sehen. Wenn sie mich suchen, dann dort. Also gehe ich in die entgegengesetzte Richtung." Er nahm den Esel, zog wiederum durch den Mais, dem Einschnitt zu, den er für einen Weg hielt.

Im Kolchos

Nach einer im Busch zugebrachten Nacht, die, weil schwül, die Mücken ewig nicht zur Ruhe kommen ließ, begann Nasreddin immer weniger Gefallen an seiner derzeitigen Lebensweise zu finden. Und langsam schlich sich Bedauern darüber ein, dass er das immerhin brauchbare Angebot des Vorsitzenden nicht angenommen hatte. Chodscha hin, Chodscha her, ein Dach über dem Kopf ist nicht zu verachten.

Ein wenig missmutig trabte er durch endlose Baumwollfelder in hügeligem Gelände auf einem staubigen Weg, ohne Schutz gegen die brennende Sonne.

Doch dann: Von einem Hügel sah er plötzlich Leben, das ihm nach dem einsamen Marsch wie ein Gewimmel vorkam. Fünf oder sechs blaue Elefanten kurvten da in den Feldern umher, hinter sich dunkle Streifen in das schneeige Weiß des Baumwolllakens ziehend. Na, und an die 40 Menschen rückten an anderer Stelle in einer Front gegen die weißen Knäuel vor, gebückt, wallende Tücher gegen die Sonne über Kopf und Schultern und emsig mit beiden Händen Baumwolle in die umgehängten Säcke stopfend.

Am Wegrand standen Hütten auf Rädern, zweirädrige Knattermaschinen und Karren mit großen grauen Ballen, in die offenbar die Tragesäcke der Pflücker entleert wurden.

Nasreddin sah in die Sonne, spürte, wie sie seinen Körper aufheizte, dachte daran, stundenlang durch die Reihen ziehen zu müssen und aus den stachligen Büschen und vom Boden die weißen Bäusche zu lesen. Eine Freude war das wahrlich nicht! Aber immerhin, was viele Menschen taten, konnte für den einzelnen wohl nicht von Schaden sein, zumal wenn es ein

Dach, Speise und Trank und obendrein Sums brachte.

Als Nasreddin noch auf der Hügelkuppe stand und philosophierte, erscholl unten ein Ruf. Daraufhin legten die Pflücker dort, wo sie sich gerade befanden, die Säcke ab und gingen die Reihe zurück. An einem der Wagen machten sie sich dann zu schaffen. Jeder nahm dort etwas entgegen, suchte im Schatten ein Plätzchen und begann dort zu essen und zu trinken.

Nasreddin gab dem Esel leicht die Fersen, ritt den Hügel hinab, auf die Lagernden zu. Erst unterwegs kamen ihm Bedenken, ob er damit wohl richtig handelte, denn immerhin schien nicht ausgeschlossen, dass man ihn auch diesseits des Kischlaks suchte, wenn man es jenseits erfolglos getan hatte. Aber er zweifelte, ob er der Miliz so wichtig sein würde.

Als Nasreddin die ersten, die ihm mit Interesse entgegensahen, erreichte, grüßte er, und sogleich rief einer: „Woher des Wegs, Reisender?"

„Von da", gab Nasreddin zur Antwort, hielt den Esel an und wies hinter sich.

„Und willst vermutlich dorthin", rief eine Frau, und sie zeigte in die entgegengesetzte Richtung.

Die Leute lachten.

„Allah wird mich den rechten Weg führen", sagte Nasreddin mit Würde.

„Wer weiß, ob er sich in dieser Gegend auskennt." Ein junges Mädchen rief das übermütig. Sie hatte ein rundes Gesicht, 100 Zöpfe, Schweiß stand auf ihrer Stirn, aber aus ihrem Gesicht blickte der Schalk.

Nur die Jüngeren lachten nach ihrer Bemerkung.

„Hier, Fremder, trink!" Eine dicke Frau hielt einen Krug empor, ohne ihre Haltung zu verändern. „Und wenn du Hunger hast, es ist genug da."

Nasreddin bedankte sich, und da er tatsächlich

Durst verspürte und sich seine Vorräte bereits wieder dem Ende zuneigten, trat er zu den anderen in den Schatten. Er nahm einen kräftigen Schluck kalten grünen Tees aus dem Krug, biss in den gereichten Fladen und ließ sich, nach einer stummen Einladung, neben der dicken Frau am Feldrain nieder.

„Kommst von weit her?", bohrte der, der ihn gleich als Erster angerufen hatte.

„Chiwa", antwortete Nasreddin kauend, ärgerte sich sogleich über seine Geschwätzigkeit, wen ging das schon etwas an, und außerdem schien ihm Zurückhaltung geboten.

„Eine Dienstreise", bemerkte das Mädchen spöttisch, nickte nachdrücklich zum Esel hin, und jetzt lachten die meisten.

„Was, Fremder, führt dich in diese Gegend?", fragte der Mann nicht ohne sichtbares Interesse.

„Einzig und allein der große Allah!" Nasreddin richtete den Oberkörper auf und verneigte sich.

„Was hast du getan, dass er dich so straft?", fragte das Mädchen.

Der Mann wehrte die aufflackernde Heiterkeit ab. „So hast du also kein bestimmtes Ziel?" Er stand auf, kam näher, ließ sich neben Nasreddin in das verdorrte Gras sinken, dass es knisterte.

Nasreddins Gespür signalisierte Gefahr. Er schüttelte beinahe unmerklich den Kopf.

„Aber ordentliche Papiere hast du?", fragte der andere hartnäckig weiter.

Nasreddin zögerte, schließlich griff er in den Chalat, zog Zerknittertes hervor und sagte: „Diese."

Mit großer Ernsthaftigkeit nahm der Mann die Zettel. Nasreddin hatte den Eindruck, als hätte sich der anderen, die in der Nähe saßen, eine gewisse

Spannung bemächtigt. Jedenfalls hatten die Unterhaltungen aufgehört, und alle verfolgten den Disput.

„Also Freund", sagte der Mann nach einer Weile mit Nachdruck. „Ich geb dir den guten Rat, mit diesen Papieren nicht länger durch die Gegend zu vagabundieren." Er wiegte den Kopf hin und her, machte ein höchst bedenkliches Gesicht, kreuzte sogar die Unterarme, damit eine Fesselung demonstrierend. „Ich mach dir einen Vorschlag: Bleib bei uns. Wenn du einige Zeit da bist, stellen wir den Antrag auf ein richtiges Dokument. Und damit wärst du ein echter Mensch. Na, wie wäre es?"

Nasreddin schwankte zwischen Zorn und Einsicht. Also auch dieser hatte an den verdammten Papieren, was immer die auch sein mochten, etwas auszusetzen. Sie schienen offensichtlich nicht viel zu taugen. Der Scheitan selbst musste sie ihm zugesteckt haben. Schon wollte Nasreddin wegen der Bevormundung, auf die er allenthalben stieß, wütend werden. Jeder gab gute Ratschläge, jeder forderte etwas von ihm. Sie sollten ihn in Ruhe lassen. Dabei ahnte er jedoch, dass es jener Mann, der ein gutes, faltiges Gesicht, schlaue Augen hatte und ihn sicherlich nicht übers Ohr hauen wollte, durchaus ehrlich meinen mochte. „Wer bist du überhaupt", fragte Nasreddin, „dass du mir solche Vorschläge machst?"

„Der Feldbaubrigadier des Kolchos ‚Neunter Mai' im Dorf Romitan. Mein Wort gilt."

„Und was soll ich bei euch tun?" Was ein Feldbaubrigadier sei, wagte er nicht zu erfragen. Das lag wieder jenseits des Fasslichen, Gewohnten.

Der Mann wies mit einer weit ausholenden Armbewegung hinter sich in die Felder. „Baumwolle", sagte er. „Und wenn wir die hinter uns haben, werden wir weitersehen. Du musst wissen, wir brauchen jede Hand, stehen nicht gut im Plan."

Hatte so etwas Ähnliches nicht auch der Vorsitzende mitgeteilt? Nun, eine gewisse Vorstellung verband sich in Nasreddins Kopf mit dem Wort „Plan". „Sie haben sich also, jener dort und dieser hier, etwas vorgenommen, was sie schlecht erreichen werden. Allah akbar, was solls, die Welt wird nicht zusammenbrechen. Andererseits, es wäre sicher ein Jammer, wenn ein Teil dieser prächtigen weißen Bäusche auf dem Feld verkommen müsste, nur weil sich keiner findet, der sie aufsammelt". Nasreddin blickte an seinem malträtierten Chalat hinunter, den die Spuren der letzten Nächte recht unansehnlich gemacht hatten. „Bald einmal wieder muss es ein neuer sein", dachte er. „Eine Menge dieser Fäden würde benötigt werden, um ihn zu weben." Und da er gerade an die letzte Nacht im Freien dachte: das muss ein Ende haben! Man kann ja einmal probieren, es muss nicht für die Ewigkeit sein. Und dann das mit diesen Papieren, die Miliz im Rücken, dahinter vielleicht doch noch die Häscher des Chans ... „Was, Feldbaubrigadier, gibst du mir für den Sack?"

Der Feldbaubrigadier zog ein wenig überrascht die Augenbrauen hoch, andere nickten, schmunzelten, das Mädchen mit den 100 Zöpfen sagte: „Ein Teufelskerl, dieser Chladkow, hat er ihn doch rumgekriegt."

„Hundertfünfzig Sum ..."

„Zweihundert", antwortete Nasreddin eingedenk des Angebots des Vorsitzenden. „Und freie Unterkunft und Essen auch."

„Sieh an, sieh an! Gut - Zweihundert bei ausgezeichneter Qualität und fünfzig für jeden Sack mehr über die Anzahl zwanzig hinaus. Essen tausend je Tag, auf deine Rechnung, versteht sich. Schlafstelle frei. Also, was ist, schlägst du ein?"

Einen Augenblick zögerte und überlegte Nasreddin noch. „Ich schlage ein", sagte er dann und reichte dem Feldbaubrigadier die Hand.

„Was bist du eigentlich von Beruf?", fragte die dicke Frau.

„Ein Chodscha", antwortete er und warf sich in die Brust, „Nasreddin, der Chodscha aus Aksehir."

„Na, da bist du ja in guter Gesellschaft. Habt ihr gehört", sie wandte sich an die anderen, „noch ein Lehrer." Und dann zeigte sie Nasreddin ungeniert mit dem Finger die entsprechenden Leute. „Der dort ist Mathematiklehrer, das ist der Direktor unserer Schule, dort Diloram, sie gibt Sport. Da werden wir euch Reihen nebeneinander geben, dass ihr euch austauschen könnt. Aus Aksehir - weiß einer, wo das ist?"

„Hört, sie weiß nicht, wo Nasreddin, der Chodscha, zu Hause ist", spottete die mit den 100 Zöpfen. „Sie sind doch *der* Nasreddin, Onkelchen, nicht wahr, das habe ich doch richtig verstanden?"

Nasreddin sah nicht ihr Gesicht, das sie augenzwinkernd von ihm abgewandt hatte.

„Lass das, Sewara - packen wir zusammen, Zeit zum Weitermachen. Gebt Nasreddin einen leeren Sack. Und warum nicht, die Lehrer sollen ihn in die Mitte nehmen", sagte Chladkow.

„Ja, der bin ich!" Nasreddin beantwortete die Frage, die jene Sewara völlig unernst gestellt hatte, nicht ohne Stolz.

„Musst uns mehr von dir daheim erzählen heute abend, ja?" Sie strahlte ihn an, dass ihm ganz weich zumute wurde.

Einige in der Runde lachten wieder.

„Jetzt müssen wir, hast es ja gehört. Baumwolle, Baumwolle, kein bisschen Sinn für Kultur und die Historie unter den Leuten. Sie sind, Onkel, ein anderer Kerl. Viel übrig für Humor, was?" Und sie zwinkerte ihm aufmunternd zu, kroch in den Gurt des Tragesacks, der die Bluse spannte, als wollte sie unter der inneren Fülle bersten, und stiefelte ins Feld.

„Kommen sie hierher, Bürger Nasreddin", rief jener, der vorhin als Direktor der Schule bezeichnet worden war. Er nahm einen Pflücksack, hängte diesen Nasreddin um, erläuterte, wie man nun mit beiden Händen pflücken könne, und sie gingen nebeneinander ins Feld, nachdem Nasreddin noch den Esel an die Wagendeichsel gebunden hatte.

Sie waren schon etliche Schritte gegangen, als sich hinter einer bläulichen Maschine vom Hügel her eine Staubwolke näherte.

Das Fahrzeug verlangsamte seine Fahrt, hielt vorn am Wagen, in der Nähe des Esels.

Die Pflücker hielten ein, erwarteten, dass nun etwas einträte. Vielleicht musste einer nach Haue, weil seine Frau ein Baby bekommt oder die Kuh verquer kalbt, dass man dem Brigadier in die Leitung holt, um ihm die Ohren auf Zimmerlänge zu ziehen, weil der Plan ... Na, eben so etwas oder Ähnliches glaubte man, und es flogen bereits entsprechende Bemerkungen hin und her. Vorn am Weg tat sich jedoch zunächst nichts.

Dann auf einmal stieß das Fahrzeug zurück, wendete und fuhr in langsamerem Tempo wieder dem Hügel zu, hinter dem es verschwand.

„Ihr Traummann war offensichtlich nicht dabei", rief der Brigadier und freute sich. Er befand sich dem Weg am nächsten. „Wie die gebaut war, hm! Und wenn ich uns so ansehe, ich kann es ihr nicht verdenken, dass sie sich wieder aus dem Staub gemacht hat."

Als der Brigadier näher gekommen war - Nasreddin hatte bewusst den Schritt verhalten -, antwortete dieser auf seine überflüssige Frage, ob es tatsächlich eine Frau gewesen sei: „Und was für eine; schmales braunes Gesicht, schwarze Haare und eine ausgeschnittene Bluse. Mehr habe ich leider auch nicht gesehen. Warum fragst du?" Und mit freundlichem Spott rief er laut: „Hört, Leute, die ist hinter unserem Nasreddin her. Waren ihr bloß zu viele Leute hier. Auf den müssen wir ja aufpassen."

Nasreddin rang sich ein süßsaures Lächeln ab. Aber es saß ihm in der Tat der Schreck in den Gliedern. Der hatte Recht, dieser vorlaute Brigadier. Sie *ist* hinter mir her, noch jemand also, die Häscher, die Miliz und - sie! Und es fielen ihm all die Begegnungen ein, die auf dem Basar in Chiwa - er sah wieder die zwei verschwommenen Lichter auf der Straße nach Urgentsch und in dieser Stadt selbst dasselbe bläuliche Fahrzeug ohne Dach, das ihm folgte, das auch an der Herberge vorbeifuhr ... „Und jetzt hier, ein Dummkopf, der an einen Zufall glaubt!".

Ein Kontrolleur Allahs in der Vorstufe seines Reichs! Zunehmend jedoch kam Nasreddin ein solcher Gedanke absonderlich vor. Sollte der Allmächtige keine andere Lösung finden, als ihm über Stock und Stein eine stinkige Maschine hinterherzuschicken? Mit einer Frau am Lenker! Wenn er sich recht erinnerte, eine sehr schöne Frau. Aber dann wäre es doch eher denkbar, dass sie ihn im Auftrag des Scheitans in Versuchung führen wollte, ihn *so* auf die Probe stellte. Einen Augenblick fühlte Nasreddin bei dieser Überlegung so etwas wie Stolz, und ein vorübergehendes Behagen schwellte seine Brust, deswegen, weil der

Höchste eine solche Beziehung überhaupt für denkbar halten könnte.

Immerhin, stattlich fand er sich. Aber sie, schön und vielleicht wohlhabend, sicher, wer schon wird sich eine solche Maschine leisten können, von der die Räder schon Hunderte von Scheinchen kosten, wie viele Säcke Baumwolle machte das aus! Und er, im schäbigen Chalat, auf einem, zugegeben, guten und gelehrigen, vor allem gehorsamen Esel. „Aber", und das ernüchterte Nasreddin wieder, „sie hat ja nicht die geringsten Anstalten in dieser Richtung gemacht. Vielleicht wartet sie nur auf eine Gelegenheit? Sah das vorhin nicht genau danach aus, hatte der Brigadier mit seinen Witzen vielleicht sogar Recht?"

„Hier, Wanderer, einfach so abzupfen, die reifen. Darauf achten, dass sie sie ganz erwischen und nicht zerzausen. So ..."

Erst mitten in der Rede gewahrte Nasreddin, dass er angesprochen war. Der Direktor der Schule neben ihm, sicher selbst ein Angelernter, gab eifrig sein erworbenes Wissen weiter. „Ein Lehrer eben", dachte Nasreddin.

„Aber sicher sind sie kein Neuling. Wo unterrichten sie und welches Fach?" Wie er fragte, machte deutlich, dass es selbstverständlich nur eine sehr unbedeutende Schule, viel unbedeutender als die eigene, sein konnte, an der ein Chodscha wie dieser Nasreddin unterrichten konnte.

Nasreddin begann zu zupfen, und er stellte sogleich fest, dass es einfacher aussaht, als es sich anließ. Die bizarren Sträucher kratzten die Haut, und nicht nur die Kleidung, auch der Sack verhedderten sich laufend, und man musste mit Fingern und Armen eine Gelenkigkeit entfalten, die nicht angeboren war.

Bei alldem versuchte er sich auf die Frage des Nebenrupfers zu konzentrieren und darauf, eine solche Antwort zu finden, die nicht sofort wieder seine Kluft zu diesem Dasein offenbarte. „An keiner Schule", sagte er zurückhaltend, „die Leute schicken die Kinder zu mir." „So, das konnte nicht falsch sein", dachte er.

„Ach so, eine Art Privatlehrer also. Ich habe nicht geahnt, dass so etwas noch möglich ist. Das machen sie nebenbei?"

„Nebenbei", murmelte Nasreddin.

„Aber Rentner sind sie doch wohl noch nicht, Invalidenrentner?"

„Ja, doch, In-invalidenrentner." Nasreddin geriet ins Schwitzen, der ungewohnten Tätigkeit in sengender Sonne, der Bedrängnis und des unbekannten Begriffes wegen. „Ein krauses Zeug, was der da fragt." Er war ganz froh darüber, dass der andere, flinker als er selbst mit der Baumwolle, ihm bereits um etliches voraus war und dass dieser Abstand mit Sicherheit zunehmen würde. Aber da: Der Direktor griff mehr und mehr in Nasreddins Reihe, nahm Bausch auf Bausch weg, sodass Nasreddin rascher vorankam. „Im Grunde ein schöner Zug", dachte der, aber zufrieden war er damit nicht.

Dann wechselte der Direktor das Thema. Vielleicht hatte er sich überzeugt, dass dieser Eselsreiter für ihn nicht der richtige Fachgesprächspartner war. Er begann, als es nun sehr offensichtlich wurde, dass diesem auch das Baumwollpflücken nicht flott von der Hand ging, ihm einige Tricks zu zeigen, sprach davon, dass er eigentlich gern dann und wann in die Baumwolle gehe.

„Auch wenn sie es nicht müssten?" rief die Hundertzöpfige, die den Disput offenbar verfolgte, weil er, des Abstandes zwischen den beiden Männern wegen, recht laut geführt wurde.

„Na freilich, man hat ja schließlich ein Bewusstsein, weiß, worauf es ankommt!" Man lerne dabei eine Menge Leute kennen, verliere nicht den Kontakt zur Basis, was gerade als Lehrer sehr wichtig sei, na, und das Geld sei schließlich auch nicht zu verachten, auch wenn man für den Sack nur zweihundert erhalte, weil ja das Gehalt weiter laufe. Und schließlich sei die ganze Republik in der Baumwolle.

Nasreddin fragte zögernd. Und da nun jedermann wusste, dass er keine Pflückerfahrung hatte, glaubte er, dass ihm diese Frage niemand verübeln würde, selbst wenn sie noch so dümmlich sei: „Warum können das nicht alles die blauen Elefanten machen?"

„Erstens gibt es noch zu wenig, und zweitens, sie sehen, dass hier längst nicht mehr so viel zu ernten ist wie beispielsweise dort drüben." Der Direktor richtete sich auf, dehnte das schmerzende Kreuz und wies nach links. „Hier sind die - blauen Elefanten schon gewesen. Doch leider, sehen sie, da ist eine noch ganz und gar geschlossene Kapsel und dort sogar eine Blüte. Die Früchte werden bedauerlicherweise nicht alle auf einmal reif, da muss oft mehrmals nachgelesen werden. Für die Maschinen lohnt sich das nicht mehr. Den Wissenschaftlern und Konstrukteuren muss eben noch viel einfallen." Aber misstrauisch schien ihn die Frage doch gemacht zu haben, denn er fragte weiter: „Sagen sie, Aksehir, das war doch der Ort, aus dem sie kommen, gibt es denn da keine Baumwolle, und - liegt das nicht gar - im Iran?"

„Doch, doch", antwortete Nasreddin zögernd. „Baumwolle schon, aber bedeutend weniger. Ein Chodscha braucht sie natürlich nicht zu pflücken."

Auf den zweiten Teil der Frage, der ihm unverständlich war, ging er nicht ein.

„Und - wahrscheinlich gibt es noch ein zweites Aksehir, bei uns, ein kleines Dorf ...", sagte der Direktor, aber es klang nicht mehr wie eine Frage, eher wie eine Feststellung.

„Aber Iwan Michailowitsch, sie als gebildeter Mann müssten doch wissen, dass der Chodscha Nasreddin aus Aksehir stammt, und zwar aus jenem im heutigen Iran. Und jedermann weiß auch", und die Hundertzöpfige warf einen vielsagenden Blick auf Nasreddin, „dass sich dort auf dem Friedhof sein Grab befindet, das ulkigste, das es je gegeben hat, mit einem sinnlosen Tor mitten in der Landschaft und einem riesigen Turban in der Mitte, der alle Leute zum Lachen bringt. Eine Touristenattraktion."

Nasreddin lachte hellauf. „Unsinn", sagte er. „Das ist nicht auf dem Friedhof in Aksehir, sondern bei Samarkand. Und das habe ich selbst errichtet. Timur hat es viel Vergnügen bereitet, kann ich euch sagen. Hundert Akscha hat er mir geschenkt für den Ulk."

„Soso", sagte das Mädchen. „Wenn sie es sich nicht anders überlegen und morgen wiederkommen, bringe ich eine Abbildung mit.

„Sewara, seien sie zurückhaltender", mahnte der Direktor. Und zu Nasreddin gewandt, sagte er entschuldigend: „Sewara hatte in der Schule schon immer ein loses Mundwerk. Sie dürfen es ihr nicht übelnehmen." Aber er schmunzelte bei diesen Worten.

Alsbald hatte Nasreddin zerschundene Hände, und wenn der Direktor und von der anderen Seite das Mädchen Sewara nicht ab und an in seine Reihe gegriffen hätten, er wäre hoffnungslos zurückgefallen.

Obwohl er sich anfangs ein wenig genierte, machte

er doch die Erfahrung, dass es auch sein Gutes hatte: Während die anderen oftmals zum Weg und zum Wagen nach vorn mussten, füllte sich sein Sack wesentlich langsamer. Und in der Zeit, in der sie leerten, holte er auf. Bis, ja, bis er feststellte, und wie anders sollte es sein, dass jeder Sack eine blecherne Marke bedeutete, die jeder, der leerte, bekam, entweder eine silbrige oder eine kupferne. Die silbrige bedeutete beste Qualität. Man konnte die Marken später in Scheinchen verwandeln.

Einmal, als der Direktor zum Wagen ging und galanterweise Sewaras vollen Sack mitschleppte, pflückte diese mit bei Nasreddin. Und sie sah ihn von unten her an und sagte verschmitzt: „Du bist ein ganz schön ulkiger Vogel, Nasreddin."

Als er sie verständnislos anblickte, fügte sie hinzu: „Mir können sie es sagen. Wenn ich auch ein loses Mundwerk habe, ich kann schweigen wie das Grab. Sind sie vielleicht ein Schriftsteller oder Journalist? Sammeln Stoff? Oder so ein Soziologe, der irgend etwas testen will? Auf mich können sie zählen. Diese Sachen finde ich wahnsinnig interessant. Der Zarewitsch Peter hat sich so in der halben Welt herumgetrieben, inkognito. Das habe ich vor kurzem gelesen. Und bei ihnen ..." Sie wiegte den Kopf, dann nahm sie Nasreddins Hand und wurde mit einem Schlag unsicher. Nasreddin war selbst erstaunt, wie diese seine Hand aussah. Das hatte nicht die Stunde des Pflückens bewirkt, das war eingekerbt, tief und rissig; eine Hand, gewohnt zuzupacken, Arbeit in Erde und rauhem Milieu zu verrichten. So kannte Nasreddin seine Hand nicht. Und nur zu gut hatte er in Erinnerung, wie ihn Blasen quälten, als er das Lehm-Stroh-Gemisch für eine neue Mauer am Ziegenstall gerührt hatte. Diesen Händen, die er jetzt nachdenklich betrachtete, würde das nichts ausgemacht haben.

„Na, na", bemerkte sie bedauernd, „ausgesprochene Schriftstellerhände sind das nicht, trotzdem. Vielleicht machen sie das schon länger."

„Was für einen Unsinn sie erzählt", dachte Nasreddin. Die Geschichte mit den Händen ging ihm noch im Kopf herum. Und die Frau in der bläulichen Maschine von vorhin ... „Es ist leicht, sich etwas vorzunehmen, aber schwer, es zu halten. Wollte ich mich von dem Rätselhaften um mich her nicht beeindrukken lassen? Und nun?" Mit einem Seufzer pflückte Nasreddin weiter. „Ich bin ein Chodscha", betonte er. „Und Allah hat mich begnadet. Es kommen viele Schüler zu mir. Weißt du, Töchterchen, ich lehre sie nicht nur die Suren des Korans. Allah ist mein Zeuge, dass sie das Alleinseligmachende sind. Aber man begreift sie besser, saugt man mit an den Wurzeln des Lebens, wenn du weißt, was ich meine. Und wenn auch dort das Sein schöner ist, als wir hinter dem Schleier unserer Unwissenheit begreifen können, ein wenig davon bereits hier wird Allah uns gewähren, wenn wir es suchen - mit nicht wenig Mühe - und endlich finden."

„Das haben sie schön gesagt. Aber wenn sie so denken, warum dann ...", sie zögerte, sah ihn von oben bis unten an, „in Allahs Namen? Sie sind doch keiner von den Alten, die es nicht anders kennen. Sie sind doch bei uns aufgewachsen. Sehen sie nicht", sie richtete sich auf, reckte sich, breitete die Arme und drehte sich im Halbkreis, „das alles geschieht ohne Allah."

Nasreddin ließ sich im Pflücken nicht beirren, er blickte lediglich seitlich zu ihr hoch. Eine Ungläubige, na, was schon! „Er ist allgegenwärtig, Tochter, auch wenn du es nicht wahrhaben willst!" In diesem Augenblick, als er das sagte, war es ihm, als verspüre er ein Jucken am Hals. Und er fragte sich, erschrak fast vor der Kühnheit seiner Gedanken, „ist es so? Bin ich nicht ein gläubiger Sohn, lehre die Suren, mehre so die Wissenden, und dennoch hat er mich dem Henker überlassen, nur weil ich - liebte. Nur? Ist es nicht das Höchste, kommt sie, *diese* Liebe, nicht gleich nach der zu ihm? Und andererseits, sie, die Ungläubige, ist sie unglücklich, weil niemand sie die Suren gelehrt hat, weil sie nicht im Gebet den mühseligen Alltag abstreift, nicht im wunderbaren Glauben an das, was kommt, Übermenschliches erträgt? Wenn ich nur wüsste, was mir geschah, wo ich hingeraten bin."

Und plötzlich reifte in Nasreddin ein Entschluss: „Jene, die mich da in dieser bläulichen Maschine verfolgt, muss doch wohl wissen, warum sie das tut. Wenn ich das weiß, weiß ich vielleicht mehr. Ich werde sie fragen, beim Bart des Propheten, das werde ich!" Sogleich fühlte Nasreddin sich wohler - wie stets, wenn er ein Ziel sah.

„Sag, Töchterchen, als mich der Gebieter zu sich rief, erinnere ich mich, war dieses Usbekistan ein durch und durch gläubiges Land. Wie konnte der weise Timur es zulassen, dass in so kurzer Zeit die Sitten verfielen, die Giaurs wie Pilze aus der Erde schossen, er, der mächtige Statthalter Allahs."

Sie sah ihn an, mitleidig beinahe, unschlüssig, zweifelnd auch. Dann lächelte sie und sagte: „Du willst mich verulken, was? Nicht jeder weiß, wie lange, das gebe ich zu, aber dass Timur seit Jahrhunderten tot ist, weiß jedes Kind, Onkelchen. Also, was redest du!" Gleichzeitig fragte sie sich, ob dieser stattliche, gutaussehende Mann vielleicht doch nicht bei klarem Verstand sei, dass ein harmloser Wahnsinn ihn tatsächlich in jener Zeit, von der er sprach, gefangenhielt? So etwas soll es geben. Aber es würde ein intensives Studium der Geschichte voraussetzen. Oder ist er vielleicht gerade darüber von Sinnen geraten? Über die Wirkung ihrer Worte aber erschrak sie.

Nasreddin hatte sich aufgerichtet, seine Stirn runzelte sich über der Nasenwurzel, jede Farbe war aus seinem Gesicht gewichen. Als er nach ihren Schultern fasste, fühlte sie unter dem dünnen Gewand, wie seine Hände zitterten. Ein Anfall? Ihr wurde bänglich zumute. Aber gewalttätig wurde er nicht, er schüttelte sie nicht, noch krallten sich seine Finger ein. Er zog sie ein Stück zu sich heran, sah ihr wie forschend in die Augen und hauchte die Frage fast: „Was sagst du da, Töchterchen? Bist du von Sinnen?" Immer noch durchstreifte sein Blick ihr Gesicht. Ihr war, als spüre sie eine Berührung. Dann ließ er sie plötzlich los, dass sie ein wenig taumelte. „Nein, von Sinnen bist du nicht. Aber du machst einen Spaß mit mir, ja? Einen Spaß ..." Er lachte eine Sekunde gezwungen auf. „Aber mit so etwas spaßt man nicht. Allah soll deine Felder verdorren, wenn du es tust. Ich ..."

„Aber Nasreddin!" Sie fasste ihn sacht am Oberarm, schüttelte ein ganz klein wenig den kräftigen Körper. „Was ist mit ihnen? Ich habe doch nichts Unrechtes gesagt, mache mich ganz und gar nicht lustig über sie. Warum sollte ich? Schließlich weiß man, was sich gehört. Aber jedermann hier wird ihnen bestätigen, was ich sagte: Timurlenk ist tot, seit mehr als fünfhundert Jahren. Von seinen Greueltaten lehrt man in der Schule, sein Mausoleum in Samarkand ist eine Touristenattraktion, seine Nachkommen sind Bauern,

Arbeiter, Gelehrte. Usbekistan ist eine selbstständige Republik. Aber was sage ich. Jedes Kind weiß das. Und geben sie zu, *sie* verulken *mich*. Aber sie tun es in einer Art ...", sie schüttelte den Kopf, „die einen ängstlich machen kann."

Der Direktor kehrte mit den leeren Baumwollsäcken zurück, reichte dem Mädchen die Marke und sagte anzüglich: „Eine kupferne. Eine ganze Handvoll Erdklumpen hat Maria herausgelesen. Und das ist sicher nicht alles."

„Iwan Michailowitsch, sagen sie es ihm, dass es wahr ist. Timur, der Lahme, ist seit einem halben Jahrtausend dahin. Unser Nasreddin glaubt mir nicht."

Der Direktor sah zu Nasreddin. „Ist ihnen nicht wohl?", fragte er förmlich. „Können wir etwas für sie tun? Ein Schluck Wasser vielleicht? Sie sind blass."

In der Tat, in Nasreddins Ohren summte es, und ihm wurden die Knie weich. Er hörte nicht so recht, was dieser Direktor zu ihm sagte. Seine Gedanken schienen blockiert, sie kreisten nur um das eine: seit fünfhundert Jahren, seit fünfhundert Jahren! Dabei wollte ihm, dem Chodscha Nasreddin, Timurs Untertan, der Chan von Chiwa den Kopf abschlagen lassen - vor drei Tagen. Und das alles ist noch so gegenwärtig: „Die Häscher reißen mich von der Strohschütte des Kerkers, streifen mir noch das Sackgewand über, zerren mich hinauf in die Sonne gegen alles Sträuben, führen mich in brutalem Griff durch die johlende Menge zum Richtplatz. Dort zwingen sie mich in die Knie, reißen mir an den Haaren den Kopf empor, damit ich zusehen muss, wie sie Nilufar scheinbar behutsam, mit einem Kissen unter den Knien, zum Block beugen. Ich sehe am Muskelspiel der bloßen Arme der Henker, wie sie brutal und widerstandersstickend zufassen. Nilufars letzter Blick, liebevoller, nicht vorwurfsvoller, eher um Verzeihung flehender Blick, gilt mir. Da richte ich mich auf, schüttle die Hand aus meinem Haar, zeige, dass ich, wie sie, gefasst und gefeit bin in der Gewissheit, dass wir uns - noch ehe die Sonne die Kuppeln zum Leuchten bringen wird - in Allahs Reich in die Arme sinken werden. Wie schön ihr volles Haar über den - oh welche Ironie! - seidenbespannten Richtblock wallt. Ich höre nicht das, was der Wesir verliest, sehe keine Gesichter in der Menge, nicht das des Chans, der es sich nicht hat nehmen lassen, der Enthauptung seiner Beute, der schönen Nilufar, die man für die Hochzeit mit ihm seit Monden vorbereitet hatte, und deren verruchten Liebhabers, dieses hergelaufenen Nasreddins, beizuwohnen. Sicher glänzte sein feistes Gesicht, spielten Genugtuung und befriedigte Eitelkeit darin, nicht ein Zucken des Mitleids, kein Anflug der Gnade. Sie hebt die Hand, wie um ihrem Nasreddin Mut zuzusprechen. Und wir hängen mit den Blicken ineinander auch dann noch, als sich die weiße Seide dunkelrot färbt, mit dem schwarzen Haar einen unvergesslichen Kontrast bildend, noch als sich der liebe Kopf langsam, als würde jemand der Bewegung wehren, neigt."

Aber da reißt man Nasreddin empor im Aufschrei der Menge, um das Schauspiel mit seinem Kopf zu vollenden.

Er wird brutal vor den Klotz in den Staub gedrückt, jemand vor ihm, dessen Beine er nur sieht, fetzt das rotdurchtränkte Seidentuch vom Block. Wieder an den Haaren zwingt man seinen Kopf in die Kuhle, jetzt, ein schnelllaufender schwarzer Vorhang kam von rechts, nahm die Welt ...

„Bürger Nasreddin!"

Jemand schüttelte ihn. Rasch kam er zu sich, fand sich kniend über dem Baumwollsack. Des Direktors Hand lag auf seiner Schulter, vor ihm stand das Mädchen mit den 100 Zöpfen, Besorgnis im Gesicht.

„Kommen sie, wir gehen in den Schatten. Sicher macht ihnen die Sonne zu schaffen, die ungewohnte Arbeit. Es wird gleich besser."

Nasreddin richtete sich taumelig auf. „Nein, nein", stammelte er, „es geht. Man wird halt alt", fügte er mit einem missglückten Lächeln hinzu. „Fünfhundert Jahre", murmelte er, „wie sollte das möglich sein ...?" Schweigsam, mit verschlossenem Gesicht nahm er die Arbeit wieder auf. Versuche seiner linken und rechten Nachbarn, mit ihm weiterhin zu sprechen, quittierte er einsilbig. Schließlich gaben sie auf ...

Nasreddin geriet beizeiten seiner wenig ausgeprägten Pflückgeschicklichkeit wegen ins Hintertreffen. Seine Reihe stand also bald einsam wie eine weiße Laufmasche in einem ebenmäßigen Gestrick. Allein mit dem Wollsack und - seinen Gedanken, die träge wieder in Gang kamen, überlegte er: Nähme man das Gehörte also als Tatsache - und er fürchtete, dass er dies wohl musste - würde sich manches klären an Ungereimtheiten, die ihm in dieser Welt allenthalben begegneten. „In fünfhundert Jahren gehen die Menschen voran, da besteht kein Zweifel. Aber das Neue, eingebettet im Alten, behütet von Überkommenem, lässt sich begreifen. Wichtig ist, wieviel Zeit man hat, es zu lernen, wie lange man sich damit befassen kann. Lernen, das ist mein Fach", dachte Nasreddin. Und - bei diesem Gedanken hob sich seine Niedergeschlagenheit wie ein Vorhang, der das Licht gedämpft hatte. „Nach allem, was ich bisher gesehen habe, scheint es sich zu lohnen, diese neue Welt zu begreifen, sie zu erlernen, um in ihr zu leben! Darauf kann man sich sogar freuen, weiß Gott!" Aber dachte Nasreddin an diese unfassbaren fünfhundert Jahre selbst, war ihm schier, als wollte ihm noch immer das Herz still stehen. Hier musste Allah - oder der Scheitan? - persönlich die Hand im Spiel haben. Niemals hatte es ähnlich Unerhörtes gegeben. Selbst die Visionen Mohammeds, des Propheten, die ihn erst zum Propheten machten, schienen dagegen blass! Was für lächerliche Gedanken! „Aber ist es nicht Zauberei? Habe ich nicht stets meinen Schülern eingebläut, dass Zauberei und Aberglaube in die Märchenstunde der kleinen Kinder und alten Weiber gehören?" Aber trotz dieser Ungeheuerlichkeit löste sich langsam der dumpfe Druck von Nasreddin. Und obwohl ihm eine Lösung dieses Rätsels nicht wahrscheinlich schien, fühlte er alten Elan wiederkehren. Zunehmend ging ihm das Pflücken lockerer von der Hand. Was schon, wenn das Mystische dieses Zeitsprungs blieb; anderes, vorher nicht weniger Unbegreifliches, war geschwunden. Nicht im Vorhof von Allahs Reich, nicht vielleicht gar schon in himmlischen Gefilden, auch nicht beim Scheitan in der Hölle befand er sich, sondern auf der lieben Erde, nahe der Heimat. Oh, und das kann glücklich machen! Furcht vor den Häschern irgend eines Chans? Kein Chan, keine Häscher, keine Furcht! „Oh, diese Miliz - nun ja! Bin ich mit dieser in Konflikt geraten, wird man es meiner Unwissenheit zuschreiben können. Im Grunde waren sie bislang alle freundlich zu mir, die neuen Menschen! Sie öffnen sich dem anderen ... Ist dies auch etwas Neues?"

Durch Nasreddins Erinnerung gingen die Bilder, die er in den wenigen Tagen seines Wandels durch diese neue Welt in sich aufgenommen und gut gespeichert hatte. „Das ist Leben! Und wenn ich auch nicht sehr tief eingedrungen bin, ist es nicht auch schönes Leben? Habe ich nicht gerade deshalb angenommen, nahe bei Allahs Reich zu sein, weil sie leben, als seien sie im Paradies? Kleiden sie sich nicht wie die Prinzessinnen, kann nicht jedermann blitzendes Geschirr, wollene Teppiche und selbstfahrende Karren sein eigen nennen? Sind die Basare nicht reich an Früchten und Fleisch, die Häuser prächtig und aus Stein mit festen, durchsichtigen Gläsern an den Fenstern? Und war mir nicht selbst stets ein Dorn im Auge, dass Kinder der Armen nicht lernen konnten? Haben sie mich nicht gewarnt, der Bei und der Kalif, die Hochgestellten nicht durch solche aus dem Bauernstand zu belästigen, sodass ich nur immer zwei oder höchstens drei aufnehmen konnte, und wenn sie zehnmal begabter waren? Und die Mädchen ... Nur für das Gebären und die Arbeit erzogen, wenn sie Glück hatten, für den Harem eines Beamten. Wenn ich dagegen jene dort sehe, die Hundertzöpfige ..."

Als es darum ging, Nasreddin im Kolchos ein Saisonquartier einzurichten, entschied der Vorsitzende in einem für ihn seltenen Anflug von schwarzem Humor, dass der neue zum vorhandenen Nasreddin ziehen solle. Wenn man noch eine Liege aufstellte, es würde zwar eng werden, ginge es, und zwei von der Sorte vertrügen sich wohl auf kleinstem Raum.

Im Kolchos „Neue Ernte", der seinen Namen einer erst vor kurzem eingeführten Züchtung einer bis dahin nicht angebauten Sorte Baumwolle verdankte, deren erste Ernte vor zwei Jahren das Ergebnis über alle Erwartungen hinaus in die Höhe getrieben hatte, gab es einen jungen Mann, einen Georgier von Geburt, der, seiner Einfälle und Streiche wegen, den Spitznamen Nasreddin führte, ein Umstand, der ihm nicht unlieb schien. Und dessen Anwesenheit hatte die Entscheidung des Vorsitzenden inspiriert.

Bevor Nasreddin seinen Esel versorgt, sich umgesehen, mit diesem und jenem einen Schwatz gemacht hatte, war die Nachricht auf dem geräumigen, feierabendlichen Hof herum: „Leute, es gibt einen echten Nasreddin, einen mit einem Esel, gekleidet wie im Bilderbuch und mit märchenhaften Ansichten." Und dies drang natürlich auch zu Igor Josephowitsch Barswili, dem Kolchosnasreddin, dem man das nicht ohne Spott hinterbrachte, etwa solcherart: Dass er sich nun aber anstrengen müsse, da der andere, weil reicher an Jahren, sicher auch über größere Erfahrungen verfüge. Oder dass er nun auch, um standesgemäß zu bleiben, sich einen Esel anschaffen müsse. Natürlich gehöre nun der Chalat ebenso dazu wie der kleine Fes.

Jener Igor ertrug das mit Gleichmut, aber er gestand sich ein, dass er neugierig war auf den, der da Stube und Nachrede mit ihm teilen sollte.

Auch Nasreddin hatte von seinem Nebenbuhler vernommen. Aber kraft seines Wissens von seiner Echtheit nahm er das nicht tragisch. Schließlich, soweit hatte er das begriffen, schien in der neuen Zeit Nasreddin so eine Art Symbolfigur zu sein. So deutete er auch das Konterfei in der Zeitung. Und jener hier war wohl ein Spaßvogel und daher sicher einer, mit dem es sich auskommen ließ. Menschen mit Humor, mit echtem, der von innen kommt, pflegten mit allem um sie her leichter fertig zu werden, waren wohl meist verträgliche Menschen, sodass das gemeinsame Wohnen Nasreddin von vornherein problemlos erschien.

Jener Igor lag mit hinter dem Kopf verschränkten

Armen auf der Liege. Grüßte zurück, als sich Nasreddin leicht verneigte, aber er erhob sich nicht, sondern beobachtete den Neuling.

Nasreddin verstaute seine Körbe unter der Liege, das Bündel im Spind, der bereits zu zwei Dritteln belegt war.

„Ich bin Igor Josephowitsch Barswili", stellte der Mitbewohner sich vor und hob eine Hand zum Gruß, die er jedoch gleich wieder hinter dem Kopf verschwinden ließ. „Bin schon das dritte Jahr hier."

„Ich bin Nasreddin, der Chodscha", antwortete Nasreddin mit Würde. „Allah möge über unsere Eintracht wachen, sie beschützen!"

„Weiß Gott, du bist gut!", rief der andere. „Da kann man etwas lernen."

„Nun", ein feines Lächeln spielte um Nasreddins Mund, „das ist mein Beruf, den mich Allah in Gnade ausüben ließ."

„Schon gut, schon gut." Igor lachte. „Übernimm dich nicht gleich am Anfang. Wo kommst du her?"

„Ursprünglich aus Aksehir. Der Geb..." Gebieter hat mich gerufen, hatte er sagen wollen. Der Satz blieb ihm im Hals stecken. Wie würde jener reagieren? Sicher wusste er bereits, wie er mit den Pflückern des Kolchos bekannt geworden war, „aber deshalb muss ich mich nicht bewusst seinem Spott aussetzen. Ausbleiben wird er ohnehin nicht." Er fuhr daher fort: „Aus Chiwa und Urgentsch."

„Hast du Urlaub, mitten in der Baumwollsaison, dass du es dir leisten kannst herumzuspazieren? Das würde ich mir übrigens anders einrichten. Wenn du jetzt Urlaub hast, hast du auch einen kulanten Chef."

„Urlaub ..." Das Wort sprach Nasreddin nachdenklich aus, weil er nichts damit anzufangen wusste.

Der andere fasste es als Zustimmung auf, womit er sich offensichtlich auch zufrieden gab, denn er setzte den Disput nicht fort. Stattdessen sagte er: „Ein übler Laden hier, wenn du nach dem Chef gehst. Der hat nur Baumwolle, Baumwolle und den Plan im Kopf. Ein Antreiber. Er kann nicht fassen, dass dieses Jahr die Wunderwolle einiges von ihrem Zauber eingebüßt hat, dass sie wo anders auch wächst. Und dann das Wetter ... Aber sag das dem mal. Du hast ihn noch nicht erlebt!"

„Und warum bleibst du hier, wenn es dir nicht gefällt?", fragte Nasreddin freundlich.

„Einer ist keiner ... Und verdienen lässt es sich nicht schlecht hier." Er rieb Daumen und Zeigefinger aneinander, wobei er endlich seine Stellung aufgab und sich aufsetzte. „Du hast einen Esel?" fragte er.

„Ja, seit ich denken kann. Hast du keinen? Ein Nasreddin ohne Esel, das ist wie ein Bach ohne Wasser, mein Freund."

„Ich habe das obligatorische Schaf." Er verzog sein Gesicht zu einer verächtlichen Grimasse, lächelte aber dabei. „Pass auf, morgen hast du auch eins. Eine Marotte des Vorsitzenden. Alle Ledigen - du bist doch ledig? - bekommen ein Schaf, für das sie sorgen müssen. Er will uns damit sesshaft machen, verstehst du? Wenn du willst, bekommst du ein Stück Land, kannst dir ein Haus bauen, eine Frau nehmen, Kinder zeugen, ein Bauer werden. Bei mir hat er da kein Glück."

Einige Worte hatte Nasreddin nicht verstanden, aber den Sinn des Gesagten. So schlecht erschien ihm die List des Vorsitzenden nicht. „Ein Fuchs", dachte er und begriff gleichzeitig nicht, dass jemand solch eine wie von Allah selbst gesegnete Gabe nicht annehmen wollte. Ein Ungläubiger also. „Aber du, Nasreddin", fragte er sich, „würdest du? Du bist Chodscha und nicht Bauer ..." „Hast du gelernt - in einer Schule, meine ich?"

„Na, du stellst Fragen. Natürlich. Wie jeder. Ich war freilich nicht einer der Besten. Sag mal, bist du ganz gesund?" Er sah Nasreddin prüfend an. „Zu verstellen brauchst du dich vor mir nicht. Und wenn du mit mir auskommen willst, solltest du mich nicht veräppeln."

Nasreddin hielt es für klüger, Zurückhaltung zu üben, was seine Person anging. Er fragte stattdessen nach allem Möglichen, was den Kolchos betraf, erfuhr so, dass im Norden an dessen Areal die Kysylkum, die große Wüste, stieß, dass man mit einem ausgeklügelten Be- und Entwässerungssystem dieser jährlich Hunderte Hektar Baumwollfelder abrang und dass es ebendiese Neuzugänge an Land bewirkten, dass man jetzt mit dem Plan ins Hängen geraten war. Vorsichtig hatte da Nasreddin gefragt, was denn eigentlich geschehe, wenn man ein paar Sack Baumwolle weniger pflücke als vorgesehen. Da hatte der andere ihn wieder mit einem scheelen Blick bedacht, gefragt, wo er eigentlich lebe, der Nasreddin Chodscha.

Dann jedoch war er eine Weile still geworden, offensichtlich musste er überlegen, doch danach sprudelte er förmlich über, schilderte, wie man in den Fabriken wartete, der Export in die Knie ging, dadurch der Import nicht floriere, was wieder zur Folge hätte, dass man diese und jene Maschine nicht zur Verfügung hätte, damit ...

Nasreddin hatte dann nichts mehr so richtig aufgenommen. Er konnte sich schlecht vorstellen, dass ein paar fehlende Säcke Baumwolle vom Kolchos „Neue Ernte" solche Auswirkungen verursachen sollten.

„Und dann gibt es weniger Kochtöpfe beispielsweise, und wenn du einen brauchst, bekommst du ihn nicht", führte Igor aus.

„Ich brauche in der Tat keinen Kochtopf", antwortete Nasreddin.

„Du nicht, aber andere vielleicht." Igor wurde ein wenig unwillig, weil er annahm, dass Nasreddin ihn anscheinend zum Besten hielt.

„Nun, da pflücken wir nächstes Jahr mehr, und schon bekommt jener seinen Topf."

„Nächstes Jahr, nächstes Jahr ..."

„Was ist dabei?", fragte Nasreddin naiv. „Er hat dieses Jahr keinen Topf, dafür sind seine Hände nicht so zerkratzt, er hat Zeit, das Dach auf seiner Hütte auszubessern und in eurer Abendschule ..." Davon hatte ihm der andere berichtet, dass der Kolchos eine solche unterhielt, „besser aufzupassen oder ein Kind zu zeugen, was doch auch etwas wäre ..."

„Das man nicht ernähren könnte, weil man keinen Topf hat", erwiderte der andere spöttisch.

„Es braucht ihn erst im nächsten Jahr, Freund."

„Hör auf, Nasreddin, hör auf, wenn du mich nicht auf die Palme bringen willst."

„Palmen ..." Es war, als lausche oder gar träume Nasreddin diesem Wort hinterher. „Im Park des Gebieters in Samarkand standen sie in großen Kübeln, und jede hatte einen eigenen Diener. Sie haben mir die Gewölbe gezeigt, in denen sie den rauhen Winter überstanden. Tag und Nacht brannten dort Fackeln, damit sie Licht und Wärme hatten."

Igor atmete hörbar unwillig aus. „Heute stehen die Palmen in Samarkand auch herum, betreut werden sie von der Stadtwirtschaft, und im Winter stehen sie in Glashäusern, mein Gott, was ist dabei. Und mit dem

Gespinne von deinem Gebieter kannst du getrost aufhören. Dir muss beim Lesen eines Geschichtsbuchs ein Relais hängen geblieben sein, eingerastet - und aus, hm?"

Nasreddin verstand abermals nicht, hatte jedoch das Gefühl, dass den anderen der unbeabsichtigte Ausflug zu Timur unwillig gemacht hatte, also würde er mit derartigen Erinnerungen in Zukunft vorsichtiger sein. „Du warst in Samarkand?", fragte er.

„Zweimal."

„Wie - sieht es dort jetzt aus?" Das „jetzt" hätte Nasreddin gern zurückgenommen, aber Igor überhörte es.

„Wie soll es schon. Es wird viel gebaut, zahlreiche Touristen ... Als Einheimischer kommst du nirgends rein. Und die Preise verderben sie außerdem. Sie schleppen viele Dinge ein. Willst du mal ein kleines Geschäftchen machen, einen Riegel Kaugummi zum Beispiel gut an den Mann bringen, bekommst du nichts mehr dafür."

„Touristen", sagte Nasreddin. Aber nicht als Frage, obwohl es als solche gemeint war.

„Aus aller Welt. Amerikaner und Deutsche. Benehmen sich, als ob ihnen die Welt gehört. Krakeelen herum im Mausoleum des Muhammed-Sultans, keine Ehrfurcht vor dem alten Timurlenk. Aber Weiber sind dabei. Letztens habe ich eine gesehen, eine Blonde, die hatte eine gänzlich durchsichtige Bluse an und nichts darunter außer einem ..." Er zeigte eine großmächtige Auswölbung mit den Händen und lachte.

„Im Mausoleum ..." Nasreddin sann den Worten nach. „Das haben sie doch gerade angefangen zu bauen auf allerhöchstem Befehl des Gebieters. Nein, hatten! Vor fünfhundert Jahren. Und es existiert noch!

Und sogar jener führt im Zusammenhang mit Timurlenk das Wort Ehrfurcht im Munde. Also wird man ihn dort begraben haben, so wie er das gewünscht hatte. Somit ist er also nicht auf dem geplanten Chinafeldzug ums Leben gekommen, gespießt und verbrannt ..." Und einen Augenblick befiel Nasreddin so etwas wie Wehmut. Ein unbändiger Wunsch machte sich in ihm auf einmal breit: nach Samarkand! „Wann geht eine Karawane nach Samarkand?", fragte er. „Und könnte man sich dieser anschließen?"

. „Du bist unverbesserlich!" Aber jetzt lachte Igor. „Erst mal hast du einen Arbeitsvertrag. Und bevor nicht der letzte Strauch abgeerntet ist, kommst du hier nicht weg, dafür verbürge ich mich. Der Vorsitzende holt dich, wenn es sein muss, mit der Miliz zurück. So, und denke nicht, dass du soviel Urlaub bekommst, um vielleicht per Auto nach Samarkand zu reisen. Da wirst du schon ein paar Scheinchen mehr springen lassen müssen und mit dem Flugzeug fliegen, wenn du hin willst."

„Mit dem Flugzeug ..." Nasreddin wiederholte erneut einen unfasslichen Begriff - diesmal schon mit Absicht, denn er hatte erfahren, dass er so meist zusätzliche Informationen bekam, die ihm halfen, sich vom Neuen ein Bild zu machen.

„Nun", spottete Igor, scheinbar auf Nasreddins Gehabe eingehend, „wie ein Vöglein durch die Luft fliegen, und in anderthalb Stunden bist du bei Timurlenk, dem Gebieter."

„Wie ein Vogel durch die Luft." Nasreddin lachte auf. „Wenn du heimzahlen willst, weil du meinst, dass ich dich zum Besten habe, darfst du es nicht so plump machen. Wie ein Vogel ..." Und er lachte abermals. Dann aber nahm er erstaunt die Reaktion des anderen wahr. Der Spott in dessen Gesicht hatte Aufmerksamkeit Platz gemacht. Igor erhob sich von der Liege, ging auf Nasreddin zu, betrachtete ihn von oben bis unten, schritt, soweit es der kleine Raum gestattete, im Abstand um ihn herum, den Blick fest auf ihn gerichtet. Dann blieb er abermals vor ihm stehen, tippte ihm mit dem Finger gegen die Brust und sagte fordernd: „Kann ich mal deine Papiere sehen?"

Nasreddin runzelte zwar die Stirn, holte jedoch den abgegriffenen Schein hervor und gab ihn Igor.

„Aha, ein Provisorium", er las, „und wo warst du vorher? In einem Heim vielleicht, einer Klinik?"

Nasreddin zögerte. Heim hatte etwas zu tun mit daheim, dachte er, schien also harmloser zu sein. Deshalb murmelte er: „Heim."

„Und bist du geheilt? Wahrscheinlich als harmlos eingestuft und entlassen, hm?"

Nasreddin spürte das Taktlose in der Rede des anderen nicht. Er sann nur nach, wie er am geschicktesten antworten könnte, ohne dem Frager neue Ansätze für Gerede zu geben. Auch wollte er selbst nicht etwas eingestehen, was er nicht übersah, was aber Anlass sein konnte, ein Bild über sich selbst zu zeichnen, das bei den Mitmenschen einen völlig falschen Eindruck hinterlassen könnte; denn, daran zweifelte Nasreddin nicht, jener würde nichts, was er erfuhr, für sich behalten. „So ähnlich ist es." Nasreddin nickte.

Auch der andere nickte wie verstehend, als wollte er sagen: „Drum." „War es schwer?", fragte er dann, und echtes Mitgefühl schwang einen Augenblick in seinen Worten mit.

Wieder verstand Nasreddin nicht. „Es ging", antwortete er dann. „Allah lässt einen wahren Gläubigen nicht im Stich."

„Ja, ja", erwiderte Igor besänftigend. „Allah ist groß. Vielleicht kommt man so wie du am besten durch die Welt."

Nasreddin wurde einer Antwort enthoben. Ohne zu klopfen stürzte die Hundertzöpfige ins Zimmer und rief: „ Chodscha Nasreddin, den Esel können sie bei uns unterstellen, sagt meine Mutter. Platz ist genügend."

„Oh, da freue ich mich", antwortete Nasreddin mit einer leichten Verbeugung. Und zu seinem Zimmerkollegen gewandt: „Sagte ich dir's nicht: Die Seinen lässt Allah nicht im Stich!" Und erleichtert folgte er dem Mädchen, das offensichtlich von ihm erwartete, das Tier sofort zu versorgen. Es hatte in der Tat schlecht ausgesehen mit einem Quartier für den Esel. Der Vorsitzende hatte sich strikt geweigert, ihn in den Kolchosräumlichkeiten aufzunehmen, weil Nasreddin keinerlei Gesundheitszeugnisse für den Grauen vorweisen konnte.

Gusal

Man hatte Nasreddin angetragen, Mitglied des Kolchos zu werden, und ihm nach diesem Gespräch ein schönes Schaf überreicht, ganz so wie angekündigt. Glücklicherweise gewährte man ihm Bedenkzeit. Das Baumwollpflücken hatte Nasreddin gründlich satt. In den Wochen, die er nun in seiner neuen Umgebung weilte, hatte er keine überragenden Fertigkeiten ausbilden können. Nach wie vor schmerzten ihm an den

Abenden Hände und Rücken, und auf dem Feld bildete er in seiner Reihe stets das Schlusslicht in der Gruppe, was den Unwillen des Feldbaubrigadiers und über diesen den des Vorsitzenden hervorrief, denn er blieb überwiegend unter seiner Norm. Das drückte sich zwar in erster Linie in seinem Verdienst aus, aber es ging auch darum, dass solche Arbeitskräfte natürlich das Gesamtaufkommen bremsten.

Der Vorsitzende, in Nasreddins Augen ein Finsterling, blieb ihm daher fremd. Er schien zu jener Kategorie Mensch zu gehören, die alles um sie herum auf sich bezogen, persönlich nahmen. Wenn also jemand unter der Norm blieb, lag es nicht in erster Linie an dessen Unvermögen, sondern daran, dass man ihn, den Vorsitzenden, gegenüber der Gebietsleitung in ein schiefes Licht bringen wollte. Als eine Melkerin an einem Sonntag nicht einspringen wollte, weil sie Familiäres vorhatte, stellte er es hin, als verweigere sie ihm einen persönlichen Gefallen. Eigentlich sprach niemand freundlich von ihm, alle murrten sie ob seiner ständigen Forderung nach noch mehr Leistung, seiner kleinlichen Kontrollen und seines im Ganzen unfreundlichen Verhaltens. Was ihm Autorität verschaffte und auch Hochachtung, war das ungeheure Arbeitspensum, das er selbst bewältigte, und seine Fähigkeit, schier Unmögliches doch irgendwie möglich zu machen. Das lag vielleicht auch daran, dass der Kolchos „Neue Ernte" durch die neue Baumwollsorte ein wenig Paradepferd geworden war, man ihn daher vielleicht bevorzugt unterstützte. Aber nun in diesem Jahr erreichte man die Zielstellung nicht. Und die Leute sagten, dass er deshalb in seiner Unausstehlichkeit noch einen Zahn zugelegt hätte. Also, diese Umstände hätten Nasreddin längst bewogen, ob mit oder ohne Einwilligung, das Weite zu suchen, trotz des auf ihn noch immer unheimlich und bedrohlich Wirkenden: der Miliz. Nein, es war etwas eingetreten, das Nasreddin in derartigen Entschlüssen zögern ließ, was Bedenken schaffte.

Es gab am Rande des kleinen, zum Kolchos gehörenden Kischlaks ein kleines Gehöft, ein etwas verwahrlostes, in dem die Mutter mit ihrer hundertzöpfigen Tochter und nun auch Nasreddins Esel lebten.

Hinter vorgehaltener Hand hatte man Nasreddin gesteckt, dass es zu dem munteren Mädchen Sewara keinen Vater gäbe und deshalb Gusal, die Frau, nun ja, das Gesetz stünde zwar auf ihrer Seite, ein wenig eine Verworfene sei. Sie musste auf strenger Anordnung im Kischlak angesiedelt werden, was nun schon lange her war. Die Tochter war damals zwei Jahre alt.

Als Nasreddin das alles erfuhr, kannte er Gusal bereits, weil er des öfteren zur Pflege des Tieres in dem Haus weilte. Und er hatte sich eine Meinung über sie gebildet, bevor man ihm dieses „Erschreckliche" zutrug. Nun wusste er natürlich, dass es eine unverzeihliche Sünde sein sollte, was jene begangen hatte, wunderte sich, dass sie überhaupt mitsamt dem Kind noch nicht untergegangen war, denn früher ... Man hätte sie gesteinigt ... Aber eine Verworfene, nein! Nasreddin revidierte seine Meinung über Gusal nicht, als er jenes erfuhr. „So täusche ich mich nicht", sagte er sich. Auf seine Menschenkenntnis hatte er sich eigentlich immer etwas eingebildet.

In diesen Tagen sprach man von einer Heuschreckenplage, die den Iran heimgesucht hatte und gegen die, so die „Prawda Wostok", an der Grenze vorsorglich Maßnahmen eingeleitet wurden.

Am Abend des zweiten Tages nach dieser Meldung sagte Igor Josephowitsch, wieder auf dem Bett lümmelnd: „Nasreddin, hast du gehört, sie haben es nicht geschafft. Die Heuschrecken kommen!"

Als Nasreddin nicht sofort antwortete, fuhr er fort: „Sie werden alles kahlfressen. Die Alten sagen, dass das gesamte Vieh, alle Ernte, na eben, weil sie alles kahlfressen, futsch sind. Schade drum."

Nasreddin wurde aufmerksam. Irgend etwas an Igors Ton machte ihn stutzig. Worauf wollte er hinaus? Natürlich, Heuschrecken sind eine schlimme Sache, aber dass gerade der Kolchosnasreddin darüber besorgt sein sollte ...?

Der sprach weiter: „Der Futtermais steht noch auf dem Halm, wir haben keine Vorräte. Die Schafe ..." Er verdrehte die Augen und ließ den Kopf ruckartig sinken, „alle hin."

„Hm", sagte Nasreddin, „das ist schlimm."

„Schlimm!", wiederholte Igor. Dann fuhr er fort, ein wenig lauernd, wie es Nasreddin schien: „Es wäre doch am besten, wenn wir sie jetzt - unsere Schafe -, da sie schön fett sind, schlachten und uns einen guten Tag machen, bevor sie vom Fleisch fallen und verhungern."

„Das wäre am besten."

„Und bedenke, auch uns wird es im Winter schlecht ergehen. Andere Länder müssen uns unterstützen. Die werden natürlich zuerst für sich sorgen."

„Werden sie."

„Also, du meinst auch, es wäre richtig, wir schlachten unsere Schafe, essen sie auf. Was wir haben, haben wir!"

„Haben wir!" Nasreddin tat so, als sei es das Selbstverständlichste der Welt, als ginge er auf Igors

Vorstellungen vorbehaltlos ein. In Wirklichkeit jedoch war er hellwach, hörte auf jede Nuance dessen, was jener sagte. Auf irgend etwas wollte der hinaus!

„Morgen ist Sonntag. Ich habe mich mit ein paar Freunden am Fluss verabredet, bei der Biege, wir haben vor ein paar Tagen in der Nähe das große Feld abgeerntet, als der Regen kam."

Nasreddin nickte, er erinnerte sich.

„Dort wollen wir ein Picknick machen, ein wenig schwimmen, einen Kleinen trinken, und dort könnten wir natürlich beginnen mit den Schafen."

„Was wird der Vorsitzende sagen?"

„Na, laut Vertrag ist das Schaf unser persönliches Eigentum. Außerdem wird er bald im Großen anfangen müssen, den Bestand zu reduzieren, wenn er davon etwas retten will. Die Heuschrecken ..."

„Ach ja, die Heuschrecken."

„Bringst du es mit?"

„Was?"

„Sieh mal, du bist der Neue. Und da wäre es nicht schlecht, wenn du den Freunden zeigtest, dass du dich bei ihnen wohl fühlst, dass du sie einlädst, hm?"

„Das wäre nicht schlecht!"

„Tust du's?"

„Wenns üblich ist!"

„Das heißt, ja! Und mit dem Schaf!"

„Wenn die Heuschrecken kommen, was wollen wir machen."

„Ich wusste, dass du ein kluger Mensch bist. Habe denen nie geglaubt, die meinen, du hättest nicht alle beisammen!"

„Ja, siehst du", antwortete Nasreddin vielsagend und verzog den Mund.

Mit großem Eifer erläuterte Igor Einzelheiten des

Treffens und wie ein solches Picknick ablaufen sollte.

Nasreddin seinerseits bestand darauf, bereits vor allen anderen da zu sein, um alles bestens vorbereiten zu können. So ein Schaf brauche seine Zeit, bis es über der Glut ordentlich gar und knusprig sei. Er habe da seine Erfahrungen. Es entging ihm nicht, dass der andere innerlich frohlockte, dass es Augenblicke gab, in denen er förmlich vor Freude zu platzen drohte. Er hieb Nasreddin auf die Schulter und betonte in einem fort, was für ein feiner Kumpel dieser doch wäre, und Nasreddin werde sehen, auch die anderen würden es ihm vergelten.

Der Sonntag sah Nasreddin schon zeitig auf den Beinen. Er ging die einzelnen Weidepferche ab, die Schafe grasten, und sie blökten verwundert ob des frühen Störenfrieds.

Trotz der guten Kennzeichnung der Tiere benötigte Nasreddin über eine Stunde, um das richtige herauszufinden. Es befand sich im westlichsten Pferch an der Grenze des Kolchosgebietes, dort, wo das Weideland zu Ende war und die Baumwollfelder begannen.

Nasreddin legte dem Tier einen Strick um und brachte es auf den Weg. Nach einem längeren Fußmarsch, den das Schaf gehorsam mittrabte, erreichte er die bezeichnete Stelle am Fluss. Die Sonne stand bereits hoch, und ihm war es heiß geworden, aber er gönnte sich keine Pause. Sehr schnell fand er im Ufergebüsch zwei kräftige Astgabeln und einen dünnen, festen Stamm, aus denen er mit Mühe einen prächtigen Bratspieß und dessen Halterung bastelte. Offensichtlich diente die Stelle öfter derartigen Gelegenheiten, denn er entdeckte mehrere Feuerstellen, von denen er sich die beste aussuchte.

Erst entfachte Nasreddin ein großes Feuer, türmte

Schwemmholz vom Ufer darauf, armdicke Stücke, und deckte das Ganze mit Reisig ab.

Als sich Nasreddin dann dem Tier zuwandte, tat es ihm sekundenlang leid. Er murmelte: „Allah, vergib mir, aber du hast gewollt, dass deine Kreatur des Menschen Äsung sei." Und mit einem kräftigen Schlag tötete er das Tier, ließ es ausbluten, zog ihm das Fell ab und weidete es aus, wie er es schon als Kind im Haus der Eltern gelernt hatte, wie jeder im Land es lernte. Dann hatte er eine Verschnaufpause. Nach seiner Schätzung mussten noch gut zwei Stunden Zeit verbleiben, bevor die anderen auftauchen würden. Da entledigte er sich der Kleider und nahm zufrieden ein ausgiebiges Bad im Fluss, der in der Biege einen ordentlichen sandigen Strand gebildet hatte.

Nasreddin stieg aus dem Wasser, als aus seinem Meiler Flammen züngelten. Er deckte das Feuer ab, richtete aber bereits den Bratspieß mit dem Tierkörper her, wobei er das Fleisch mit Salz und Knoblauch einrieb und mit Sonnenblumenöl übergoss.

Als sich ein mächtiges Glutbett gebildet hatte, schob Nasreddin den Spieß darüber und begann ihn langsam drehen. Bald stieg bläuliches, das Wasser im Mund zusammenziehendes duftendes Rauchgekräusel in den sommerlichen Himmel.

Als die Gruppe junger Leute anrückte, hatte der Braten schon eine braune Kruste, und sein Aroma zog das gesamte Flusstal entlang.

Johlend kamen sie näher, neun junge Männer und drei Mädchen -, die meisten kannte Nasreddin nicht, wenn, dann nur vom Sehen. Offenbar arbeiteten die wenigsten im Kolchos, aber alle ließen sie ihn jovial und sehr gönnerhaft hochleben, ausgelassen und lautstark. Sie hoben Nasreddin auf die Schultern und schleppten ihn um die Feuerstelle, und erst als er rief, dass der schöne Braten verbrenne, ließen sie ihn herunter. Aber da kam bereits einer mit einem großen Glas Selbstgebranntem, und sie prosteten Nasreddin zu, obwohl er, eingedenk der Worte des Propheten, gar nicht die Absicht hatte zu trinken. Als sie ihn nötigten, tat er so, als ob.

Sie begannen Mitgebrachtes, Brot, Maiskolben, Mineralwasser, Melonen und Obst, auszupacken, breiteten Decken aus, und alsbald glich der Uferstreifen einem kleinen Basar.

Einigemal hörte Nasreddin am Feuer Igor angeberisch sagen: „Na, was habe ich gesagt, auf Nasreddin ist Verlass", und ihm war, als klinge es spöttisch und schadenfroh, und er spürte dies auch in der Reaktion der anderen.

Nur die hundertzöpfige Sewara, Gusals Tochter, schien zurückhaltender. Er sah sie manchmal nachdenklich abseits sitzen. Als andere sie hänselten, wies sie die schroff ab, und es schien ihm auch, als ob sie ihn das eine oder andere Mal mitfühlend anschaute, so auch, als habe sie ihm etwas mitzuteilen, wolle ihn vom Drehen des Spießes abhalten.

Als die Leute alles ausgepackt hatten, begannen sie Nasreddin ungeduldig mit Fragen zu attackieren, wie lange der Braten wohl noch benötige. Einer rief, er solle sich beeilen, bevor die Heuschrecken sie vom Fluss vertrieben, worauf alle schallend lachten, mit Ausnahme Sewaras, die mit dem Fuß aufstampfte, zornig in die Runde sah und sich wütend abwandte.

„Den Braten mögen die Heuschrecken nicht", sagte Nasreddin ernsthaft mit großer Ruhe. „Aber warum geht ihr nicht baden?", fragte er möglichst gleichmütig. „Vertreibt euch im Wasser die Zeit, derweil ich das hier vollende. *Ich* habe mich im Fluss bereits erfrischt, und ich sage euch, es ist herrlich."

Unerklärlicherweise verebbte der Lärm etwas nach diesen Worten Nasreddins.

Einer fragte: „Du bist Nasreddin, der Chodscha aus Aksehir?"

„Du sagst es", antwortete der Gefragte und drehte gelassen den Spieß.

„Du kennst seine - Streiche?"

Die anderen verfolgten interessiert den sich anspinnenden Disput.

„Ich kenne - *meine* Streiche, wenn es sie gibt."

„Du weißt, was man über dich sagt?" Jetzt lachten wieder einige.

„Nein. Wenn du nicht diese Schreibereien in der Zeitung meinst. Das bin ich nicht."

„Wo denkst du hin!" Erneut Gelächter. „Ich meine die vielen Bücher, die dir gewidmet sind."

„Die kenne ich nicht."

„Warum dann forderst du uns auf, im Fluss zu baden, he?"

„Weil es angenehm ist an diesem heißen Tag." Nasreddin gab sich absichtlich naiv, aber so, dass die anderen keinen Verdacht schöpften.

„Lasst ihn in Frieden!", rief Sewara.

Nasreddin warf ihr einen dankbaren Blick zu, gleichzeitig aber lächelte er sie aufmunternd an und kniff ein Auge zu, worauf sie irritiert und ein wenig verlegen den Kopf senkte und mit dem Fuß im Sand scharrte.

„Gut, wir gehen baden", entschied Igor, der sich trotz Nasreddins Schafbraten wohl als Gastgeber, zumindest aber als Organisator aufspielte. „Aber jemand bleibt als Wache bei den Kleidern. Wer?" Er sah sich um. „Sewara, du schimpfst hier herum. Pass du auf die Sachen auf!"

Die Angesprochene zog ein trotziges Gesicht. „Das ist albern", sagte sie, „und ich denke nicht daran, euren Quatsch zu unterstützen, war schon dumm genug mitzukommen."

„Kannst ja gehen!", rief einer.

Jetzt lachte sie. „Scheust wohl Zeugen, was? *Ein* Vernünftiger kann euch nichts schaden. Und baden gehe ich auch."

„Verdirb uns ja den Spaß nicht." Es klang durchaus drohend, wie Igor das sagte.

„Was ist noch zu verderben? Sieh doch hin, der Braten ist bald fertig."

Nasreddin hatte den Disput mit einem bewusst aufgesetzten einfältigen Lächeln verfolgt. Längst hatte er begriffen, worauf Igor mit dieser Kleidergeschichte anspielte: Damals, als ihm jene alberne Studentenschar, ihn für einen beschränkten Dorflehrer haltend, einreden wollte, am nächsten Tag ginge die Welt unter und er möge doch einen Hammel schlachten. Er hatte es - wie hier - getan. Als sie badeten, verbrannte er ihre Kleider. Im Erinnern lachte Nasreddin auf, verstärkte so den Eindruck eines Einfältigen. - „Ja, die Lacher hatte ich auf meiner Seite, als ich ihnen sagte, dass sie ja wohl, wenn die Welt untergehe, die Kleider nicht mehr brauchen würden, wie ich meinen Hammel ..."

„Irgendwoher", überlegte Nasreddin", müssen diese jungen Leute die Geschichte kennen. Interessant!"

Während er am Abend vorher den Ulk nur vermutete, wurde er jetzt zur Gewissheit. Und Nasreddin atmete erleichtert auf, dass er richtig gedacht und gehandelt hatte. „Geht ruhig", sagte er. „*Ich* bin doch da, euren Kleidern passiert schon nichts."

„Du - verbrennst sie nicht?", fragte einer naiv.

Er bekam von Igor einen Rippenstoß. „Warum sollte er denn?", fragte der mit deutlichem Augenzwinkern, woraufhin der Vorlaute leise fragte: „Wenn er nun Bescheid weiß?"

„Der spinnt doch nur", raunte Igor zurück. „Hat keine Ahnung vom echten Nasreddin."

Und sie zogen sich aus, legten aber doch die Kleider ganz nahe ans Ufer, so weit wie möglich von der Feuerstelle entfernt, tummelten sich ausgelassen im Wasser, winkten ab und an zu Nasreddin herüber, riefen ihm etwas zu, was er nicht verstand. Auch Sewara schwamm vergnügt, hielt sich aber ein wenig abseits von den anderen.

Dann war es soweit. Nasreddin winkte mit beiden Armen, rief, dass der Braten fertig sei.

Sie kamen wassertriefend, behielten die Badekleidung an, setzten sich erwartungsvoll auf die Decken, tranken Wodka und nahmen mit Freude jeder ein Stück dampfenden, heißen, honigüberkrusteten und würzig duftenden Braten entgegen, den Nasreddin mit Geschick vom Stück schnitt und jedem mit der Geste des großherzig Gebenden reichte.

Zum Schluss setzte er sich zu den anderen, eines der besten Bratenstücke in den Händen, und begann genüsslich abzubeißen. Kauend stellte er dann fest: „Denen zeigen wir es aber, den Heuschrecken!"

Gelächter ging um die Runde, aber durchaus nicht bei jedem ein ausgelassenes. Ein wenig Verlegenheit schwang da mit.

Igor beschäftigte sich sehr mit seinem Bratenstück, prüfte intensiv, wo er wohl den nächsten Biss ansetzen könne, und sagte obenhin: „Nasreddin, die Heuschrecken kommen nicht."

Stille. Jeder tat, als erfordere das Essen seine gesamte Aufmerksamkeit.

„Ach", sagte Nasreddin erstaunt. „Kommen nicht?" Und er schüttelte den Kopf. „Haben es die Teufelskerle an der Grenze geschafft, sie zu vernichten! Allah sei Dank!" Er drehte die Augen gen Himmel und seufzte wie erleichtert.

Wieder nur eifriges Kauen, gesenkte Blicke, unterdrücktes, glucksendes Lachen bei einigen.

„Aber, Nasreddin, was wirst du dem Vorsitzenden sagen über den Verbleib deines Schafes?", fragte Igor Josephowitsch mit gespielter Naivität und einem entwaffnenden Kinderblick.

Nasreddin hob übertrieben die Schultern und ließ sie fallen. „Was soll *ich* ihm sagen?"

„Na, er wird nach deinem Schaf fragen. Man kann es nicht so ohne weiteres schlachten, weißt du ..."

„Ach, kann man nicht, hm ..." Nasreddin tat, als müsse er diese Neuigkeit verkraften, als denke er angestrengt nach, aber erschrocken gab er sich nicht im Geringsten. „Das ist dumm", sagte er bedächtig.

„Also, was wirst du ihm sagen?"

„Ich ..." Er stippte sich den Zeigefinger intensiv gegen die Brust, „nichts, bei Allah, nichts. Das ist nämlich so ..."

Sie hörten auf zu kauen, schauten gespannt auf Nasreddin, der abermals kräftig zubiss, kaute und beiläufig erklärte. „Als ich mein Schaf suchte, ihr wisst, das ist nicht einfach, kam ich zum westlichsten Pferch. Und es war, als ahnten die armen Tiere dort, dass sie die ersten sein würden, denen die Heuschrecken das Futter streitig machen." Nasreddin sah gen Himmel, breitete die Arme aus mit den geöffneten Handflächen nach oben, was nicht ganz gelang, weil er in der Linken noch den Bratenrest hielt. „Da brach es mir fast das Herz. Ihr müsst wissen, ich bin ein Freund der Tiere. Und da gab mir Allah, der Allwissende, den Gedanken ein: 'Nasreddin, in deiner Hand liegt es, wenigstens einem dieser Geschöpfe das Los zu erleichtern, es vor dem Hungertod zu bewahren.' Und da sah ich, Igor, *dein* Schaf, und ich habe dieses hierhergeführt und erlöst." Nasreddin verdrehte noch einmal die Augen und biss in das Fleisch.

Grenzenlose Verblüffung.

„Du hast ...", rief einer.

Und dann brach es los!

Ein Gelächter stieg auf, wie es der Fluss in den Jahrhunderten nicht erlebt hatte. Einige verschluckten sich, husteten mit hochroten Gesichtern, andere sprangen auf, hielten sich den Bauch, wieder andere klopften sich auf die Schenkel, der Hundertzöpfigen rannen die Tränen über die Wangen.

Nur Igor lachte nicht, ungläubig gingen seine Blicke in die Runde. Als einer mit weitausgestrecktem Arm und brüllendem Lachen auf ihn wies, schien es sogar einen Augenblick, als wollte er böse werden. Doch dann, langsam, schien er sich zu besinnen. Süßsauer begann er zu lächeln. Sein Bratenstück jedoch legte er beiseite, als sei ihm der Appetit vergangen.

Nur ganz allmählich beruhigte sich die Gesellschaft. Und immer wieder fing einer von den Heuschrecken an, und immer noch einmal sprang die Heiterkeit auf.

Mit Freude stellte Nasreddin fest, dass diese Leute plötzlich anders zu ihm waren. Das übertrieben Joviale, vielleicht Überhebliche schien wie weggeblasen. Er war nicht länger der anscheinend Beschränkte, über den man sich lustig machte. Sie hatten ihn in ihre

Runde aufgenommen, ja, sie akzeptierten ihn nicht nur, sondern begegneten ihm mit einer gewissen Hochachtung. Aber auf jeden Fall erkannten sie ihn in seiner Rolle als Nasreddin, der Schelm, an. Das wurde sehr deutlich, als ihn Sewara mit Schalk und Charme bat, etwas von Timurs Hof zu erzählen, und er das tat.

Sie hörten ihm zu, interessiert und mitgehend, wie sie als Kinder vielleicht dem Märchenerzähler gelauscht hatten.

Ob Igor übelnahm, blieb ungewiss. Er machte beizeiten gute Miene, ließ die Hänseleien geduldig über sich ergehen.

Einer der Gäste von außerhalb des Kolchos erbot sich, ein Schaf zu besorgen, das mit Igors Kennzeichnung versehen werden sollte. Natürlich würde das etwas kosten ... Vor dem Vorsitzenden wolle man die Sache verbergen. Das alles tröstete Igor, und er versicherte, dass man im Falle, man hätte tatsächlich Nasreddins Schaf aufgegessen, auch nicht anders gehandelt hätte. Aber so recht konnte er sich der Ausgelassenheit der anderen nicht mehr anschließen. Als er jedoch an den Aufbruch erinnerte, lehnten sie ab.

Gegen Abend jedoch gab es in der fröhlichen Runde einen zweiten Nachdenklichen: Nasreddin:

Sie badeten abermals ausgiebig, danach sollten zum Abendbrot alle Reste verzehrt und vor dem Aufbruch die Spuren beseitigt werden.

Mitten im ausgelassenen Tummeln wies jemand ans andere Ufer des Flusses. „Ein Boot", rief er.

Sie winkten und johlten.

Vom Insassen des Bootes wurde zur Erwiderung das Paddel gehoben und über den Kopf geschwenkt.

Es war eine Frau in einem ärmellosen Jersey mit einer riesigen Sonnenbrille und einem dicken dunklen

Zopf, der bis in das Boot hineinreichte. Sehr bald verschwand sie in der Biegung des Wasserlaufs, und die Schwimmer hatten sie vergessen. Nicht Nasreddin. Trotz der Brille und der geänderten Frisur glaubte er sich sicher: *Sie* befand sich auf seiner Spur. Und das beunruhigte ihn, zumal er schon bereit gewesen wäre, die vorigen Begegnungen seiner Phantasie oder dem Zufall zuzuschreiben.

Er hatte Mühe, seine Nachdenklichkeit zu verbergen. Dass es ihm nicht gelungen war, bemerkte er an den prüfenden Blicken Sewaras.

Gusal war Nasreddin seit jenem ersten Abend, an dem er seinen Esel zu ihrem Haus geführt hatte, sympathisch. Scheu und ohne Gerede hatte sie ihm den Raum gewiesen - einen kleinen Verschlag am Haus mit einem beschädigten Dach -, hatte ihm gezeigt, wo noch altes Stroh lagerte, ihm bedeutet, dass er die Wiese, die zum Grundstück gehörte, als Weide nutzen könne. Das Wenige, was er vom Innern des Hauses zu sehen bekam, machte einen gepflegten Eindruck, wenn es auch nicht von Reichtümern zeugte - wie sollte es auch. Was einen verwahrlosten Anschein erweckte, waren die äußeren baulichen Dinge: der Zaun, das Dach. Und das Lehmmauerwerk hätte an manchen Stellen eine Ausbesserung vertragen. Ganz offensichtlich fehlte jemand, der zupackte. Ja, und Sewara, die Hundertzöpfige? Ein prächtiges Mädchen, hübsch, sauber, gebildet. Das Mundwerk auf dem rechten Fleck, gewiss kein Nachteil.

Die Frau arbeitete im Schafstall des Kolchos, Sewara studierte in der Hauptstadt, das erste Semester. In den Ferien verdiente sie für die kleine Familie in der Baumwolle dazu. Das alles wusste Nasreddin und dass ihm beide sympathisch waren, Mutter und Tochter. Und weil zu der Familie kein Mann gehörte, nie gehört hatte - ja, wenn sie Witwe wäre -, lebten sie am Rande des Kischlaks, am Rande der Gesellschaft, und es gab sich mit der Mutter niemand ernsthaft ab. Die Tochter hatte sich durchgesetzt, war aber fast das ganze Jahr über nicht am Ort.

Nur einen Augenblick dachte Nasreddin an die Warnung der Alten, dass man sich bald selbst beschützen müsse, wenn man sich mit den zu Beschützenden abgäbe. Aber - das mag im Allgemeinen stimmen, hier jedoch konnte Allah nicht hartherzig sein, es nicht so meinen.

Diese noch ganz flüchtige Bekanntschaft also hielt Nasreddin, den Chodscha, am Ort, auch weil er fühlte, dass seine Sympathie erwidert wurde. Er freute sich morgens, wenn er die muntere Sewara sah, half nach, dass er in eine Reihe in ihrer Nähe geriet. Er hatte ihre Parteinahme in der Heuschreckenaffäre nicht vergessen, als sie annehmen musste, dass er reingelegt werden sollte. Und wenn er auch bald wieder das Schlusslicht bildete, wenn sie zur Sammelstelle ging, musste sie an ihm vorbei, und da gab es Gelegenheit für eine Bemerkung, einen kleinen Schwatz - manchmal auch zum Unmut des Brigadiers.

Natürlich blieb dies alles den anderen Pflückern nicht verborgen, und wer Mitglied des Kolchos war, wusste auch, dass, zwar ohne Nasreddins Zutun - aber was machte das schon -, der Esel im Haus der Gusal stand. Was Wunder, dass kleine Hänseleien und Anspielungen nicht ausblieben, die von Nasreddin und Sewara recht gelassen hingenommen wurden. Dennoch hatten sie Einfluss auf Nasreddins Denken, auf seine Phantasie. Er begann das Ganze mit anderen, mit abwägenden Augen zu sehen und sich schließlich innerlich, und vor sich selbst nicht so recht eingestanden, die Frage zu stellen: Warum denn nicht? Wenn das mit den fünfhundert Jahren stimmte, und er musste es wohl glauben - obwohl er es nach wie vor nicht begriff -, dann stand er allein in der Welt. Getrennt von der Familie, den Schülern ... Man müsste Glück haben, um auch nur noch eine Spur von ihnen zu entdecken. Darüber machte sich Nasreddin nichts vor. Dann war ihm auf seine indirekten Fragen hin erläutert worden, dass ein Besuch in Aksehir, geschweige denn eine Rückkehr nach dort, vorerst so gut wie ausgeschlossen war. Das, so sagte man ihm, sei kompliziert, eine Reise sei teuer ... Und die Papiere ... Also, was sollte es! Über kurz oder lang würde er sich entscheiden müssen, ob er sein Alter in Einsamkeit oder im Kreis von Angehörigen verbringen würde.

Mit der Zeit, und das bekräftigte Nasreddin in seinen Gedankengängen, verlor Gusal ein wenig von ihrer Scheu, und eines Nachmittags - er war gekommen, um seinen Esel auf der Weide umzupflocken - luden ihn die beiden, Mutter und Tochter, zum Tee unter dem Granatapfelbaum auf dem geräumigen Hof des Anwesens. Und mitten in der Unterhaltung über die Schafe und die Baumwolle wandte sich die Frau voll Nasreddin zu, ließ das Tuch, mit dem sie im Gespräch fast ständig ihre untere Gesichtshälfte, so als schäme sie sich, verdeckt gehalten hatte, sinken. „Nasreddin, gestatten sie einer Unwürdigen eine Frage: Warum lernen sie nicht das Schreiben? Verzeihen sie, es geht mich nichts an, aber es schmerzt mich, wenn die jungen Leute sie hänseln, abfällig über den Analphabeten sprechen. Sie brauchen das nicht ..."
Aber das Letzte sagte sie leise, verlegen, sie sah von

ihm weg und schob das Tuch wieder über den Mund. Ihre Augen blickten, als wundere sie sich über den Mut, der sie plötzlich befallen hatte.

Nasreddins Herz machte fühlbar einen Hupfer. Nicht nur, weil er ein weiteres Mal erkannt hatte, dass sie eine Frau war, die ihm gefiel, eine Frau, von der man weiß, dass man Zärtlichkeiten mit ihr tauschen könnte, sondern weil sie gesagt hatte, dass es sie schmerzte, wenn man ihn hänselte. Ist jemand einem gleichgültig, dann schmerzt es nicht, wenn ihm Unbill widerfährt. Nasreddin selbst hatte es bislang nicht als tragisch empfunden, wenn sich der eine oder andere über seine Leseunkundigkeit lustig gemacht hatte. In der Gelassenheit eines Weisen hatte er sich darüber hinweggesetzt mit der unausgesprochenen Frage, ob der Spötter wohl all die klugen Bücher schon einmal auf einem Haufen gesehen haben mochte, die er, Nasreddin, studiert hatte. Sind ihm die Wunder der Sprache des Korans aufgegangen? Aber jetzt, da sie es sagte, empfand Nasreddin den Mangel, zudem - und das hatte er sich selbst schon einige Male vor Augen gehalten - ihm das Neue über die Kenntnis der Schrift natürlich schneller zugänglich sein würde.

„Ich kann lesen und schreiben, Gusal", antwortete Nasreddin sanft jedoch nicht ohne Stolz. „Aber leider kann ich damit - mir unverständlich, dass der Herrscher das zuließ - hier nichts anfangen."

„Onkelchen", mahnte Sewara, „hier können wir das doch lassen. Wir akzeptieren doch auch ihre Rolle - draußen."

Nasreddin lächelte, und er konnte nicht vermeiden, dass es ein wenig traurig wirkte. Dann hob er achtungsgebietend den Zeigefinger, sah sich suchend um, nahm einen weichen Stein auf und schrieb damit in schneller Folge auf den hartgestampften Lehmboden Schriftzeichen, unzweifelhaft arabischer Herkunft.

Die beiden Frauen sahen ihm interessiert zu, blickten sich vielsagend und unsicher an. „Was schreibst du, Onkelchen?", fragte die Hundertzöpfige.

Stockend, in sein Werk vertieft, antwortete Nasreddin: „Al-fatiha, die Öffnende, die erste Sure des Korans, des Buches aller Bücher. Lob sei Allah, dem Weltenherrn, dem Erbarmer, dem Barmherzigen, dem König am Tag des Gerichts! Dir dienen wir und ..." Er schickte sich an, weitere Teile des Hofes mit seinen Zeichen zu bedecken.

„Lassen sie es gut sein, Nasreddin", rief Gusal und lachte. „Wir glauben ihnen!"

„Kannst du auch - Weltliches, ich meine etwas von heute, schreiben?", fragte Sewara ein wenig lauernd, als habe sie den Verdacht, dass er wie ein echter Analphabet zwar auswendig ein paar Sätze herschreiben könne, fest Eingeprägtes, dass ihm aber eine schöpferische Anwendung der Schrift verborgen bleibe.

Nasreddin durchschaute sie, nahm jedoch nicht übel, sondern schrieb flott weiter.

„Was bedeutet das?", fragte dann Sewara.

„Das heißt ...", und er war lächelnd aufgestanden, wies augenzwinkernd auf das Gekrakel: „Großmächtiger Allah, mache in deiner Gnade die Ungläubigen des Kolchos ‚Neue Ernte' wenigstens sehend, zeige ihnen, dass Blume und Vogel, Welle und Wind, die nimmermehr werden sprechen können, uns in ihrer Schönheit und Kraft, in ihrer Erhabenheit, Großes zu sagen haben ..."

Zuerst Sewara, dann Gusal, die Mutter, sahen beschämt zu Boden. „Verzeih, Nasreddin", sagte Sewara nach einer Weile. „Es war dumm!"

Nasreddin schüttelte den Kopf. „Was der Mensch spricht, ist meist wie der Regen in der Wüste. Was er schreibt, ist der Bach, der See, das Köstlichste, das Wasser für alle zum Leben. Ich möchte schon von dem euren trinken!"

Von diesem Tag an lernte Nasreddin lesen und schreiben, und, zu seiner Verwunderung, diese Hundertzöpfige, die im fernen Taschkent etwas studierte, was mit noch mehr Baumwolle zu tun hatte, hätte einen guten Chodscha abgegeben

In seiner einsamen Reihe der Baumwollsträucher ließ Nasreddin tagtäglich in seinem Kopf die Buchstaben aufmarschieren, sich zu Worten formen. Nur die schwere Hand, über die sich Nasreddin nach wie vor wunderte, wollte gar nicht so flott, wie er es wünschte und es ihr auch befahl, diese Buchstaben flüssig und zusammenhängend auf das Papier bringen. Es schien, als sei es dieser Hand ungewohnt, eine solche Arbeit zu verrichten. Oftmals saß Nasreddin und betrachtete sie, wenn er übte, und manchmal war ihm, als sei es nicht seine Hand ...

So kam es, dass Nasreddin fast an jedem Tag die beiden Frauen aufsuchte, um seine Hausaufgaben vorzuweisen, neue in Empfang zu nehmen, mit Sewara zu lesen oder das Schreiben, das dann doch zunehmend flotter ging, zu üben. Und es machte ihn stolz, wenn sie ihm bestätigten, er sei bei weitem der gelehrigste Schüler, der je in Urgentsch und Umgebung lesen und schreiben gelernt hatte. Und schon sehr bald, noch bevor Sewaras Ferien zu Ende gingen, konnte er jeden beliebigen Text zusammenhängend entschlüsseln. Mehr und mehr bereitete ihm das Lernen Vergnügen und dass er dabei, sooft er wollte, Gusal sah. Sie selbst war zunehmend zutraulicher geworden, sie verbarg das Gesicht nicht mehr hinter dem Tuch. Einigemal hatte sie ihn sogar ins Haus gebeten, wenn das Wetter einen Aufenthalt auf dem Hof verbot.

Nasreddin verbrachte so völlig ausgefüllte Tage. Er gönnte sich keine ungenutzte Stunde, ging zum Wochenende auch mit den Brigaden der freiwilligen Helfer ins Feld, ebenso wie Sewara. Und war er nicht in der Baumwolle, saß er über seinen Büchern oder übte in Gesellschaft der beiden Frauen. Sein Logis suchte er nur zum Schlafen auf, war so dem Spott seines Zimmergenossen meist nur morgens ausgesetzt, nach dem Aufstehen. Aber da alles Gehänsele von Nasreddin abfiel, gab jener es alsbald auf, tat aber alles, dass der Ruf Nasreddins als Narr, Pantoffelheld und Sklave der leichtfertigen Gusal unter den Leuten gefestigt wurde; denn Nasreddin hatte begonnen, das Haus der Gusal, den Zaun und sogar den Brunnen zu reparieren ...

Selten dachte Nasreddin an seine ersten Erlebnisse in dieser neuen Welt, an die Reifendiebe, den Vorsitzenden des benachbarten Kolchos „Neunter Mai" oder an die Miliz, mit der jener gedroht hatte.

Öfter kam ihm anfangs die Frau im bläulichen Auto in den Sinn. Aber als jene sich nicht mehr sehen ließ, hielt er diese Begegnungen doch für einen Zufall, und sie schwanden aus seinem Erinnern.

In dieser Harmonie verliefen Nasreddins Tage, bis Sewaras Ferien vorüber waren.

Schlagartig mit diesem Tag verschloss sich Gusal wieder vor ihm, als hätten sie nie ein freundliches Wort miteinander gesprochen.

Am Morgen dieses Tages hatte sich Sewara verabschiedet, hatte ihm an der Straße einen Kuss in den Bart gedrückt, ihn dann angesehen und plötzlich ganz ernst gesagt: „Wenn du sie magst, Nasreddin, die

Mutter, musst du Geduld haben. Sie hat viel durchgemacht, und die Menschen in ihrer Umgebung sind nicht gut zu ihr ..." Und da war sie in das Auto gestiegen, das sie mitnahm zur Hauptstraße, von wo aus sie mit Autobus und Flugzeug nach Taschkent reisen würde.

Schon am Abend ließ sich Gusal, als er den Esel versorgte, überhaupt nicht mehr blicken. Ins Haus einzudringen, verbot Nasreddin der Anstand. Aber auch Sewaras Worte, die sie ihm am Morgen so eindringlich zugeraunt hatte, hätten ihn zurückgehalten.

So sahen dieser Abend und ein erstaunter Igor einen niedergedrückten Nasreddin, einen, der sich zwar scheinbar intensiv mit seinen Büchern befasste, dessen Gedanken jedoch, das verriet der immer wieder abschweifende Blick, nicht bei den Buchstaben und Sätzen auf den Seiten weilten. Immer öfter stellte sich Nasreddin die Frage, wie aber soll es weitergehen?

Nicht lange ließ ihn Igor so gewähren. Alsbald begann er wieder zu spötteln, diesmal in anderer Richtung, und jetzt ging es Nasreddin wohl auf die Nerven. Aber beherrscht genug, ließ er es sich nicht anmerken.

Die Tage wurden öde. Nasreddin vergrub sich in den Alltag, nahm das Neue in sich auf. Aber die Freude wie zuvor machte es nicht. Schließlich musste er annehmen, dass seine Anwesenheit Gusal unangenehm war, und er trug sich mit dem Gedanken, nunmehr doch den Kolchos zu verlassen.

Diese Gedanken verscheuchte der erste Brief Sewaras, der, persönlich an ihn gerichtet, nicht geringes Staunen bei den Kollegen hervorrief, weil sie es nicht für möglich halten wollten, dass er tatsächlich in dieser kurzen Zeit perfekt lesen gelernt hatte. In der Tat hatte er Mühe, das Handgeschriebene zu entziffern.

Sewara berichtete munter von den Anfängen des neuen Semesters, von Eigenarten der Dozenten, aber ausdrücklich bat sie ihn zum Schluss, der Mutter Grüße zu bestellen und dass sie ihr im Zusammenhang mit einer bevorstehenden Festlichkeit an der Universität die usbekische Tracht schicken möge. Im Brief an die Mutter hätte sie es vergessen zu schreiben.

Natürlich bemerkte Nasreddin die Absicht, aber er war dankbar für den Vorwand, den ihm Sewara bot, und er setzte die Gelegenheit noch am selben Tag in die Tat um.

Wie zufällig richtete er es ein, dass er Gusal traf, als sie den Stall verließ, in dem sie die kranken Tiere betreute. Sobald sie seiner ansichtig wurde, schob sie das Tuch vor die untere Gesichtshälfte, senkte den Blick, kaum merklich seinen Gruß erwidernd, und ging geneigten Hauptes schnellfüßig davon.

Mit wenigen Schritten hatte Nasreddin sie eingeholt. „Auf ein Wort, Gusal", sprach er sie an. „Ich habe ihnen etwas auszurichten."

Sie sah von der Seite scheu zu ihm empor, trippelte jedoch im gleichen Tempo weiter, ließ somit nicht erkennen, ob sie geneigt war, ihn anzuhören.

„Sie braucht ihre - Tracht", rief er und vergab die Gelegenheit, mit ihr in ein Gespräch zu kommen. Er war ärgerlich geworden und bereute beinahe, Gusal angesprochen zu haben.

Wieder sah sie ihn an, lächelte ein ganz klein wenig und nickte. Damit schien aber die Sache für sie erledigt zu sein.

Sie bogen um das letzte Gebäude der Stallungen.

Dennoch sah Nasreddin sich um, ob vielleicht noch andere in der Nähe seien, sie sehen konnten. Da er nichts dergleichen erblickte, fasste er sich ein Herz, ergriff Gusals Handgelenk, zwang so die Erschrockene stehenzubleiben, sich ihm zuzukehren und zu ihm aufzusehen. „So geht das nicht, Gusal", sagte er leise. „Sagen sie mir klipp und klar, dass ich mich zum Scheitan begeben soll, aber behandeln sie mich nicht so, so als hätte der Allmächtige mich in ein, ein ...", er suchte nach Worten, „einen Schafbock verwandelt."

Mit geweiteten Augen sah sie ihn an, lange, sagte nichts. Das Tuch hatte sie fallen lassen.

„Wie schön sie ist", dachte Nasreddin, und er hätte sie am liebsten an sich gezogen. Aber er wusste, dass die Situation, in der sie sich befanden, ohnehin schon heikel genug ausschauen mochte, für einen Uneingeweihten zumindest.

Da lösten sich zwei große Tropfen aus ihren Augen und rollten langsam das Gesicht hinab.

Sofort ließ Nasreddin Gusals Hand los. Hilflos stand er und biss sich auf die Lippen. Dann stammelte er: „Verzeihen sie einem Unwürdigen, Gusal, ich wollte sie nicht kränken ..."

Sie schüttelte langsam den Kopf. „Sie müssen mich in Ruhe lassen", sagte sie leise und strich einen Augenblick voller Zartheit über seinen Arm. Aber sofort wandte sie sich zum Gehen.

„Bleiben sie", rief er bittend. Es war ihm, als hätte sie mit dieser unendlich sanften Berührung einen Kontakt geschlossen.

Sie blieb stehen, abwartend, sich auf die Füße schauend, drehte sich nicht um.

Nasreddin fasste Mut, wuchs über sich hinaus. Einen Augenblick überlegte er noch, dass er nie in seinem Leben eine ähnliche Situation erlebt hatte, niemals war ihm etwas so wichtig wie diese Sekunde, auch nicht die kurze Zeit, da Nilufar ihn erhörte, vielleicht deshalb nicht, weil dort bereits im Annähern der Keim des Trennens liegen musste. Nicht so hier. Ihm war, als hinge an diesem Wort, an ihrer Reaktion mehr als sein Leben. So hatte er nicht empfunden, als er vor Tagen, nein ..., als er zum Richtplatz schritt. Dann platzte er heraus, und es klang rauh: „Werden sie meine Frau, Gusal!"

Sie drehte den Kopf wie zu Tode erschrocken. Das Blut war ihr ins Gesicht gestiegen. „Was gibt ihnen das Recht, solche Scherze mit mir zu treiben!", stieß sie dann hervor, und sie wandte sich ab. Ein Schluchzen ließ ihre Schultern beben.

Als Nasreddin seine Hände darauf legte, empfand er einen Augenblick deren Prankenhaftigkeit. Sie schienen ihm bar jeden Zartgefühls. Mit sanfter Gewalt drehte er Gusal zu sich, hob am Kinn ihr Gesicht empor, zog die Willenlose an sich und drückte ihr einen Kuss ins Haar. „Du bist ein dummes Weib", sagte er zärtlich. „Denkst du, Nasreddin, der Unruhige, wäre noch auf dem von Allah mit diesem Vorsitzenden gestraften Kolchos, wenn es hier nicht gleichzeitig für ihn etwas gäbe, was mehr labt als alle Bergquellen der Welt, was schöner blüht als alle Baumwollsträucher Usbekistans? Spürst du nicht, du Blinde, wie Allah bei jeder Gelegenheit mich deinen Weg kreuzen lässt, meine Blicke auf dich lenkt?" Er ließ ihre Schultern los, gab sie frei. „Ich scherze nicht", sagte er mit allem Nachdruck.

Gesenkten Hauptes, wie in Gedanken das Gesichtstuch wieder hochnehmend, wandte sie sich langsam zum Gehen. Er schritt neben ihr, zweifelnd und hoffend, in einem elenden Widerstreit der Gefühle. Er überlegte auch, ob er nicht etwa dümmer als sein Esel sei und dass es dazu nicht viel bedurfte. „Geben sie mir ein Zeichen", flehte er. „Es wird mir sagen, ob ich stehenden Fußes aufbreche oder Allah mich hier als seinen glücklichsten Sohn verweilen lässt" Er hatte sie nicht angesehen, als er das sagte, ging wie sie, den Blick zum Boden gerichtet.

Doch da fühlte er sich jäh umfasst, fühlte ihre Lippen auf den seinen ...

Bevor er wieder einen Gedanken fassen konnte, sah er sie leichtfüßig fortlaufen, und ihm war, als töne aus ihrer Richtung ein leises, frohes Lachen ...

Die nächsten Tage wich Gusal Nasreddin aus, schlug eine andere Richtung ein, schon wenn sie ihn von weitem sah. Sie zur Rede zu stellen, verboten Nasreddin der Anstand und seine strenge islamische Erziehung, wenngleich er manchmal spürte, dass diese nicht mehr so recht in dieses Leben passte. Zusammenreimen konnte er sich das alles nicht, aber ihr Kuss hatte ihn ermutigt.

Alle Zweifel beiseite schiebend, machte er sich am dritten Tag nach diesem denkwürdigen Nachmittag auf, um nach seinem Esel zu sehen, wie er Igor lauthals mitteilte, gleichsam um sich vor sich selbst zu rechtfertigen.

Er hatte es so eingerichtet, dass er vor Gusals Feierabend das Anwesen erreichte. An den wieder stabilen Zaun gelehnt, erwartete er sie.

Als Gusal ihn erblickte, verhielt sie den Schritt, blieb sogar einen Augenblick unschlüssig stehen. Doch dann kam sie, den Blick auf den Boden geheftet, entschlossen näher.

Er trat auf sie zu, reckte ihr die Hand entgegen - nach der neuen Begrüßungsart wie er meinte - und rief mit gemachter Munterkeit: „Guten Abend, Gusal!"

Sie erwiderte den Gruß mit einer leichten Verbeugung, ohne Nasreddin dabei anzusehen: „Guten Abend."

Ohne seinen Tonfall zu ändern, schwatzte er weiter: „Ich habe gestern abend Sewara geschrieben und ihr mitgeteilt, dass sie ihr die Tracht schicken würden. Nun möchte ich natürlich nicht als Schwindler dastehen und mich erkundigen."

„Sie ist weg", erwiderte sie. Einen Augenblick trafen sich ihre Blicke. Da legte sie die Hand auf seinen Arm und sagte ruhig: „Sie dürfen nicht mehr kommen." Wieder senkte sie den Blick. „Sie quälen mich. Nehmen sie ihren Esel und gehen sie."

„Aber warum denn?", fragte er erstaunt. Er fasste nach ihrer Hand, die auf einer Zaunlatte lag.

Sie entzog sie ihm sacht. „Frauen wie mich meidet man!", antwortete sie schroff. „Sie sind Moslem. Eigentlich brauchte man das ihnen nicht zu sagen."

„Oh Allah, Allah! - Sag diesem störrischsten aller Weiber ...", und er wandte das Gesicht nach oben, breitete die Arme, und es entbehrte nicht der Komik, als er beschwörend rief: „dass ich das alles selber weiß, sage ihr, dass sie sich nicht in meine Angelegenheiten mischen soll, wenn ich deine Gebote nicht achte. Aber sage ihr auch, dass ich sie liebe und du in deiner Großmut deinem unwürdigen Sohn Nasreddin verzeihst, dass du uns segnen wirst. Sag ihr das alles, großmächtiger Gott, der du die Wasser bergauf fließen und die Vögel wie Wühlratten in der Erde graben lassen kannst!"

Eine Sekunde lang lächelte Gusal. Dann wurden ihre Züge wieder ernst. Sie drückte ihren Körper an den Zaun, ihr Blick verlor sich ganz weit im fernen Horizont. Und sie begann leise: „Er bohrte nach Öl, hier am Rande der Wüste. Öl fanden sie nicht, aber Gas ...

Als sie es in ihren Rohren gebändigt hatten, es in unsere Häuser floss - das dauerte über zwei Jahre -, zogen sie weiter, anderen Menschen dieses Glück zu bringen. Mein Vater half ihnen, und ich brachte Essen auf den Turm ... Beim Abschied sagte er, er werde unbedingt wiederkehren, wir werden heiraten ... Aber noch dürfe er die Truppe nicht im Stich lassen, sei verpflichtet.

Als es zu sehen war, zeigten die Leute mit Fingern auf mich, mein Vater jagte mich aus dem Haus ..." Sie schwieg. Ihr Blick kehrte in die Umgebung zurück. Sie zupfte an einer Ranke wilden Weins, die sich um die Zaunlatten wand. „So ist das", setzte sie dann hinzu. „Ich bin eine Verworfene ..."

„Aber, Gusal, das weiß ich doch alles längst. Sie haben es mir sehr bald erzählt"

„Eben ...", sagte sie in seine beschwörenden Worte hinein.

„Aber nach dem Gesetz, das weiß ich auch, hat das nichts zu bedeuten!"

„Und warum spricht man davon, tischt es einem Dahergelaufen auf, den es nichts angeht? Ist das nicht genauso, als wenn man mit Fingern auf mich zeigt?" Bitternis schwang in ihrer Rede. Aber sie fing sich schnell wieder. Langsam schüttelte sie den Kopf. „Und wenn du wirklich mit der alten Zeit so verbunden bist, wie du sagst, musst du mich hassen. Wenn nicht jetzt, dann später, dann, wenn du in dieser Welt heimischer bist, andere Frauen kennst, ohne Mal."

Er legte abermals seine Hand auf ihren Arm. „Wir gehen fort." Es klang bestimmt, wie beschlossen. „Niemand wird erfahren dort an einem neuen Ort, dass Sewara nicht meine Tochter ist!"

„Sie würden Sewara als ihre Tochter ...?", fragte sie mit ungläubigem Staunen im Gesicht. Eine Blutwelle schoss darüber, und er bemerkte, dass sie abermals feuchte Augen hatte.

„Ich mag sie - wie dich!"

Sie rang unbewusst die Hände, biss sich auf die Lippen, Zeichen, dass sie einen schweren Kampf mit sich austrug. Dann legte sie ihre Hand auf die seine, die noch immer auf ihrem Arm ruhte. Und sie sagte mit unendlicher Zartheit in der Stimme: „Lass mir bitte Zeit, Nasreddin. Du überraschst mich. Ich habe nicht mehr damit gerechnet, durfte es nicht, dass ein Mann mich zu seinem Weib begehren könnte ..." Sie sagte das stockend, als fiele es ihr sehr schwer. „Lass mir Zeit", bat sie noch einmal. Dann löste sie sich von ihm und trat in den Hof, wendete sich ihm jedoch noch einmal zu. „Ich mag sie, Nasreddin ..." Und dann lief sie ins Haus.

Nasreddin aber machte einen Luftsprung. „Das muss Glück sein", dachte er. Und er stieg auf seinen Esel, gab ihm die Fersen.

Der Mann ritt ziellos durch die Felder, mal sang er ein Liedchen, mal nickte er einem Vogel zu, schnipste mit den Fingern, kurz, er befand sich in einer Hochstimmung, die immerwährend der eine Satz in ihm aufrechterhielt: „Sie mag mich!" Alles andere schien ihm unkompliziert und schnell lösbar. Er dachte überhaupt nicht mehr daran, dass er von seinen seit mehr als zwanzig Jahren geprägten Prinzipien abwich, unabhängig, ledig zu sein ... „Seit zwanzig Jahren? Nicht seit fünfhundertzwanzig?" Er lachte. „Pfeif auf die Prinzipien! Werden sie nicht wie vieles in dir von der Umwelt geprägt? Warum wollte ich frei sein? Unabhängig? Weil die Zeiten unsicher waren, weil ich zuviel Elend um mich sah. Hatte man ein Weib, kamen bald Kinder. Und mein Gott, was ist das Einkommen eines

Chodschas! Prinzipien übertünchen Schwächen und Nöte, sind ein anderes Wort für den Hader mit der Umwelt. Und ist es nicht Allah, der Allwissende, Allsehende, der mir den Weg weist?" Er lächelte vor sich hin, empfand er doch, wie außerordentlich bequem dieser Standpunkt war. „Du bist für nichts selbst verantwortlich, was du tust, ist vorbestimmt. Ob du ein glücklicher oder trauriger Mensch bist, liegt in der Hand Allahs ... Na, Nasreddin? Und was du um dich siehst? Weshalb sollte Allah die vielen Ungläubigen eigentlich zu im Grunde glücklichen Menschen machen? Das ist schwer zu begreifen ..." Für sich beschloss er jedenfalls, von diesem Tag an zu den Glücklichen zu zählen ...

Nasreddin ließ sich im Schatten einer Buschgruppe ins Gras gleiten. Mit abgespreizten Armen und Beinen lag er. An einem Grashalm kauend, sah er hinauf in den wolkenlosen graublauen Himmel. Neben ihm fraß einschläfernd gleichförmig der Esel.

Der Unfall

Im Unterbewusstsein wurde Nasreddin klar, warum jemand, um ihn zu wecken, diesen barschen Ton anschlug. Er hatte seine Zusage vergessen, in der zweiten Schicht an diesem Tag die Säcke mit einzufahren.

Kein anderer als der Vorsitzende selbst stand vor ihm und ließ sich grob über Disziplin und Ehre aus, und auch das Wort „Schmarotzer" fiel.

Nasreddin murmelte eine Entschuldigung, die aber

völlig unterging. Er schwang sich auf seinen Esel, beteuerte: „Sofort, sofort!" und ritt los.

Ohne ihn eines Blicks zu würdigen, brauste der Vorsitzende mit seinem Geländewagen, in dem er selbst die Inspektionsfahrten unternahm, an ihm vorbei. Eine dichte Staubwolke hüllte lange Zeit Esel, Reiter und Feldraine ein.

Nasreddin war es nicht nach Streit zumute. Und er befand sich im Unrecht. Aber ihn einen Schmarotzer zu nennen, fand er nicht nur unangemessen, sondern auch zutiefst kränkend. Stets hatte er sich bemüht, nicht auf Kosten anderer zu leben, hatte alles darangesetzt, nicht einmal einen solchen Anschein zu erwecken. Und langsam stieg großer Ärger in ihm hoch. Es dauerte nicht lange, da sann er, wie er es wohl diesem Finsterling von Vorsitzendem geben könnte.

Nasreddin kam mit zwei Stunden Verspätung zur Schicht. Natürlich war die Arbeit längst eingeteilt, und natürlich, eine Erfahrung, hatte man auch bei dieser Sonderaktion den Bedarf überschätzt, sodass immer einige übrigblieben, erst recht ein Zuspätgekommener.

Also wurde Nasreddin vom Brigadier, der geschäftig Baumwolle einfuhr, so im Vorübergehen zum Hofdienst eingeteilt, ohne dass dieser Dienst in irgendeiner Weise konkretisiert wurde. Deshalb suchte sich Nasreddin Beschäftigung. So räumte er auf, fegte verflogene Baumwolle zusammen.

Am Abend kam ein wenig Hektik auf. Eine Sturmwarnung war über den Rundfunk verbreitet worden, und es galt, die gerade eingefahrene Wolle rasch zu schobern, abzudecken und die Plane festzuzurren, obwohl der Stapel noch längst nicht seine Endhöhe erreicht hatte.

Die Leute maulten, dass nun zur Sonderschicht

auch noch das Schobern käme, nur weil die Wetterfrösche, deren Zuverlässigkeit man ja zur Genüge kannte, so ein Windei gelegt hätten. Morgen risse man das Ganze wieder ein und stapelte weiter.

Man überließ Nasreddin die schwerere Arbeit, schließlich, so hänselte man, hätte er sich ja in den verbummelten zwei Stunden, wohl genug ausgeruht.

Nicht dass ihm das Frotzeln etwas ausgemacht hätte, er lachte sogar mit, wenn einer besonders pointiert spottete, aber er wurde dadurch stets an den Vorsitzenden erinnert, an dessen kränkende Anwürfe. So geschah es, dass sein Groll neue Nahrung bekam.

Eine Stunde vor Schichtschluss befand sich Nasreddin allein auf dem Hof. Die Arbeit mit dem Schober war im Wesentlichen getan, eine weitere Fuhre kam nicht. Unter allerlei Vorwänden waren die anderen nach und nach verschwunden.

Nasreddin kehrte ohne Schwung. Dann merkte er, dass ihm die Flocken, die er aufwirbelte, entgegenflogen. Böig pfiff Wind um die Stallungen. „Also doch", dachte er und stellte sich so, dass die Luftbewegung ihm beim Fegen half. Ha, wie die Flocken schwebten! Wie Dampfwölkchen pufften sie, fädig verheddert, über Bodenunebenheiten, verwickelten sich zu rollenden Bällchen, drückten sich wie nasser Schnee in die Maschen des Drahtzauns, überzogen den mit einer durchbrochenen, wattigen Decke.

Da kam Nasreddin ein Gedanke, ein schlimmer: „Er liebt seine Baumwolle über alles, der Emir Vorsitzende! Wie ein feuriger Bräutigam vor die Braut stellt er sich schützend vor jedes Fädchen!" Die Pflücker mussten die Säcke abends innen auskratzen, obwohl sich diese morgens nach der ersten Füllung wieder mit dem weißen Flaum überzogen. Nach jedem Bäuschlein musste man sich bücken, und täglich wurde der Hof gekehrt. Selbst draußen aus den Sträuchern wurde das gelesen, was sich durch die Maschen des Zaunes gezwängt hatte. Wo also könnte man ihn mehr treffen als bei seiner Baumwolle?

Nasreddin hatte noch nicht zu Ende gedacht, sich noch nicht die Konsequenzen vorgestellt, als er bereits an den Seilknoten nestelte. Er löste drei der Spannseile der Plane auf der Leeseite des Schobers und die mittlere im Luv. Sofort knallte die Plane nach oben, bildete gleichsam eine flache Segelkuppe, durch die bauschend die Windwellen fuhren.

Hinten aber, aller Anker bloß, peitschte das Tuch unbändig. Und jedesmal, wenn es nach oben schlug, quoll ein Schwall Wolle hervor, als spucke ein Riesenungeheuer Schaum. Der Drahtzaun verwandelte sich im Nu in eine weichbauschige weiße Mauer, unten dicker als oben. Aber je stärker diese Mauer anwuchs, desto mehr Flocken fauchten über sie hinweg aus der Enge des Hofes hinaus ins Weite, so als wollten sie zurück auf die Felder.

Zunächst betrachtete Nasreddin sein Werk mit Genugtuung und Vergnügen. Bei jedem neuen Schwall rief er „Hui!" und fuchtelte mit den Armen, als wollte er die Böen noch beschleunigen. Doch dann, als immer mehr Flocken wie von einem Schanzentisch an der sich auffüllenden Zaunmauer gen Himmel schossen, kamen ihm zunehmend Bedenken. Er dachte an seinen schmerzenden Rücken, die rissigen Hände und meinte schließlich, es reiche wohl auch so, dem Vorsitzenden einen Streich gespielt zu haben. Und langsam zunächst, dann hastiger, versuchte er die Bedeckung wieder festzuzurren, allein das ließ sich nicht leicht an.

Die losen Halteseile flogen höher als die Plane. Als Nasreddin mit Mühe eins erhaschte, riss es ihm der Sturm aus den Händen. Schließlich gelang es ihm mit größter Anstrengung, die Seile wieder zu verknoten.

Trotz der mit dem Sturm aufgekommenen Kühle schwitzte er, und seine Unterarme wiesen von den rauhen Seilen Schrammen auf.

Der Schober war nun beträchtlich niedriger, dafür türmte sich wie eine Schneewehe Baumwolle hoch zur Zaunkrone, und noch immer, vereinzelt zwar, zogen losgerissene Flocken darüber hinweg in die Freiheit.

Trotz seiner vorübergehenden Bedenken fühlte sich Nasreddin befriedigt, überzeugt, dem Finsterling von Vorsitzendem einen gebührenden Denkzettel verpasst zu haben.

Der Sturm hatte seinen Höhepunkt erreicht. An dem Zustand, den Nasreddin geschaffen hatte, würde sich kaum mehr etwas ändern. Im Fortgehen überlegte er, wie er es wohl anstellen könnte, am nächsten Morgen des Vorsitzenden Gesicht zu sehen, wenn jener seinen so veränderten Hof vorfinden würde. Allein es schien ihm klüger, sich unauffällig zu benehmen und erst mit den anderen Arbeitern zur Schicht zu erscheinen, und das geschah zu einem Zeitpunkt, zu dem der Vorsitzende meist bereits anwesend war.

Vom Fenster seiner Unterkunft aus konnte Nasreddin den Teil des Hofes nicht sehen, wo er am Abend sein Werk getan hatte.

Kurz vor dem Aufbruch, sah Igor auf den Hof hinunter. „Da ist was passiert", sagte er. „Eben rannte einer vorüber, als sei der Leibhaftige hinter ihm her."

Nasreddin fühlte so etwas wie Stolz. Die letzten Stunden der Nacht hatte ihn die Erwartung des

Kommenden nicht mehr schlafen lassen. „Was soll schon los sein?", fragte er obenhin.

„Beeil dich!"

Als sie um die Ecke bogen, standen fast alle Frühschichtler im Kreis um den Schober. Davor aber befand sich eine Gruppe heftig gestikulierender Männer, unter ihnen der Vorsitzende und der Brigadier der Sonderschicht. Sie stritten sich unverkennbar. Mit hochrotem Gesicht wies der Vorsitzende auf den Schober, die Wolle am Zaun, und es schien fast, als wollte er dem Brigadier an die Kehle.

„Was ist passiert?", fragte Igor neugierig.

„Weiß keiner", antwortete der Gefragte. „Sieh selbst. Gestern haben die Blödiane die Sturmwarnung nicht beachtet. Da hast du die Bescherung. Aber der Chef kriegt den Schuldigen, verlass dich drauf!" Das Letzte sagte er mit dem Brustton der Überzeugung und mit sehr viel Vertrauen in der Stimme.

Der Brigadier schien völlig verstört. Mit unglücklichem Gesicht stürzte er von der kleinen Gruppe hinweg zu den Halteseilen, klopfte darauf und schrie, dass sie fest seien und dass er sich selbst davon überzeugt habe. Das machte er mehrmals hintereinander, ohne die rechte Beachtung zu finden. Offenbar hatte er die Aufmerksamkeit auf diesen Umstand bereits lenken wollen, bevor Nasreddin und sein Zimmergefährte auf dem Schauplatz erschienen waren.

Und offenbar auch zum wiederholten Mal schrie der Vorsitzende, dass ihm doch der Brigadier, verdammt noch mal, erklären solle, wie die Baumwolle in den Hof, an den Zaun und sicher zum größten Teil Gott weiß wohin gekommen sei.

Nasreddin war mit einem Hochgefühl gekommen, wie ein Kind, das etwas Besonderes vollbracht hat und nun das Lob der Erwachsenen nicht erwarten kann. Aber schon der Ausspruch des Arbeiters hatte seine Stimmung gedämpft. Sie mussten doch empfinden wie er! Alle schimpften sie auf den Vorsitzenden, da mussten sie ihm doch auch diesen Reinfall gönnen!

„Die Hände sollte man dem abhacken, der so etwas macht", sagte einer aus der Menge.

Nasreddins Euphorie schwand weiter. Er sah betroffene Gesichter. Aus dem Gebrummel ließ sich unschwer heraushören, dass es sich gegen den Urheber des Schadens richtete – keinerlei Freude ...

„Recht geschieht ihm." Nasreddin fasste sich ein Herz und sagte es laut zu den Umstehenden.

Zwei, drei, die ihn gehört hatten, drehten sich ihm zu, sahen ihn an, als hätten sie es mit einem gefährlichen Irren zu tun.

„Du bist wohl nicht ganz da?", sagte einer und tippte sich an die Stirn. Nasreddin erkannte in ihm einen, der sich stets besonders hervortat, wenn es darum ging, den Vorsitzenden zu beschimpfen.

Nasreddin fühlte sich zunehmend verunsichert. „Was, oh Allah, habe ich falsch gemacht? Früher hätten alle dem zugejubelt, der dem Emir einen Streich gespielt hatte. Ein Held wäre jener gewesen. Und war denn dieser Vorsitzende nicht so etwas wie ein Emir? Und unfreundlich ist er obendrein. Es gab sogar Emire, denen man das nicht nachsagen konnte, und dennoch gönnte man ihnen jeden Schaden. Ich muss doch noch vieles lernen", dachte Nasreddin, und er fühlte sich ein wenig beschämt.

Der Vorsitzende schien sich über das weitere Vorgehen schlüssig geworden zu sein. Barsch wies er den Brigadier an, ihm unverzüglich mitzuteilen, wer alles in den Nachmittagsstunden des gestrigen Tages am

Schober zu tun gehabt und wer sich sonst noch im Hof zu schaffen gemacht hatte.

Der Brigadier rannte davon, kam nach kurzer Zeit eilfertig mit einer Liste an, und der Vorsitzende rief grimmig einen nach dem anderen auf, und diese stellten sich mit betretenen Gesichtern beinahe militärisch in eine Reihe.

Nasreddin wurde der Vorgang peinlich. Er trat an den Vorsitzenden heran, mit der Absicht, dem Geschehen durch ein Geständnis ein Ende zu bereiten.

Noch immer rief der Brigadier Namen auf. Und jeder Neue, der hinzutrat, wurde vom Vorsitzenden gemustert.

Der Brigadier machte eine Pause.

„Alle?", fragte der Vorsitzende inquisitorisch.

„Ach, der Anoraew noch", ergänzte der Brigadier. „Der ist zu spät gekommen."

Das Gesicht des Vorsitzenden verzog sich zu einer spöttischen Grimasse. Mit der Hand winkte er deutlich ab. „Diese spinnige Schlafmütze habe ich getroffen", sagte er. „Der kann mir gestohlen bleiben."

Nasreddin hatte bereits den Mund geöffnet, um die Sache aufzuklären. Nun aber biss er gekränkt die Zähne zusammen und trat zurück.

Im Nu waren ihm alle Gewissensqualen verflogen. Eine grimmige Genugtuung befiel ihn. „Such doch, bis du schwarz wirst. Hat dich Allah mit Bosheit ausgestattet, wird er den Ärger nicht vergessen haben". Und Nasreddin begab sich zum Wagen, der die Arbeiter auf das Feld bringen würde.

Zögernd folgten die Nichtaufgerufenen.

Im Grunde genommen wusste Nasreddin das Geschehen nicht richtig einzuordnen. Bei aller Schadenfreude fühlte er sich so glücklich nicht. Auch während der Arbeit, sobald das Gespräch auf das geheimnisvolle Leck des Schobers kam, gab es nicht einen, der das Ereignis gutgeheißen hätte.

Als sie vom Feld zurückkamen, waren die Sonderschichtler, die während ihrer Freizeit gearbeitet hatten, dabei, die letzten Maschen des Zauns von den Flocken zu befreien. Und es hieß, dass diese zusätzliche Arbeit nicht bezahlt und außerdem 2000 Sum vom Lohn des Einzelnen abgezogen werden würden. Kein Wunder also, dass sie allesamt auf den Verursacher des Schadens alles andere als gut zu sprechen waren. Aber zum Glück für Nasreddin schimpften sie auch wieder auf den Vorsitzenden, von dem sie sich nunmehr ungerecht behandelt fühlten.

Als Nasreddin, uneins mit sich selbst, über den Hof zu seinem Quartier schlenderte, gewahrte er ein zusammengeknülltes Stück Papier, das im leichten Wind wedelnd auf sich aufmerksam zu machen schien. Er hob es auf und entzifferte die handgeschriebenen Namen der Sonderschichtler vom Sonntag. Und da kam Nasreddin eine Idee, die er, im Zimmer angekommen, sofort in die Tat verwandelte, als er den Gefährten nicht vorfand. Er stapelte von seiner Beute so viele Häufchen zu je 2000 Sum, wie er Namen auf der Liste fand.

In den nächsten Tagen nutzte er jede Gelegenheit, jenen Arbeitskollegen dieses Geld zuzustecken. Am meisten freute er sich, wenn jemand in seiner Anwesenheit die unverhoffte Zubuße entdeckte.

Erst versteckten sie die Überraschung voreinander. Aber dann, als einem das Geld beim Auswickeln des Frühstücksbrotes zu Boden fiel und andere es sahen, tauschte man sich lautstark und endlich erleichtert über das große Wunder aus. Und nach der entsprechenden Frage behauptete auch Nasreddin, dass er morgens im Schuh seine 2000 Sum vorgefunden hätte.

Zunächst brachte niemand diesen Segen mit dem Ereignis des stürmischen Sonntags in Verbindung, bis plötzlich einem Schlauberger auffiel, dass von dieser Gabe tatsächlich nur jene betroffen waren, die an dieser Sonderschicht teilgenommen hatten. Aber außer dass man nun annahm, der Übeltäter wolle sein Gewissen erleichtern, führte auch das nicht weiter. Und Nasreddin selbst hütete sich, das Geheimnis zu lüften. Zu unsicher schien ihm das Ergebnis eines solchen Vorgehens. In einem mühsam verfassten Brief vertraute er sich Sewara an.

Tage später traf Nasreddin Gusal. Er hatte sie seit jenem denkwürdigen Nachmittag gemieden, nicht aus Scheu oder falscher Zurückhaltung. Er glaubte einfach, es wäre gut, ihr Zeit zu lassen, damit auch den sicher gutgemeinten Rat Sewaras zu befolgen. Schwer genug war es ihm gefallen.

Sie kam ihm sogleich verändert vor. Wie eine Verschwörerin sah sie ihn an, zwinkerte ihm sogar zu. Und obwohl einige Frauen zugegen waren, sagte sie: „Sie sind mir einer, Nasreddin!" Es klang vielsagend, erweckte Neugier.

Nasreddin, der die Zusammenhänge ahnte, lächelte ein wenig verlegen, aber auch ein bisschen stolz.

Was ihn jedoch glücklich machte, war, dass sie hinzufügte: „Ich glaube beinahe wirklich, dass sie der echte Nasreddin Chodscha sind!" Sie sagte es zwar nicht zu ernst, wieder mehr mit Augenzwinkern, aber es schien ihm eine Art Anerkennung zu sein, eine Rechtfertigung, mit seinem Streich wohl doch nicht gänzlich danebengegriffen zu haben. Trotzdem wurde

Nasreddin ein vages Schuldgefühl nicht los, das zunächst dadurch überlagert wurde, dass er eine Einladung Gusals erhielt, bei ihr eine Tasse Tee zu trinken.

An diesem Tag bediente Nasreddin den Exhaustor, der die von den Feldern angelieferte Baumwolle über ein dickes Rohr auf den Schober blies, wo sie von einem Fachkundigen ordentlich gestapelt und festgetreten wurde. Nasreddin hatte dafür zu sorgen, dass jener nur so viel Material nach oben bekam, wie er verkraften konnte. Er schaltete also den Puster ein und aus und belud inzwischen den Trichter mit riesigen Gabeln voller loser Baumwolle, die ihm die Transportfahrzeuge auf den Platz kippten.

Kurz nach dem Mittagessen blieb der Exhaustor funkensprühend stehen.

Der Mann oben vom Schober gab nichtsnutzige Anweisungen. Nasreddin solle den Schalter hin und her bewegen, am Keilriemen ziehen und anderes. Später schickte er ihn in die Verwaltung, ein Monteur solle kommen. Aber dieser befand sich sonstwo.

Man kam mit der nächsten Fuhre, schimpfte, dass die vorhergehende noch nicht geschobert war. Aber helfen konnte man auch nicht. Den Brigadier wollte man verständigen.

Der Mann von oben glitt vom Schober, vollführte die unsinnigen Handlungen nun selbst, stieß dann eine Verwünschung, begleitet von einem Fußtritt gegen die Maschine aus, kletterte wieder auf den Schober, und nur die Sohlen seiner Schuhe, die sichtbar blieben, ließen auf seine nunmehrige Tätigkeit schließen.

Nasreddin ärgerte sich. Wenn nun dieser Vorsitzende auftauchte und ihn so herumsitzen sähe! Und außerdem, diese Maschinen! Freilich, wenn sie funktionierten, schafften sie soviel wie fünf oder gar zehn oder noch mehr Leute, aber die waren bedeutend zuverlässiger. Was war da ein Ochsengöpel gegen einen solchen Exhaustor! Wind konnte man damit nicht machen, dafür aber lief er mit einer Handvoll Grünem und einem Ochsen als Einwechsler Tag und Nacht, wenn es sein musste.

Nasreddin umschritt die Maschine, bedachte sie mit Allah durchaus nicht wohlgefälligen Anreden, hieb da und dort mit der Faust gegen das Blech. Schließlich zerrte er an den Stricken, in deren unmittelbarer Nähe er, bevor der letzte Hauch die letzte Flocke blies, Funken gesehen hatte.

So machte Nasreddin seine erste, nachhaltige Bekanntschaft mit dem elektrischen Strom.

Es geschah alles auf einmal: Er bekam einen Schlag, der ihm so gewaltig durch den Körper fuhr, dass er meinte, Allah selbst habe ob seiner Lästerungen aus heiterem Himmel einen Blitz auf ihn geschleudert. Eine Funkengarbe flog auf, es knatterte, die Maschinerie fuhr an. Gleichzeitig schrie oben auf dem Schober der Kollege auf. Er hatte es sich offenbar genau dort bequem gemacht, wo das Rohr ausblies. Der in ein Röcheln ausklingende Schrei deutete darauf hin, dass sich der Mann nunmehr unter einem baumwollenen Berg hervorzuwühlen hatte.

Aber damit nicht genug. Nasreddin war seitwärts ausgewichen, hatte mit der freien Hand haltsuchend um sich gefuchtelt, dabei als trügerische Stütze den Keilriemen erwischt, der seine Linke auf das Treibrad des Ventilators und um dieses herum zog. Der Schmerz nahm Nasreddin fast die Sinne. Wieder freigekommen, torkelte er rückwärts, strauchelte in die Baumwolle hinein und stürzte. Er benötigte eine Minute und mehr, um sich zu besinnen. Die Hand schmerzte höllisch, und noch saß ihm der Schreck von dem Stromstoß im Leib.

Wenig später fing der Arbeitskollege vom Schober herab an zu schimpfen, was das Zeug hielt. Dazwischen spuckte er Baumwollfasern.

Stöhnend kam Nasreddin auf die Beine. Seine linke Hand hing wie nicht zugehörig am Arm.

Zwar noch immer, aber nun in einer anderen Tonart zeternd, kam der andere behänd herab, als er Nasreddins Missgeschick gewahrte. „Oh Allah", räsonierte er, „was bist du nur für ein Kamel!" Bedenklich betrachtete er die Hand, schaltete mit größter Vorsicht und unter Zuhilfenahme eines Stückes Holz den Exhaustor ab, nahm Nasreddin an der gesunden Hand und zog den leicht Widerstrebenden zu einem Schleppdach, unter dem zweirädrige Fahrzeuge abgestellt wurden. Hier trat er ein über und über mit Lehm bespritztes und auch sonst ziemlich ramponiertes Zweirad an, das erstaunlich schnell ansprang, und hatte dann seine Schwierigkeiten, Nasreddin auf den Soziussitz zu bekommen.

Vor Angst vergaß jener seinen Schmerz. Er klammerte sich mit der gesunden Hand so an den Leib des Kollegen, dass dieser ihn mahnen musste, ihm nicht die Rippen einzudrücken. Schließlich setzte sich das Gefährt in Bewegung, der defekte Auspuff verursachte ein ohrenbetäubendes Knattern.

Nasreddin legte die Wange an den Rücken des Vordermanns, biss die Zähne zusammen, nicht nur vor Schmerzen, kniff die Augen zu und ergab sich in sein Schicksal.

Später, nach einigen Minuten, fasste er wieder Mut. Er öffnete die Augen, ohne jedoch seine Haltung aufzugeben. Sie durchquerten den Kischlak. An der Herberge stand ein bläuliches Auto, daneben aber, durch dieses zum größten Teil verdeckt, eine junge schlanke Frau mit schwarzem Haar und einer riesigen Sonnenbrille. Und Nasreddin war, als lächle sie ihm zu.

Dies war vorläufig das Letzte, was Nasreddin wahrnahm. Er spürte noch, wie er plötzlich angehoben wurde und nach einem gewaltigen Stoß durch die Luft flog - ein harter Aufprall, schwarze Nacht.

Als Nasreddin zu sich kam, brauchte er eine Weile, um sich einigermaßen zurechtzufinden. Der erste Eindruck: Alles um ihn herum strahlte in Weiß. Er lag in einem weißen Bett, die Wände des Raumes waren weiß und weiß der Arm, der klobig vor ihm lag, sein Arm, wie er alsbald an einem dumpf schmerzenden Klopfen darin bemerkte.

Während er den Kopf wandte, spürte er, dass auch mit diesem etwas geschehen sein musste. Er schmerzte, und ein Pflaster kratzte am Kissen. Aber irgendwie fühlte er sich erleichtert, als er neben sich noch zwei Betten mit anderen Männern darin gewahrte. In dem einen erkannte er den Arbeitskollegen, der ihn wegen der lädierten Hand zum Arzt fahren wollte. Sichtlich erleichtert lächelte dieser ihm zu, er hob sogar eine Hand zum Gruß, ein Bein - ebenfalls in einem dicken weißen Verband - hing in einer Schlinge.

„Was ist geschehen?", fragte Nasreddin kleinlaut. Das Sprechen fiel ihm nicht leicht.

Der neben ihm zog die Mundwinkel nach unten. „Als wir um die Kurve kamen, sah ich etwas Weißes, einen Pulk Gänse vielleicht. Ich wollte ausweichen, aber ..." Er gestikulierte mit der Hand. „Der Baum wollte das nicht, und so sind wir statt mit meinem alten Motorrad mit einem komfortablen Wagen hierher gekommen. Die Maschine ist natürlich kaputt." Er sprach locker, sichtbar bemüht zu scherzen. „Ich freu mich", setzte er hinzu, dass du wieder munter in die Welt guckst, hast verdammt lange gebraucht."

„Wie lange?"

„Na, so einen Tag lang. Einen Augenblick dachte ich schon, du wolltest dich zu Allah machen, noch bevor aus dir ein ordentlicher Baumwollpflücker geworden ist."

Nasreddin lächelte. „Wenn du wüsstest", dachte er, „dass ich eine Weile annahm, bereits in Allahs Reich zu sein!" „Und - was ist mit mir?", fragte er obenhin.

„Na, neben der kaputten Hand, die du dir am Exhaustor geholt hast, ist der Arm zweimal gebrochen, und eine Gehirnerschütterung wirst du haben, vermuten sie."

„Was wird aus dem Schober?", fragte Nasreddin.

„Wenn du keine anderen Sorgen hast!"

Nasreddins Gedanken, durch die Kopfschmerzen ohnehin träge, versuchten in diesen neuen Zustand zu begreifen. Nun gut, er hatte sich verletzt; man half ihm. Warum aber, bei Allah, hatte man ihn nicht ins Quartier, sondern hierher gebracht? „Was sollte dieser weiße panzerartige Verband? Ein Bruch hatte jener gesagt, genügen da nicht zwei Stöcke und ein Streifen Leder? Wenn es gut zusammenwächst, hat man Glück gehabt, wenn nicht - Kismet!"

„Ich bin neugierig, was Anna erzählen wird. Heute ist Besuchszeit. Mist, das mit dem Bein!" Der Nachbar klopfte gegen den Verband; es klang hell. „Ich habe so viel in meinem Garten zu tun. Ein paar Tage Kranksein wären mir da ganz gelegen gekommen."

Nasreddin verstand nicht im Geringsten, was jener meinte. „Du bist in ein anderes Zeitalter dieser Welt geraten, Nasreddin, in eines, das du nicht kennst. Also - wieder die bewährte Methode: Sehen, hören, begreifen." Aber was in den nächsten Stunden auf ihn einstürmte, war zu viel für sein strapaziertes Hirn:

Zunächst kam eine Horde von Leuten in strengen weißen Kitteln, die so viel Respekt ausstrahlten, dass der Kollege mit dem sonst recht losen Mundwerk schier unter die Decke kroch und sich benahm wie ein Hündchen, dem man auf den Schwanz getreten war.

Diese Menschen hielten Zettel in den Händen oder vielmehr Tafeln, fragten sich gegenseitig Unverständliches ab, einer, der würdigste, griff Nasreddins Arm, worauf alle ringsum in ehrfürchtiges Schweigen verfielen. Dann, wie nach einem erlösenden Spruch, ging das Palavern weiter.

Nasreddin kam sich ebenfalls klein und nichtig, wie überhaupt nicht vorhanden vor. Eine Frau warf plötzlich ziemlich heftig und ungeniert seine Decke zur Seite, streifte das lange Hemd bis zur Brust hinauf, Nasreddin vermeinte vor Scham in die Matratze kriechen zu müssen, und jener Würdige grapschte ihm durchaus unwürdig auf dem Bauch herum und walkte ihm die Eingeweide. Dann wurde das Hemd wieder geschäftig nach unten gezogen, sogar die Decke übergestreift, und danach, siehe da - Nasreddin erschrak förmlich -, fragte ihn der Anführer überraschend: „Wie geht es uns denn?"

Nasreddin sah sich um, ob der Würdige alle oder - weil er auf ihn blickte - nur ihn gemeint hatte. Schließlich hatte er „uns" gesagt, und ihm wäre es lieber gewesen, es hätte statt seiner ein anderer geantwortet.

„Na, nicht gut? Aber, aber!" Und im Nu packte ihn dieser Mensch am Kinn, zog ihm, jeden Widerstand ausschaltend, den Mund auf und drückte, dass es ordentlich im Hals würgte, mit seinem dicken Finger die Zunge nach unten.

Nasreddin röchelte.

„Na also - doch alles in Ordnung! Kopfschmerzen?"

Nasreddin nickte heftig. „Aber es geht, bei Allah!"

Der Mann lachte, die anderen lachten wie ein Echo. „Deinen Allah lassen wir aus dem Spiel. Den Baum hat er euch auch nicht aus dem Weg geräumt."

Unvermittelt wandte er sich ab, ordnete Unverständliches an, eine der Frauen schrieb wie besessen, und man trat zum nächsten Bett.

Nach dem Besuch konnte Nasreddin nicht an sich halten: „Was, um Allahs willen, war das?"

„Na, was schon, die Visite. Warst du noch nie in einem Krankenhaus? Hier kannst du Dinge erleben, sage ich dir! Als ich das erstemal, warte, das war neunzehnhundert ..." Und er begann ausführlich zu erzählen, wie man ihm den Leib aufgeschnitten, nach Steinen gesucht, später die Wunde erneut geöffnet, weil man etwas vergessen hatte ... Aber obwohl jener munter und scherzhaft erzählte, konnte Nasreddin dem aus zwei Gründen nicht folgen: Erstens brummte sein Schädel gewaltig, und zweitens fehlten ihm zum Verständnis eine große Menge Kenntnisse.

Diese Visite hatte Folgen. Zuerst kam eine Frau, die ihn flugs auf den Bauch drehte, ihm ungeniert abermals das Hemd hochkrempelte und ohne viel Federlesens heftig ins Hinterteil stach.

Als er sich von diesem Schreck erholt hatte, erschien eine andere, die eine Reihe Utensilien bei sich hatte. Diese stach Nasreddin in den Arm. An der Nadel befand sich ein Schlauch, der in einem durchsichtigen Rohr endete. Als das Blut zu fließen begann, wurde Nasreddin ohnmächtig. Unter Ohrfeigen kam er zu sich.

„Seht euch den an, das will ein Mann sein!", spottete die Schwester. „Bei einem Tropfen Blut schmiert der ab."

So fröhlich aber war das Lachen der anderen nicht.

Dann kam erneut die erste und wand ihm einen feuchten Kopfwickel. Als viertes musste er mehrere Kügelchen und Täfelchen schlucken. Zum Mittagessen bekam er ein dünnes Süppchen, während die anderen einen handfesten Plow verzehrten. Nur der Duft nach Hammelfleisch ließ Nasreddin sein Mahl mit einigem Appetit schlucken. „Eine solche Visite kann mir gestohlen bleiben", dachte er grimmig.

Nachmittags kam Besuch.

Zunächst erschien die Mutter des dritten Mannes, eines Tischlers, dem beim Sägen zwei Finger abhanden gekommen waren, von denen sie einen wieder angenäht, den anderen nicht gefunden hatten. Dieses Weib weinte und wimmerte in einem fort, mal lauter, mal leiser, als wäre es nicht der Finger, sondern der Kopf, den man nicht wieder entdeckt hatte.

Dann kam die Frau des Nachbarn, des Kollegen vom Schober. Neben einem noch loseren Mundwerk, als es ihr Mann besaß, brachte sie alles mit, was Haus und Hof boten, Blumen und Kompott, Plätzchen und Säfte. Eine Flasche - Nasreddin sah es deutlich - steckte sie ihm heimlich unter die Bettdecke. Und während sie auspackte, schnatterte sie unentwegt, sodass Nasreddin mit seinen Kopfschmerzen ihr nur schwer folgen konnte. Er konnte es auch deshalb nicht, weil wenig später - oh Allah und Schreck - der Vorsitzende erschien, dem Bettnachbarn die Hand gab, ein paar Sätze über das Befinden austauschte und dann schnurstracks auf Nasreddins Bett zusteuerte, ihn überschwenglich begrüßte, sich setzte und als Erstes verkündete, dass nun doch Aussichten bestünden, das Ziel zu erreichen. Erstens, man habe sich ja angestrengt, und Nasreddin habe das Seine dazu beigetragen, und zweitens sei da eine gewisse Präzisierung, weil, na ja, die neue Sorte ... Dabei kniff der Vorsitzende ein Auge zu, als wären sie die dicksten Verschwörer.

Nasreddin wusste nicht, wie ihm geschah. Das Nächste, was jener mitteilte, verstand er gleich gar nicht: Der sagte gedämpft: „Bei der Gelegenheit, Kollege Anoraew, regeln wir das gleich mit deinen Papieren, klar? Wenn dich einer danach fragt, du hast sie wahrscheinlich beim Unfall verloren, klar? Ich mach das schon. Du hast damit nichts zu tun, sagst nur, dass du sie wahrscheinlich verloren hast."

Da Nasreddin schon mehrfach erfahren hatte, dass seine sogenannten Papiere im höchsten Maße anrüchig zu sein schienen, hielt er den Vorschlag des Vorsitzenden für akzeptabel. Und wem schadete es schon, wenn man sagte, man hätte etwas verloren. Er nickte daher kräftig zum Zeichen seines Einverständnisses. Aber die Wandlung des Vorsitzenden begriff er nicht.

„Ts, ts - auch zu dumm, sich gleichzeitig Hand und Arm zu brechen", fuhr der Vorsitzende fort. Dabei sah er Nasreddin so durchdringend an, dass dem der Widerspruch in der Kehle steckenblieb.

Ohne zu wissen, worauf dieser hinaus wollte, wiederholte Nasreddin: „Zu dumm!"

„Na, es wird schon werden. Halte dich an das, was die Ärzte sagen, und du bist bald wieder auf den Beinen, und dann mit echten Papieren!" Mit dem Ausdruck höchster Freundlichkeit verabschiedete sich der

Vorsitzende, ließ einen völlig verwirrten Nasreddin zurück, dem schon die Kopfschmerzen genug zu schaffen machten.

Gegen Ende der Besuchszeit widerfuhr ihm eine unzweideutige Freude: Scheu und verlegen betrat Gusal das Krankenzimmer, mit der Linken das Tuch vor die untere Gesichtshälfte haltend, in der Rechten ein wenig krampfhaft einen Strauß Feldblumen, darin das zarte Gelb der Baumwollblüten. Sie sagte nur: „Guten Tag", stand unschlüssig, den Blick gesenkt. Dann legte sie zögernd die Blumen auf den Nachtschrank und nahm, als ob es ihr schwerfiele, Nasreddins Einladung an, sich auf den Bettrand zu setzen. Aber sie saß so weit vorn auf der Kante, dass sie gewiss ihr ganzes Gewicht mit den Beinen abstützen musste. „Wie geht es?", fragte sie.

Er nickte. „Ich freue mich sehr, dass du gekommen bist", sagte er. Und mit ein wenig Stolz: „Der Vorsitzende war schon hier." Gleich danach schalt er sich albern; was schon galt das gegen ihren Besuch.

„Ich weiß, ich habe ihn getroffen."

„Sein Besuch hat mich überrascht."

„Er ist kein schlechter Mensch."

Nasreddin fasste nach ihrer Hand, die sie ihm einen Augenblick überließ. „Wenn du es sagst."

„Er hat mich mit Sewara aufgenommen. Nicht alle aus dem Vorstand waren einverstanden."

„Nun, du arbeitest gut, und Sewara entwickelt sich prächtig."

„Das konnte man vorher nicht wissen." Sie drehte am Knopf ihres Jäckchens. „Da werde ich wieder gehen", sagte sie leise, ohne ihn anzusehen. Und munterer: „Wenn ich schon einmal in der Stadt bin, werde ich ein wenig einkaufen. Man braucht dies und das."

„In der Stadt, in welcher Stadt?"
„Na, hier in Urgentsch."
„Da bin ich also wieder in Urgentsch!"
„Das ist nicht weit. Zwei Stunden mit dem Autobus. - So, da will ich gehen. Ich wünsche dir gute Besserung."

„Danke", antwortete er rauh, „danke für deinen Besuch."

Schon im Gehen sagte sie: „Wenn du nichts dagegen hast, komme ich am Sonntag wieder."

„Da habe ich ganz und gar nichts dagegen, ich würde mich sehr darüber freuen!"

Von der Tür her warf sie ihm noch einen Blick zu. Das Tuch hatte sie abgenommen, und es war, als ob ihr Gesicht leuchtete.

Wäre Nasreddin nicht vom Kopfschmerz so gemartert worden und hätte er nicht erneut dieses bohrende Klopfen in Hand und Arm gefühlt, er wäre rundherum glücklich gewesen, auch wenn er nach wie vor den Auftritt des Vorsitzenden nicht bewerten konnte. Dass der kein schlechter Mensch sei sollte, genügte ihm nicht.

Zu einer Unterhaltung verspürte Nasreddin keine Lust. Und er tat nicht nur so, als ob er schlafen wolle, er fühlte sich tatsächlich erschöpft. Und als die Besuchszeit zu Ende war, sich die Gäste verabschiedeten, schlief er bereits tief.

Nasreddin saß vergnügt im Park des Krankenhauses auf einer Bank und sah einem Spatzenpaar beim Liebesspiel zu. Es wollte dem Spatzenmann nicht gelingen, sosehr er sich auch aufplusterte und tschilpend hin und her sprang, die gleichgültig tuende, aber auch nicht fortfliegende Spätzin zu betören.

Des lädierten Armes wegen hätte Nasreddin schon entlassen werden können, wenn auch noch im Gipsverband. Allein die Ärzte hatten ihm nach der Gehirnerschütterung Ruhe verordnet, und als sie erfuhren, wie es um seine Unterbringung und das Drumherum stand, hatten sie ihn noch länger behalten.

Aber Nasreddin selbst fühlte sich wieder sehr wohl, nur die Kost hätte besser sein können, meinte er. Die Kopfschmerzen hatten sich verflüchtigt, unter dem Verband pochte es nicht mehr, und er hatte viel Zeit, über sich und die Welt nachzudenken. Und das war eigentlich das Einzige, was ihm Sorge bereitete. Allzu leicht drehten sich seine Gedanken im Kreis, weil er stets irgendwo auf einen Punkt stieß, wo ihm einfach Wissen fehlte und es deshalb nicht weiterging. Er hatte auch hier die Erfahrung gemacht, dass ihn direktes Fragen nicht zum Ziel führte.

So gut er sich mit den Zimmerkollegen auch verstand - der mit dem abgeschnittenen Finger war unterdessen einem anderen mit kompliziertem Beinbruch gewichen -, sie neigten doch schnell dazu, über ihn zu spotten, und so gut vertrug er das nicht mehr, worüber er sich selber am meisten wunderte. Oftmals sagte er sich, „ich bin nicht mehr der alte Nasreddin. Kam mir früher einer so, hat er meistens den Kürzeren gezogen. Die Leute in Aksehir hielten mich für witzig. Ob dieses Rufes eigentlich ließ der Herrscher mich zu sich kommen, deswegen nur bin ich hier. Und jetzt? Ist es so, dass nur der spotten kann, der über den Dingen steht, der sie durchschaut, der tief in sie gedrungen ist und mit ihnen spielt, der die Gedanken des anderen immer schon ein Stück vorausdenkt? Es wird wohl so sein. Wenn man das Elementarste nicht begreift und - was sicher schlimmer ist - die Objekte, gegen die man den Spott richten könnte, ihn nicht verdienen, dann wird es für den Schelm schwer ... Wie lange ist es her, dass ich noch gezittert habe jeden Morgen, bevor die Visite kam, in der Meinung, man würde mir präsentieren, was ich an Scheinchen hier zu zahlen habe. Sie machen einen heil, ohne etwas dafür zu verlangen. Soll man sie verspotten, lächerlich machen, weil sie in diesem Trachten Menschen zu Fällen machen, wenn sie einem etwas zum Essen vorsetzen, von dem sie obendrein meinen, es sei gesund, das aber so schmeckt, als hätte der Koch seine gesamte Kunst darein gelegt, den Geschmack zu entfernen?" Nasreddin seufzte.

Die Spatzen hatten sich einen Baum für ihr Spiel ausgesucht. Der Mann rekelte sich in der Sonne, löste sich aus seinen unfruchtbaren Gedanken, blickte um sich. Dann fuhr er förmlich zusammen:

Draußen auf der Straße, jenseits des Maschenzauns, stand die Frau! Ohne Zweifel, sie war es!

Sie hielt die große Sonnenbrille in der Hand, aber noch vor dem Gesicht und blickte darüber hinweg zu ihm herüber.

Nasreddin tat, als hätte er nichts bemerkt. Er erweckte weiter den Anschein, als döse er. Durch die halbgeschlossenen Lider jedoch beobachtete er. Sein erster Eindruck war, dass sich diese Frau maßlos langweile. Sie spazierte ein wenig auf und ab, sah ab und an herüber, stand irgendwie unschlüssig am Straßenrand, hatte offensichtlich nichts anderes vor, als die Zeit totzuschlagen.

„Auch nichts Erhebendes", dachte Nasreddin mit Genugtuung. „Es ist leider so, dass mit dem Nasreddin nichts Aufregendes mehr passiert, wenn man von den paar Knochenbrüchen absieht. Was also veranlasst diese attraktive, sich doch vom Durchschnitt der

Usbekinnen und Russinnen abhebende Frau, mir mit einem derartigen Interesse nachzustellen?" Und abermals kam Nasreddin der Gedanke, dass es wohl mit seiner rätselhaften Jahrhundertwanderung im Zusammenhang stehen könnte. Und da fasste er den Entschluss, komme, was da wolle, das zu ergründen.

Er hätte nicht übel Lust gehabt, es gleich zu versuchen, wenn nicht eine Glocke das Ende der Mittagsruhe verkündet hätte. Und auf Disziplin achtete man hier streng. Als er sich erhob und hinüber zur Straße sah, drehte sich die Frau ziemlich auffällig weg. „Na warte!", brummelte Nasreddin, und er schwenkte unternehmungslustig seinen Gipsarm.

Die Geheimnisvolle

Wie sehr sich Nasreddin die nächsten Tage auch bemühte, vom Park oder von den Fenstern auf die Straße spähte, er entdeckte die Frau nicht. Als sie konstant ausblieb, begann er bereits wieder zu zweifeln, ob zwischen ihr und ihm ein Zusammenhang bestünde.

So rückte der Zeitpunkt seiner Entlassung heran. Gusal besuchte ihn regelmäßig zu den Besuchszeiten, obwohl es für sie nicht geringe Umstände bedeutete. Immerhin musste sie die lange Busfahrt auf sich nehmen, Urlaub oder Arbeitszeitverlagerung.

Aber Nasreddin war über ihre Besuche glücklich, und sie nahm offensichtlich die Mühe gern auf sich.

Es hatte sich zwischen ihnen eine Art stilles Einverständnis herausgebildet, und Nasreddin war dem Kollegen vom Schober im nachhinein richtiggehend dankbar, dass der in jener Kurve die Gewalt über das Motorrad verloren hatte, denn ohne den Krankenhausaufenthalt und Gusals Besuche dort hätte sich dieses Einvernehmen sicherlich nicht so eindeutig und so bald offenbart. Und in der Tat, er sehnte den Augenblick der Entlassung schon deshalb herbei, weil er aus ihm einen neuen Anfang erhoffte, obwohl er sich nicht so recht vorstellen konnte, wie der aussehen würde. Wegen dieser Hoffnung und der vergeblichen Versuche, die fremde Frau zu erspähen, dachte Nasreddin kaum noch an die geheimnisvollen Begegnungen. Und da gab es noch einen Umstand: Einmal hatte er Gusal gegenüber beiläufig jene Schöne erwähnt, und da er sich nicht deutlich verständlich machen konnte, es fehlte ihm ja selbst an Konkretem, glaubte er so etwas wie Ablehnung bei ihr verspürt zu haben. Der Gedanke, es könnte eine Regung von Eifersucht sein, stimmte ihn froh. Und natürlich bemühte er sich, bei ihr kein Misstrauen gegen sich zu nähren.

Als er jedoch am vorletzten Tag seines Aufenthalts im Krankenhaus jene Frau aus dem Portal herauskommen und in ihr bläuliches Auto steigen sah, war es mit seinen Vorsätzen vorbei. Unternehmen konnte er in diesem Augenblick nichts, denn sie fuhr, ohne sich noch einmal umzuschauen, schnell davon. Aber aus dem Portal des Krankenhauses war sie gekommen!

Nasreddin ergriff die nächste Gelegenheit und schlenderte zum Pförtner. Nun, man sah es nicht gern, wenn sich die Patienten im Foyer des Hauses aufhielten. Doch der in dieser Woche Diensthabende war einer, der dem scheußlichsten aller Laster - jedenfalls aus Nasreddins Sicht - verfallen war, er rauchte beinahe ununterbrochen in Papier eingewickeltes braunes Kraut, das ihn stets in eine ekelerregende Qualmglocke hüllte. Ja freilich, der Herrscher raucht auch - hatte auch geraucht -, aber aus einer von einem Extrasklaven bedienten, mit Wasser gefüllten Nargileh, die keine schwarzen Zähne und braune Finger machte und obendrein unschädlich war. Denn das hatte Nasreddin gelesen, dass jener Rauch allerlei menschliche Gebrechen begünstigte. Kurzum, dieser Pförtner rauchte, und Nasreddin hatte sich vom Schoberkollegen eine Packung Papirossy geliehen. Daraus bot er jenem Qualmer eine und eine zweite zum Aufheben an.

Und dann bemühte sich Nasreddin, um möglichst nicht aufzufallen, all das an Umgangssprachlichem anzuwenden, was er bereits gelernt hatte. „Hast ja tolle Chancen", begann er das Gespräch.

Der Pförtner zündete sich genüsslich einen solchen Luftverpester an und sagte: „Du!"

Nasreddin verstand nicht sogleich. „Was ich?"

„Na, du hast Chancen."

„Wieso ich?", fragte er, als jener, ohne weiterzusprechen, - wie ein Erstickender Sauerstoff - durch das zerdrückte Pappstück beißenden Rauch einsog.

„Na, weil sie nach dir gefragt hat. Du bist doch Anoraew, oder?"

„Nach mir hat sie gefragt?", wiederholte Nasreddin nachdenklich. „Also doch", dachte er. Nun stand fest, dass es kein Zufall war. Ihr Interesse galt also tatsächlich ihm. Und sofort war das seine wieder voll erwacht. „Und was wollte sie wissen?"

„Wann du entlassen wirst. Hat wohl Sehnsucht nach dir, das Täubchen." Er lachte anzüglich, enthüllte dabei eine Reihe papirossyzernagter brauner Zahnstummel, sodass sich Nasreddin abwandte. „Sieht man dir nicht an, dass sich so eine", und er schnipste mit den Fingern, „für dich interessiert."

„Na, na!" Nasreddin warf sich in die Brust, ging so auf das Gefrotzel des anderen ein. „Allah hat mich mit all dem beschenkt, was eine liebliche Blume glücklich machen kann!" Dann kam er auf das Thema zurück: „Was wollte sie genau wissen?"

„Ich habe dir schon gesagt, sie hat sich erkundigt, wann du entlassen wirst. Und da ich das nicht wusste, hat sie von hier aus zur Station telefoniert."

„Und was wollte sie von dort wissen?" Weil der andere unwillig guckte, auch ein wenig misstrauisch, hielt Nasreddin ihm erneut die Schachtel mit den Tabakstengeln hin.

„Na, sie wollte wissen, wann, mit Uhrzeit sogar, und wohin du entlassen wirst, ob du wieder zurück auf deinen Kolchos gehst. Besucht hat sie dich wohl nicht, was? Zu vornehm, die Dame, für unser Provinzkrankenhaus."

„Ach was, sie hatte nur keine Zeit", log Nasreddin. „Weiter hat sie nichts gesagt?"

„Nichts, aber fünfhundert Sum hat sie für das Telefonieren bezahlt. Dabei ist das ein Hausapparat!" Und er zog eine Grimasse, die wohl ein verschmitztes Lächeln ausdrücken, andererseits aber wohl zeigen sollte, für wie dumm er doch im Grunde die schöne Dame hielt. „Doch sag es ihr nicht weiter!"

„Wo denkst du hin." Aber Nasreddin hing seinen Gedanken nach. Das Gespräch mit dem Pförtner würde ihm keinen weiteren Aufschluss mehr geben. Vielleicht doch. Er fragte: „Hat sie die Uhrzeit erfahren, zu der ich entlassen werde?"

„Ja - so gegen elf, hat die Schwester gesagt."

„Gegen elf also ..." Nasreddin stand auf. Mehr aus

Versehen kam die Schachtel mit den Zigaretten in die Reichweite des anderen. Der missdeutete die Situation, griff zu und langte sich gleich drei Stück.

„Ich wünsche dir also viel Vergnügen", sagte er mit Augenzwinkern, als Nasreddin ging.

„Ja, ja", antwortete der zerstreut. „Danke!" „Der nächste Tag ist meine Chance", dachte er. Wie er sie nutzen könnte, wusste er noch nicht.

Nasreddin schien, als ob sich an diesem Tag die Visite besonders viel Zeit ließ. Er lag wie auf Kohlen, aber es nützte nichts, sie musste er noch über sich ergehen lassen.

Sein Schoberkollege redete unaufhörlich auf ihn ein, gab Ratschläge und bestellte Grüße. Er musste noch 14 Tage bleiben, weil aus seinem Bein Nägel gezogen werden sollten, wovor er sich mächtig fürchtete. Und diese Furcht brach nunmehr durch, da Nasreddin, sein einziger Bekannter, entlassen wurde. Es schien, als stülpe er seinen Redeschwall wie ein Netz über ihn, um ihn festzuhalten. Nasreddin hatte dafür nicht das geringste Interesse, er heuchelte es schlecht, jedoch der andere merkte das anscheinend nicht.

Endlich kam der Chefarzt mit Eskorte. Nasreddin gab sich besonders freundlich, sagte zu den stereotypen Fragen ja, stellte selbst keine, sodass er mit den üblichen unpersönlichen Wünschen seitens des Chefs sehr schnell abgefertigt war.

Nicht so der Nachbar. Er hatte 100 Fragen, erteilte den Ärzten Ratschläge, was jene wiederum nicht gern sahen. Es gab kategorischen Widerspruch und wieder weitschweifiges Einlenken. Aber schließlich war auch das überstanden. Nasreddin hätte den Nachbarn fressen mögen.

Dann endlich verließ die Schwadron das Zimmer.

Nasreddin lauschte noch, bis sich das Gemurmel draußen gelegt hatte. Dann sprang er mit einem Satz aus dem Bett und eilte zum Stationszimmer. Und unter Einsatz all seines Charmes und mit faustdicken Lügen, dass er unbedingt den nächsten Bus erreichen müsse, wenn er seinen Bruder, der mehrere Jahre verreise, noch sehen wolle - und Ähnlichem - erreichte er, dass die Diensthabende seinem Wunsch zustimmte, das Krankenhaus gleich zu verlassen, und ihm den bereits ausgefüllten Entlassungsschein herausrückte.

Nasreddin drückte der Verdutzten einen Kuss auf die Wange, stürzte zurück ins Zimmer, zog sich um, verabschiedete sich rasch, und bevor sich die beiden Mitpatienten von ihrem Erstaunen erholt hatten, verließ er das Zimmer. Der Schoberkollege rief ihm noch hinterher, dass er ja nicht vergessen solle, auszurichten, dass ihm die Frau zur nächsten Besuchszeit noch ein Wässerchen mitbringen möge.

Kurz nach zehn Uhr betrat Nasreddin das Foyer.

Er verhielt sich wachsam, zerstreut wies er der Pförtnerin den Entlassungsschein vor. Den Blick hielt er nach draußen gerichtet, ob irgendwo das bläuliche Auto oder die Dame selbst zu erspähen seien.

Dann drückte er sich durch das Portal, orientierte sich rasch, schließlich hatte er das Hospital noch nie von außen gesehen, und ging einige Meter in eine Nebenstraße hinein, um sich im Schutz eines Baumes einen Plan zurechtzulegen. Er hatte sich entschlossen, überraschend vorzugehen, „wie Timur, der große Feldherr", dachte er, „der dem Feind keine Chance für eine Gegenmaßnahme ließ."

Auf der dem Krankenhaus gegenüberliegenden Straßenseite befand sich ein Geschäft für Eisenwaren mit tiefgezogener Markise. Dieser Platz schien Nasreddin für sein Vorhaben günstig. Rasch, nach den Seiten auf ein ankommendes bläuliches Auto achtend, überquerte Nasreddin die Fahrbahn. Vor der Auslage vertiefte er sich in den Anblick von Zangen, Schrauben und Bohrmaschinen.

Lange aber musste er das nicht tun. Im Spiegelbild der Schaufensterscheibe sah er, wie das erwartete Auto anrollte, aber etliche Meter vor dem Portal hielt.

Die Frau kurbelte ein Fenster des Wagens herab, setzte sich bequem, hatte offensichtlich die Absicht, nicht auszusteigen, sondern vom Fahrzeug aus zu beobachten, wie Nasreddin das Haus verlassen würde, was wiederum nicht auf eine Absicht hindeutete, ihn etwa sprechen zu wollen.

Den Kopf auf die Schaufenster gewandt, den Blick mit verdrehten Augen jedoch auf das Auto, schlenderte Nasreddin auf seiner Straßenseite dem Fahrzeug zu, bestrebt, sich stets im Sichtschutz anderer Passanten zu bewegen.

Auf gleicher Höhe verhielt Nasreddin. Die Aufregung ließ seinen Puls bis zum Hals schlagen. Mit Mühe gelang es ihm, sich etwas zu beruhigen.

Dann sah er hinüber. Sie saß noch immer bequem, den etwas müde wirkenden Blick auf das Hospitalportal gerichtet. Auf die Brille hatte sie verzichtet.

Nasreddin ließ einige Fahrzeuge an sich vorbeifahren, vergewisserte sich, dass keine weiteren folgten, nahm dann allen Mut zusammen und sprang mit wenigen Sätzen auf das Auto zu und um dieses herum.

Nasreddin hatte Glück - für ihn war es Zufall, denn bedacht hatte er das aus Unkenntnis nicht -, dass die rechte Autotür nicht verriegelt war. Sie gab seinem hastigen Zugriff nach. Er riss sie auf und ließ sich in den Beifahrersitz hineinfallen, was ihm, dem Ungeübten, auch besser gelang, als er es sich vorgestellt hatte.

Offenbar zutiefst erschrocken, wich die Frau zur Seite und richtete sich, soweit es das Verdeck zuließ, auf. Dann rief sie, es war ein halberstickter Schrei: „Omar!" Röte war ihr ins Gesicht geschossen. Mit der Linken griff sie sich ans Herz, sie schloss die Augen und sank langsam in den Sitz zurück. Dann aber hatte sie sich gefangen. Sie schüttelte den Kopf und sagte einen Satz in einer unbekannten Sprache, dessen Melodie jedoch höchste Überraschung ausdrückte. Danach besann sie sich offenbar und sagte, immer noch zutiefst verwundert: „Hast du ..., haben sie mich jetzt erschreckt!" Ihre Stimme klang angenehm, wenn Nasreddin sie sich auch ein wenig dunkler, zu ihrem Typ passender, vorgestellt hatte.

Er selbst war ob seines Mutes und der plötzlichen Konfrontation ebenfalls noch sprachlos. Dann sagte er ziemlich gequält: „Salam!"

„Salam!" Jetzt lächelte sie, hatte sich offensichtlich voll in der Gewalt. „Was kann ich für sie tun?", fragte sie. Aber es klang längst nicht so, wie man einen Fremden fragen würde, der plötzlich aus heiterem Himmel in ein ihm nicht gehörendes Auto steigt und von dem man mit Recht allerlei befürchten müsste.

„Wer ist Omar?", fragte Nasreddin ein wenig inquisitorisch. Aber so direkt vorzugehen, wie er es sich eigentlich vorgenommen hatte, brachte er nicht übers Herz. Sie machte ihn befangen. Sie war eine nicht mehr ganz junge, reife, sehr schöne Frau, so jedenfalls empfand Nasreddin. Ihre Augen waren so groß, wie Nasreddin meinte noch nie welche gesehen zu haben, weder in seiner ersten noch seiner zweiten Zeit. Über der Nasenwurzel vereinten sich die Augenbrauen, was dem Gesicht etwas Wellig-Sanftes verlieh. Dazu pechschwarzes Haar, das Gesicht im Ganzen schmal, von dunklem Teint, aus dem wie aufgereihte Perlen die Zähne hervorleuchteten.

„Ach, ein Bekannter, mit dem sie Ähnlichkeit haben", sagte sie obenhin.

„Warum heuchelt sie", dachte Nasreddin, und allmählich verstimmte ihn ihre Haltung. Er beschloss direkt aufs Ziel zuzusteuern. „Du hast dich nach meiner Entlassung erkundigt", sagte er ohne besonderen Nachdruck, aber auch nicht als Frage.

Sie sah ihn an, keineswegs, als ob sie sich ertappt fühlte, eher wohlgefällig, vielleicht auch stolz. Dann lächelte sie und nickte. „Gut, lassen wir das", sagte sie, wandte sich ihm voll zu, legte eine Hand auf seinen Arm und fragte, für ihn nun doch überraschend: „Wie geht es ihnen ..." Und nach einem Zögern: „Nasreddin Chodscha?"

Nasreddin durchfuhr ob dieser Namensnennung ein Freudeschauer. Außerdem fühlte er sich voller Neugierde und trotz des bislang nichtssagenden Gesprächs aufs Äußerste gespannt. Dennoch sagte er sich, dass es wohl nunmehr besser wäre, auf ihre Gesprächsführung einzugehen. Deutlicher könnte er immer noch werden, wenn es nötig sein sollte. „Oh, gut", antwortete er daher. „Abgesehen davon, dass es noch schmerzt, wenn ich die Hand so drehe", und er zeigte ihr, bei welcher Bewegung das eintrat.

Sie lächelte nachsichtig. „Und der Kopf, den Kopf meine ich eigentlich."

Er klopfte sich mit der flachen Hand dagegen, dass es klatschte.

„Der ist in Ordnung, wie eh und je. Allah hat dafür gesorgt, dass das Hirn des Chodscha in einer haltbaren Schale ist."

Sie lachte auf. „Das Hirn des Chodscha", wiederholte sie mit einem ihm unverständlichen Nachdruck. „Und vorher", fragte sie hartnäckig weiter, „vor dem Unfall, war er da auch in Ordnung, ich meine, konnten sie sich an alles erinnern, an die Kindheit, gab es Lücken oder anderes Unnormale?" Sie fragte mit Eifer, und er bekam den Eindruck, sie ließ sich von einem für sie wichtigen Gedanken forttragen und formulierte anders als ursprünglich beabsichtigt. Aber dann bemerkte sie es offenbar selbst, der Druck ihrer Hand verstärkte sich leicht, und sie fügte hinzu: „Entschuldigen sie meine Neugierde ..." Sie verstummte. Es war deutlich, dass sie noch etwas hinzufügen wollte.

Er sah sie mit gerunzelter Stirn verschmitzt an und bemerkte: „Du zeigst jedenfalls ein erstaunliches Interesse am Wohlbefinden eines - Fremden ..."

Sie ging auf seinen leisen Spott nicht ein. „Wenn sie wüssten, wie ich den Augenblick dieser Begegnung herbeigesehnt und - gefürchtet habe. Und ich danke ihnen, dass sie ihn erzwungen haben. Ich selbst wäre wohl zu feige gewesen."

„Bis jetzt war hier alles klar", sagte Nasreddin verwirrt und fasste sich an den Kopf, „aber nun verwirbelt Allah meine Sinne. Ich kann dir nicht folgen."

Sie lachte, stützte eine Sekunde ihre Stirn in die Hand, fuhr mit Daumen und Mittelfinger über die Augen. „Es ist also tatsächlich wahr, was die Leute sagen, du glaubst, Nasreddin, der Chodscha aus Aksehir zu sein ...?" Sie fragte es so ernsthaft und gleichzeitig behutsam, dass er sich nicht brüskiert fühlte.

Nasreddins Gedanken gingen fieberhaft. Er spürte, dass sich Sensationelles anbahnte, wusste, ohne dass sie es gesagt hätte, dass er richtig vermutet hatte, als er sie, diese schöne Frau, mit den Merkwürdigkeiten um ihn herum in Zusammenhang sah. „Ich bin es", sagte er daher mit der größten Selbstverständlichkeit.

Sie sah ihn lange, forschend an. „Es ist ungeheuerlich", sagte sie dann wie zu sich selbst. „Als ich es das erstemal hörte, dass du Nasreddin seist, wären mir beinahe die Sinne weggeblieben, dann wollte ich zu dir eilen, alles ganz genau wissen, dir danach alle Historiker der Welt offerieren, aber dann kamen Zweifel ..." Sie brach abermals ab, als sie sein hilfloses Gesicht sah, bemerkte, wie er leicht die Schultern anhob und sie verständnislos anblickte. Sie begann erneut: „Du bist Nasreddin, der Chodscha also ..." Sie biss sich auf die Lippen, suchte nach einem Anfang. „Nun", sie gab sich sichtlich erleichtert, „du hast deinen Schülern auf deine Art Geschichten erzählt, Märchen, wahre Begebenheiten, Glaubhaftes und Unwahrscheinliches. Ich werde dir auch eine Geschichte erzählen, wenn du willst, sofort - aber nicht hier. Willst du?"

„Ich will", antwortete er. „Aber lass dir zunächst sagen, dass ich mich freue, weil du mich nicht für einen Lügner oder Aufschneider hältst, weil du mir glaubst, dass ich Nasreddin bin."

Sie lachte. „Du wirst bald wissen, warum das so ist, so sein muss." Sie startete den Motor. „Du hast doch Zeit?"

„Und ob - eine Woche darf ich noch nicht arbeiten."

„So lange dauert es nicht." Sie fuhr los.

Nasreddin genoß das Autofahren. Sehr schnell verflog ein leichtes Bangen. Was so viele Menschen taten, konnte im Grunde nicht gefährlich sein. Und dann empfand er das Vergnügen. War das eine Freude, so dahinzujagen, weich zu sitzen, nichts zu tun, den angenehmen Luftzug vom Fenster her zu verspüren ...

Und jedesmal, wenn sie einem Eselsgespann oder einem Reiter begegneten, hatte er das Bedürfnis, wie ein Emir voller Würde aus dem Auto heraus zu grüßen.

Die Frau neben ihm am Steuer empfand wohl, was in ihm vorging. Oftmals betrachtete sie ihn von der Seite, und wenn sich zufällig ihre Blicke trafen, dann, wenn er staunend den Kopf von der einen zur anderen Seite drehte, lächelte sie ihm zu.

Schnell ließen sie die Stadt hinter sich.

Plötzlich wurde Nasreddin sehr aufmerksam. Die Straße, deren Verlauf und die Umgebung kamen ihm merkwürdig bekannt vor. „Wohin fährst du?", fragte er ein wenig aufgeregt, weil ahnungsvoll.

„Nach Chiwa", sagte sie.

„Chiwa!" Ein eisiger Schreck durchfuhr Nasreddin. Das Ganze eine Täuschung, ein kluges Manöver des Chans. „Oh, wie geschickt, sie mir an die Fersen zu heften. Und ich, der vom Scheitan Verblendete, falle darauf herein!" Einen Augenblick saß er wie gelähmt.

Sie fuhren mit hoher Geschwindigkeit. Etwas zu unternehmen, um sich zu befreien, fühlte er sich außer Stande. Doch dann ordnete sich sein Denken. Der Schreck, der sich mit dem Namen Chiwa verband, verflog. Unsinn! Hatte er nicht sich selbst überzeugt, gelesen, dass er in einer anderen Zeit lebte, dass der Chan von Chiwa und alle seine Nachfolger längst von der Erde aufgesogen waren, ihre sündigen Seelen aber beim Scheitan schmorten?

„Ist dir nicht gut?", fragte die Frau, und sie verlangsamte die Fahrt.

„Doch, doch", beeilte er sich mit einem Seufzer der Erleichterung zu versichern.

„Sagst du mir, woran du eben gedacht hast?"

Er lachte verlegen, sah dann aber keinen Grund, ihren Wunsch nicht zu erfüllen. „An den Chan", sagte er. Und er wusste, sie würde mit dieser Antwort etwas anfangen können.

„An den Chan", wiederholte sie. „Ich hätte es mir denken können. Wollen wir lieber umkehren?"

„Wenn ich es recht überlege", er tastete sich behutsam vor, „hat Allah ihn längst zu sich gerufen?"

Sie lachte. „Allah oder der Scheitan, aber längst."

„Dann möchte ich sogar gern nach Chiwa."

„Gut!" Sie nickte verstehend und gab Gas.

„Wie naiv ich doch war", dachte Nasreddin, als sie vor dem Tor der Stadt das Auto abstellten und er wie damals auch drei große Reiseomnibusse gewahrte, die im Schatten der Lehmmauer parkten. Und auch diese Mauer betrachtete er mit anderen Augen. „Wie habe ich jemals annehmen können, dass sie noch zu etwas nütze sei, so zerfurcht und abgebröckelt, wie sie ist."

„Komm, Nasreddin", sagte die Frau und nahm ihn bei der Hand, „ich möchte dich heimführen nach Chiwa." Sie biss sich auf die Lippen, als hätte sie etwas Dummes gesagt. „Oder würdest du lieber in Aksehir sein?", fragte sie vorsichtig.

Er überlegte sichtlich die Antwort. „Wenn es so ist, wie es ist", sagte er dann, „wenn so Allahs Wille war, dann ist nicht nur der ... Sie alle, die ich kannte, meine Freunde, na, eben alle ... Hier habe ich neue, könnte ich neue haben..." Er dachte dabei ein wenig wehmütig an Gusal, die er als Erste nach der Entlassung aus dem Krankenhaus aufsuchen wollte.

Der Frau lag nichts an einer gedämpften Stimmung. „Ich weiß", und sie hob in einer lustigen Geste den Zeigefinger, „da kam zu jeder Besuchszeit eine Schwarze. Schon eine halbe Stunde, bevor sie aufmachten, wartete sie. Nasreddin, Nasreddin!"

Er lächelte ein wenig verlegen, bestätigte dann jedoch: „Ja, sie auch!"

„Sieh", erläuterte sie, „das kennst du nicht. Kalta-Minor. Muhammed-Amin-Chan wollte von seiner Spitze aus bis nach Buchara sehen. Achtzehnhundertfünfundfünfzig ist er gefallen. Dort drüben die Medrese Allakuh-Chans ist erst hundert Jahre alt. Und dort, das Minarett Islam Chodscha ist gar erst neunzehnhundertacht erbaut worden. Hast du dein Chiwa überhaupt wiedererkannt?"

„Nun, ich war - ein wenig verwirrt. Aber dort, das Mausoleum Pachlawan-Machmuds kenne ich!" Das sagte er mit Nachdruck und Stolz.

Sie trafen auf eine Gruppe von Touristen, die andächtig einem etwas korpulenten, etwas schmuddligen, unrasierten Mann zuhörten, der gestenreich und lautstark etwas zu erklären schien.

Gerade als die beiden näher traten, flog ein Gelächter auf.

Und da sprang der Mann plötzlich von dem Stein, drängte durch die Gruppe und rief: „Ist das möglich! Anora, mein Leitstern! Ich grüße dich in Chiwa!" Und er zog den großen verbeulten und durchgeschwitzten Hut. „Graben sie wieder?" Die Frage klang erwartungsvoll.

Die Frau schüttelte lachend den Kopf. „Ein kurzer Besuch nur", sagte sie. „Aber lassen sie sich nicht aufhalten, ihre Kunden werden ungeduldig!"

Der Mann winkte verstohlen ab. „Wenn sie etwas haben, sie wissen, Jussuf ..." Und er ging nun doch zurück zu der Gruppe.

„Selbstverständlich!", rief die Frau ihm hinterher. „Alles Gute!"

Und alsbald hörten sie „... und da stürzte man den

jungen hoffnungsvollen Architekten dort von dem Minarett vor die Füße der gaffenden Menge."

Nasreddin hörte eine Weile aufmerksam zu, einigemal schüttelte er missbilligend den Kopf.

„Das ist Jussuf, der originellste Fremdenführer von Chiwa", raunte die Frau.

Nasreddin wiegte zweifelnd den Kopf. „Originell vielleicht, aber ein Lügenbold!"

Die Frau lächelte. „Er kennt auch genau die historischen Zusammenhänge, aber er hat eine große Phantasie - und die meisten Leute danken es ihm. Morgen haben sie es ohnehin vergessen."

Man sah Nasreddin an, dass ihn das interessierte. „So ein Fremdenführer, der Geschichten erzählt, das könnte mir gefallen ... *Ich* kenne Geschichten!" Und er wiegte abermals den Kopf.

Sie schritten eine Weile stumm, warfen sich verstehende Blicke zu, wenn sie an einem Bau vorbeikamen, den er kannte. Sie passierten die Karawanserei, und Nasreddin dachte daran, wie ängstlich er sie mit seinem Esel in Gegenrichtung durcheilt hatte.

Dann zeigte er auf den Platz, auf dem er seine Früchte verkauft hatte. Längst stand dort der Tisch eines anderen Händlers, und der pries kindskopfgroße Granatäpfel an.

Sanft zog die Frau Nasreddin durch das Gewimmel des Basars, den er jetzt mit ganz anderen Augen sah. Er gewahrte Produkte, die es zu Zeiten des Timur nie gegeben hatte, dazwischen aber auch durchaus Wohlbekanntes. Die Touristen - „Ausländer", wie sie die Frau bezeichnete - kamen ihm nicht mehr gar so merkwürdig vor, wenngleich sie sich nach wie vor auffällig benahmen und ebenso gekleidet gingen.

Nasreddin hätte nicht übel Lust verspürt, stundenlang durch diesen Basar zu bummeln, mitzuhalten im Gefeilsche; verkosten, vielleicht auch kaufen, ein Geschenk zum Beispiel für Gusal. Aber die Frau an seiner Seite hatte es auf einmal eilig, obwohl sie das Gegenteil versicherte. Es schien, als drücke sie eine Last, die sie so schnell wie möglich abwerfen wollte.

Nasreddin hingegen war es, als käme er erst jetzt auf diese Welt, als öffnete ihm einer die Augen vollends, riebe ihm den Schlaf aus den Lidern, denn an ihrer Seite fühlte er sich merkwürdig sicher. Sie hatte den Schlüssel zu seinem Geheimnis, und sie empfand er als dessen Bewahrer, wie er sich sympathischer keinen vorstellen konnte. Nasreddin spürte grenzenloses Vertrauen zu dieser Frau, die er erst seit zwei Stunden aus der Nähe kannte, es war, als verbänden ihn feste unsichtbare Fäden mit ihr.

Behutsam dirigierte sie ihn aus dem Basar, aus der Stadt hinaus, in ein Gebiet voller Steine, Büsche und Ruinen hinein. An einem großen schattenspendenden Strauch wilder Feigen machte sie halt. Eine kleine Mauer lud zum Sitzen. Keine zehn Meter vor ihnen ragte eine flache Kuppel über das Gelände, eine unregelmäßige Öffnung, provisorisch mit Brettern geschlossen, führte in das Innere des grobgefügten Bauwerks.

„Bist du bereit, Chodscha Nasreddin?", fragte die Frau, und es lag durchaus etwas Feierliches in diesem Augenblick, wenngleich sie es sichtlich vermeiden wollte. „Jetzt erzähle ich dir eine Geschichte."

„Ich höre." Nasreddin rutschte in den Winkel zwischen Mauer und Erdboden, sodass er sich bequem anlehnen konnte, schloss die Augen und atmete tief durch, um seine Erregung zu bekämpfen.

Es entstand eine Pause, es schien, als ob sich die

Frau sammeln müsse und sich noch immer nicht schlüssig wäre, es richtig zu machen.

Nasreddin öffnete noch einmal die Lider, als sie sagte: „Dort drüben begann es." Sie wies mit lang ausgestrecktem Arm auf die um etwa einen Meter aus der Erde ragende flache Kuppel mit dem unregelmäßigen Einstiegsloch. Und dann sprach sie leise im Ton der Märchenerzähler, so als lauschten ihr atemlos phantasiebegabte, wissbegierige Kinder.

Eine wundersame Geschichte

„Passen sie doch auf!" Wenn Anora unwillig wurde, klang ihr Russisch russischer.

Ihren Ärger rief Wladimir Petrowitsch hervor, der unachtsam durch das Eingangsloch gekrochen war und dabei einige Lehmziegel ausgebrochen hatte, die nach unten polterten. Staub wirbelte auf, der Anora zwang, die Plane über den Spalt zu ziehen, den sie vorsichtig und mühsam genug in den gemauerten Sarkophag gemeißelt hatte.

Wladimir murmelte eine wenig ernst gemeinte Entschuldigung und setzte dann hinzu: „Vielleicht stellen wir doch einen Kompressor auf, damit wir Überdruck in das Gewölbe bekommen. Aber es kann ja keiner erwarten ..."

„Wenn sich jeder in Acht nimmt, geht es schon." Ihr Tonfall ließ unschwer erkennen, dass es ihr fern lag, etwa einen Streit zu provozieren. Vorsichtig nahm sie Mörtelkrümel auf. Im Strahlenbalken der draußen gleißenden Julisonne tanzten rötliche und glitzernde Partikel. „Er hat schon Recht", dachte sie. „Überdruck würde den Staub nach außen führen." Aber

gleichzeitig spürte sie wieder jene Ungeduld, die jedes Hinauszögern verbot, jenes Kribbeln vor einer Entdeckung, von der man hofft, dass es eine echte sei, eine, die überrascht, eine bedeutende. Und zumindest der überdurchschnittlich große, aus hartem Stein gemauerte Sarg, der untypisch separat in dem Gewölbe stand, deutete auf Außergewöhnliches hin.

Wladimir trat vorsichtig näher, betrachtete Anoras Arbeit.

Anora hatte die Plane wieder vom Spalt entfernt.

„Gebrannte?", fragte er und nickte anerkennend, was sie mehr ahnte als im Dämmerlicht sah.

„Ja", antwortete sie. „Sie haben sich Mühe gegeben."

„Ich soll sie zum Essen holen."

„Und deswegen poltert er hier herein", dachte Anora. Aber ihr Ärger war bereits verflogen.

Jeder der kleinen Gruppe fieberte dem Ergebnis von Anoras Arbeit entgegen. Und selbst als Boderow angeordnet hatte, die Kollegin nicht zu stören, ließen die unter allerlei Vorwänden getätigten Besuche nur unwesentlich nach.

Anora bedeckte den Spalt gespielt resignierend erneut mit der Plane. Mascha, die Kochkünstlerin, nahm übel, folgte man nicht sofort ihrem Ruf, um ihre Salate, Suppen und Hauptgerichte in der gebotenen Frische zu genießen. Aber nicht nur des guten Essens wegen nahm Anora diese Tischrunden gern wahr. Sie boten die einzige Gelegenheit, sich in der Gruppe zu verständigen, sich über den Stand der Freilegung der Gräber auszutauschen, gegebenenfalls umzudisponieren. Und überhaupt, sie war gern mit diesen Menschen zusammen.

Als sich Anora behutsam, um nicht weitere Mauerteile einzureißen, aus dem Gewölbe hinausgestemmt hatte, musste sie die Augen schließen. Blendende Helle überfiel sie, die das Sehvermögen nahm. Durch Blinzeln und Überschatten mit der Hand versuchte sie sich anzupassen.

Wladimir erging es ähnlich. In dieser spätmittäglichen Stunde stand die Sonne hoch im Süden, schien voll auf Chiwa, das flach in der braunen Ebene vor ihnen lag. An den Keramikplatten des Islam-Chodscha-Minaretts brachen sich die Strahlen, tausend Reflexe spielten. Es war, als schraubten und reckten sich die schlanken Türme noch höher, so walkte die flirrende Luft ihre Konturen.

Die Frau streifte die Weste ab, schüttelte sie. Schuttbröckchen rieselten. Der Hitzegriff machte Anora schaudern. Sie spürte Muskelschmerz nach drei Stunden intensiven Meißelns in gekrümmter Haltung, legte die Hand in den Rücken und dehnte sich. „Manchmal sind sie recht konservativ, meine Gastgeber". Sie dachte wehmütig an das mitgebrachte elektrische Schlagwerk, das anzuwenden ihr Boderow untersagt hatte.

Anora trat an den hochgebundenen Wasserschlauch, streifte auch noch die Bluse ab, stand im ärmellosen Nicki und ließ sich genüsslich Wasser über den Nacken laufen.

Und da rief jemand hinter ihr: „Vergessen sie nicht, wo sie sich befinden, werte Kollegin!"

Sie sah prustend, gebückt, unter ihrem rechten Arm hervor, um zu erkunden, wer sie da rüffelte.

Alischer Boderows Lächeln stand im Gegensatz zum strengen Inhalt seiner Worte. Und Anora entging nicht, dass er sie durchaus wohlgefällig musterte. Sie mochte ihn, diesen meist finster blickenden eckigen Usbeken, der den Leiter niemals hervorkehrte, aber dessen Wort unbedingt galt. Vielleicht machten das die stets gewichtig gefurchte Stirn oder die ausdrucksvollen Augen, durch deren dunkelbraune Iris im Weiß das sonnengebräunte Gesicht betont wurde.

„Joi, joi", Anora lächelte zurück, wischte mit nassem Arm über das Gesicht und schlüpfte in die Bluse.

„Na, wie sieht's bei ihnen aus?", rief Ilja Iljitsch, kaum dass Anora die Stiege zum Wagen erklommen und den Kopf durch den Bändervorhang gesteckt hatte.

„Hättet ihr mir meinen Hammer erlaubt, wäre ich fertig",

dachte sie. Laut antwortete sie: „Nicht vor morgen Vormittag. Und bei Ihnen?"

„Wir heben vielleicht nach dem Essen den Deckel"

„Oh", Anora setzte sich auf die grobe Bank und rutschte in die Mitte. „Gratuliere!"

Ilja hatte Staub in den schmalen Brauen, und auf seiner Stirn standen winzige Schweißperlen.

Unmittelbar nach Anora war Malinkin eingetreten. Der Wagen bebte, als sich der schwere Mann auf den Hocker wuchtete. „Na also", und es klang erleichtert. „Hoffentlich lohnt es".

Aus den drei Worten klang Ungeduld. Er trommelte mit den Fingern auf die Tischplatte.

"Sieh an", dachte Anora, „selbst die, die am ruhigsten scheinen, erwischt es". An manchen Tagen sprach Stepan Borisowitsch Malinkin ohnehin nicht mehr als drei Worte.

„Hoffentlich", echote sie und verzog zweifelnd den Mund. Keiner in der kleinen Runde konnte sich vorstellen, dass Sensationelles auf sie zukommen würde, nüchtern betrachtet. Aber wer von den Archäologen, der es mit Leib und Seele ist, kann in solcher Lage schon nüchtern betrachten! Freilich, Chiwa ist abgegrast. Trotzdem zögerte Anora nicht eine Sekunde, als Boderow telegrafisch angefragt hatte, ob sie interessiert sei, das nach dem jüngsten Erdbeben entdeckte Gräberfeld bei Chiwa mit zu untersuchen. Und sie hatte nicht nur deshalb spontan zugestimmt, weil es außerordentlich schmeichelte, von der Koryphäe Boderow für ein solches Unternehmen als würdig genug befunden zu werden. Es gab für Anora zwei Gründe, alles stehen- und liegen zu lassen und anzunehmen: Das alte Chiwa hatte es ihr angetan, und sie arbeitete gern in einheimischen Gruppen. Die Atmosphäre beeindruckte sie immer wieder. Trotz allen Ehrgeizes jedes einzelnen arbeiteten die Leute nicht gegeneinander. Anora erinnerte sich daher gern an die beiden archäologischen Expeditionen, an denen sie in Usbekistan bereits teilgenommen hatte, davon schon einmal unter

Leitung von Alischer Boderow. Damals konnte sie - ein seltenes Glück - einen bis dahin unbekannten Bruder des Mahmud Chans eindeutig identifizieren, und Anora erinnerte sich auch sehr gern des Aufsehens, das dieser Grabfund in der Fachwelt hervorgerufen hatte. Immerhin bildeten ihre Schlüsse aus den Ergebnissen ein Glied in der Kette, die das Reich Timurs mit dem Norden verband; denn, und das war weniger als eine Hypothese, dieser Bruder war es, der, wahrscheinlich insgeheim, die Wege bereitete, auf denen später der russische Zar in den Süden drang. Nun, ein solches Ereignis widerfährt einem Archäologen in seiner Laufbahn höchstens einmal, manchmal überhaupt nicht. „Dazwischen liegen halt die vielen Mosaiksteinchen, die, oft mühselig genug gefunden, zu dem Bild zusammengefügt werden, das wir Historie nennen." Anora seufzte zwischen zwei Löffeln der kalten Knoblauchsuppe.

Die fünf Menschen aßen hastig, schweigsam. Von der Luke zur Küche sah Mascha ab und an misstrauisch herüber, ob die außergewöhnliche Schweigsamkeit an diesem Mittag womöglich auf den Geschmack des Mahles zurückzuführen sei.

Dann fragte Boderow: „Brauchen sie Hilfe, Anora? - Oder besser: Kann dort jemand helfen? Es ist doch eng bei ihnen."

„Nein" Anora schüttelte den Kopf. „Wir würden uns behindern." Sie fischte die Früchte aus ihrem Kompottglas, stürzte den Saft hinunter und wischte mit dem Handrücken zuerst über den Mund, dann über die Stirn. Die Sonne drückte auf das Wagendach. Es wurde zunehmend stickig im engen Raum.

„Ich gehe wieder", sagte sie dann und erhob sich. Ein Zeichen zum allgemeinen Aufbruch.

Von der Küche her schimpfte Mascha, dass sie abermals nicht aufgegessen hatten.

Wenig später lag Anora längelang auf der Seite vor dem Sarkophag und meißelte verbissen auf den gebrannten Lehm ein, darauf achtend, dass wenig Staub entstand. Sie traf eine Fuge und kam besser voran.

Plötzlich senkte sich das Oberteil des Gemäuers, und ein Riss, der um die Stirnseite herum bis zum Anfang des von Anora geschaffenen Schrams verlief, vollendete das Mühen. Die junge Frau atmete auf stützte sich empor. Dann rutschte sie auf Knien den Riss entlang, kontrollierte seine Durchgängigkeit und erweiterte ihn mit heftigen Schlägen an zwei Stellen so, dass die Haken des Hebezeugs Eingriff finden würden. Und auf einmal fühlte sie sich so erschöpft, als hätten ihre Kräfte gerade noch für diese letzten Anstrengungen gereicht.

Anora musste sich mächtig mühen, um den Meißel herauszuziehen. Dann ließ sie sich vollends zu Boden sacken, entspannte sich. Gesteinskrümel pikten in ihre Wange, und flüchtig dachte sie, dass ihr Haar dort, wo das enggeschlungene Tuch es nicht bedeckte, endgültig verkrusten würde. Auf einmal spürte sie unangenehm den Schweiß und ein leichtes Vibrieren der Hände, als bebe in ihnen immer noch der Meißel. Sie suggerierte sich Ruhe. Als durchflösse sie Strom, so verspannt fühlte sie ihren Körper. Und da empfand sie, wie erregt sie war. „Unsinn", sagte sie sich. „Es ist nichts in dem Gemäuer, nichts, was der Rede wert wäre". Aber gleichzeitig wusste sie, dass die Härte der Steine, die Sorgfalt des Gefüges und eigentlich das gesamte Gewölbe dagegen sprachen. „Es wird Zeit", dachte sie, „dass ich die Kollegen rufe. Das Mauerwerk hochzuhieven wird trotz Dreibock und Flaschenzug schwer genug werden."

Aber noch konnte Anora sich nicht aufraffen; doch endlich fühlte sie, wie ihre Verkrampfung nachließ, wie die Kühle des gestampften Lehms sich ihrem Körper mitteilte, und sie erholte sich langsam. Dann füllten Bilder ihr Denken. Sie erinnerte sich detailliert dessen, was sie schon zweimal in dieser Stadt aus Gräbern den heutigen Menschen mit zugänglich gemacht hatte. Sie zwang sich, noch ein paar Minuten liegenzubleiben. Plötzlich aber empfand sie die Kühle als unangenehm. Hastig stand sie auf, wäre beinahe mit dem Kopf gegen das niedrige

Gewölbe der Kammer geprallt. Dann musste sie sich einen Augenblick am Sarkophag abstützen, um den Kreislauf zu beruhigen. In einem Anflug von Sarkasmus sagte sie laut, und ihre Stimme klang rauh: „Nun, wir werden sehen, was du bietest!" Sie strich mit der flachen Hand über die holprige Oberfläche des Behältnisses. Und dann begann sie mit großer Sorgfalt die angeflachten Haken des Hebegeschirrs in die gemeißelten Ritze zu schlagen. Danach überlegte sie, ob sie Manns genug sei, den Flaschenzug allein zu betätigen und den Deckel hinwegzuhieven. Die Vernunft siegte. Zu groß war das Risiko. Mit bewusst gedämpfter Eile zwängte sie sich durch den Einstieg, schloss abermals geblendet die Augen und genoss wohlig die Wärme. Dann setzte sie sich auf den Rand der Gewölbemauer, legte die Hände trichterbildend an den Mund und rief langgezogen „Hallo". Sie musste das einigemal wiederholen, bis sich der erste Kopf, der von Ilja Iljitsch Won, über den Rand seiner Arbeitsstätte emporreckte.

„Kommt!" rief Anora, streckte die Arme weit empor und wippte winkend mit dem gesamten Oberkörper.

Ilja wandte sich um und rief seinerseits etwas. Langsam kroch Alischer Boderow aus dem Schacht. Ihm folgte an anderer Stelle Wladimir Petrowitsch Isakow. Sie klopften Staub aus ihren Kleidern und kamen nicht eben eilig auf Anora zu.

Als sie sich in guter Hörweite befanden, sagte sie laut und gespielt obenhin: „Ich bin soweit. Wir können aufmachen." Sie bemühte sich, nicht erregt zu wirken. Es klang, als bemerke sie, dass es wiederum ein heißer Tag sei.

Anora lächelte in sich hinein, als sie die Gesichter der Gefährten aufmerksam betrachtete: Sie taten, als ginge es tatsächlich lediglich darum, dem nicht gerade kräftigsten Mitglied der Gruppe, Anora, einen Gefallen zu tun. Aber wie sie sich bewegten! steif, die Neugier nur mühsam gezügelt.

„Wieso sind sie schon soweit?", fragte Boderow.

Anora zuckte wie gleichgültig die Schultern. „Wenn sich bei ihnen nichts tut. Sie wollten doch nachmittags aufmachen. Und da dachte ich eben, legst ein wenig zu ..." Aber dann musste sie doch lachen und ließ sich in die Öffnung gleiten.

Damit der Nächste ihr folgen konnte, begab sie sich in den äußersten Winkel der Kammer, dass Platz blieb.

Schließlich stand sie gebückt am Sarkophag. Wladimir Petrowitsch hielt die Eingangsmatte gefasst, sah in die Runde und sagte: *"Na dann ...",* und er begann mit der anderen Hand lässig an der Kette zu ziehen.

Nur das Schnurren der Rücklaufsperre ließ sich vernehmen und ein Knirschen, das zeigte, dass sich die Haken in den Ziegeln festfraßen. Fast unmerklich erzitterte das Gemauerte. Vier Händepaare griffen in den Spalt zwischen den Haken. Worte wurden überflüssig. Jeder wusste, worauf es jetzt ankam. Ein zerberstender Deckel konnte alle Mühe, alles Hoffen zunichte machen. Stoisch, aber nun voller Konzentration und gleichmäßig zog Wladimir an der Kette.

Langsam klaffte der Spalt auseinander, handbreit.

"Jetzt", ordnete Boderow an.

Die Hände griffen fester in die Ziegel.

"Achtung", rief Ilja. *"Ich lasse los."* Er langte nach den bereitgestellten Brettern, schob sie äußerst vorsichtig in den Spalt, ordnete sie überaus sorgfältig so an, dass sie den unteren Teil des Behältnisses fast vollständig verdeckten. Erst als er zurücktrat, lockerten die anderen ihre krampfigen Griffe.

"Nach rechts ab", befahl Boderow.

Anora und Malinkin traten zurück. Ilja und Boderow stemmten sich auf der gegenüberliegenden Seite gegen das schwebende Oberteil. Schneller ließ nun Wladimir die Kette durch seine Hände laufen. Langsam verschob sich die Symmetrie des Sarkophags.

Als der Deckel zur Hälfte über das Unterteil hinausragte, setzte Wladimir ihn ab, ohne einen Befehl Boderows abzuwarten. Ilja löste die Haken auf der linken Seite, Boderow stützte *sich auf das Überkragende und brachte es aus dem Gleichgewicht. Die anderen fassten zu, und langsam ließen sie den Deckel nach rechts zu Boden gleiten. Dann lehnte sich knirschend Mauerwerk an Mauerwerk, und es wurde Ruhe.*

Eine Weile verhielten sie verschnaufend, dann begann Malinkin die Bretter abzuheben, bemüht, die darauf liegenden Krümel nicht abzuwerfen. Keiner schaute auffällig auf das, was der Mann so Stück für Stuck freilegte. Es war, als zögere jeder den Augenblick, in dem sich der Mühe Lohn offenbaren würde, bewusst hinaus. Nur Anora machte einen langen Hals, versuchte, die Dunkelheit da unten zu durchdringen. Und dann ließen auch die anderen ihr Gehabe. Sie konnten sich dem nicht länger entziehen, was Malinkin da Brett für Brett freilegte.

Sie standen und starrten. Längst lag das letzte Brett, achtlos fallengelassen, zu ihren Füßen.

„Gratuliere, Anora!", sagte dann heiser und leise Boderow.

Sie antwortete eine Weile nichts. „Nicht mein Verdienst", flüsterte sie dann und schüttelte verwundert und wie abwesend den Kopf.

Erst auf den zweiten Blick wurden einem die Jahrhunderte bewusst, die die Tote in ihrer Gruft ruhte. Ein Unbefangener konnte meinen, sie sei unlängst erst bestattet worden - ja, schlummere vielleicht nur. Und es war ganz sicher keine unbedeutende Frau, die dort lag: Kostbarer Schmuck glitzerte im Schein der Kopflampen.

Dann löste sich der pragmatische Jsakow aus der Starre. Er hob einen Bodenscheinwerfer auf und leuchtete sorgfältig die gesamte Grabkammer ab. „Es muss eine verteufelt gute Ventilation geben."

Aber niemanden interessierte das im Augenblick.

Plötzlich flüsterte Anora entsetzt: „Man hat ihr den Kopf abgeschlagen!" Und mit weit ausgestrecktem Arm deutete sie auf den reichlichen Perlenschmuck, der in mehreren Lagen den Hals der Toten zierte.

In der Tat, im Lichtkegel von Jsakows Lampe war es nun deutlich: Das Haupt lag einen, zwei Zentimeter über dem Rumpf. Ein schwärzlicher, hässlicher Spalt klaffte da.

„Sei still!"

Die Frau hatte bislang auf dem Mäuerchen gesessen, die Beine angezogen, die Arme um die Knie geschlungen. Ihr Erzählen, anfangs ein wenig stockend, floss munter dahin, ihr Blick, im Wesentlichen auf die Stadt gerichtet, streifte nur selten den Mann zu ihren Füßen, der saß, als sei er eingenickt. Beinahe wie aus einem schönen Traum gerissen, fuhr sie zusammen, als er ihr schroff sein „Sei still!" zurief. Sie verstummte, blickte ihn zunächst erstaunt, dann mit großem Verständnis an.

Nasreddin war aufgesprungen, hatte die Hände auf dem Rücken verschränkt, und er lief mit kurzen Schritten hin und her, dann hinüber zu dem Grabgewölbe. Mit dem Fuß trat er gegen eins der Bretter, die den Eingang provisorisch verschlossen. Es gab nach und stürzte nach innen.

Dann machte er kehrt, blieb jedoch stehen, und man sah es seinem Gesicht an, wie die Gedanken arbeiteten. Noch war er sich nicht schlüssig, noch wusste er nicht genau, worauf diese Frau mit ihrer Erzählung hinauswollte. Aber wenn er überlegte, unter welchen Umständen das alles geschah, welche Vorgeschichte dem zugrunde lag, konnte es wohl nicht anders sein, als dass sich seine Vermutung, dieser Fund, den man hier gemacht hatte, habe etwas mit ihm zu tun, bestätigte, dann war jene Tote ...

Mühsam beruhigte er sich. Die Frau wird weiter erzählen, sie weiß alles.

Langsam kam Nasreddin zu seinem Platz zurück

und setzte sich. Er lehnte den Kopf an die Mauer, schloss die Augen und bat: „Bitte, sprich weiter."

Die Frau hatte ihre Haltung nicht verändert, wenngleich das Sitzen auf die Dauer auf der Mauer ziemlich unbequem werden musste. Sie hatte Nasreddin verständnisvoll beobachtet, seine Reaktionen abgewartet. Im Grunde war sie es zufrieden, wie er mitging, mitdachte. Dennoch fragte sie: „Wirst du es ertragen, auch wenn es schlimmer wird?"

Ohne seine Haltung zu verändern - nur die Augen öffnete er ein wenig -, antwortete Nasreddin: „Ich werde! Entschuldige, dass ich dich unterbrochen habe. Es ist eine spannende Geschichte." Er lächelte, als würde ihm nichts etwas ausmachen. Aber sie glaubte, dass sie unter dem Lächeln den Schmerz entdeckte.

„Also ..." Sie sammelte sich, dann wie zu sich selbst, „als wir ..., als wir die Tote entdeckt hatten ...

„Da ist noch etwas!" Isakow, der eben noch den Hals der Frau beleuchtet hatte, ließ den Lichtfleck zu Füßen der Toten gleiten. Da lag ein Kopf, mit einem Tuch umschlungen, das Gesicht so gerichtet, als sollten die Augen, gingen die Lider auf, die Herrin devot betrachten.

Dann, als wäre ihr die Quadratur des Kreises eingekommen, eilte Anora um den Sarg herum. „Lass mal!" herrschte sie - das in der Gruppe nicht übliche Du gebrauchend - Isakow an, der das Licht von diesem Haupt hinwegführen wollte. Anora kniete nieder, griff mit beiden Händen nach diesem Kopf, hielt mitten in der Bewegung diszipliniert inne. Noch war unklar, ob nicht die nächste, leiseste Berührung das über Jahrhunderte Erhaltene zu Staub zerfallen ließe. Sie schüttelte den Kopf, sagte dann ungläubig: „Das ist Omar!" Sie sah auf, gewahrte das Unverständnis in den Blicken. Und ein wenig verschämt fügte sie hinzu: „Unser ..., der Gärtner meines Vaters."

Als der Name fiel, richtete Nasreddin sich erneut auf, sah die Sprecherin durchdringend an, einen Augenblick nur. Sie lächelte zurück, unterbrach sich eine kleine Weile.

Schließlich sank Nasreddin wieder zurück, mindestens jeder vierte Moslem heißt Omar. Aber es fiel ihm schwer, in diesen Zusammenhängen an einen Zufall zu glauben. Hatte sie ihn nicht mit dem Namen angesprochen in der Sekunde der Überraschung?

Trotz Nasreddins Regung hatte die Frau den Faden nicht verloren, sie fuhr fort, das Lächeln verlor sich aus ihrem Gesicht:

Boderow war der Erste, der den Bann brach. „Das ist wohl schlechterdings nicht möglich", bemerkte er sarkastisch.

„Schon wahr ...", bestätigte Anora abwesend. Bei genauerem Hinsehen bestand die Ähnlichkeit nur auf den ersten Blick. In dieses Gesicht eines Mannes - vielleicht in den Vierzigern, aber da konnte man sich sehr täuschen - konnte man eher etwas Verschmitztes - nicht das Gutmütig-Sanfte Omars - hineindeuten, soweit es die Schrumpfen und das Wächsern-Tote überhaupt zuließen. Im Gegensatz zu dem der Dame hatte man dieses männliche Gesicht nicht mit Henna geschminkt. Ihm sah man das Mumienhafte weit mehr an als ihr.

Und da keimte ein Wunsch in Anora auf. Sie sah von einem zum anderen, wagte jedoch nicht, ihn auszusprechen.

Ganz plötzlich entbrannte der Meinungsstreit.

Mutmaßungen zur Identität der Frau sprangen auf, Spekulationen.

Der Fund beeindruckte außerordentlich, auch weil es sich um eine Frau, eine vielleicht dreißigjährige schöne Frau handelte, und gewiss um eine, die den Herrschenden sehr nahegestanden hatte, wenn nicht zu ihnen gehörte.

Unter den fünf Menschen keimte eine Ahnung auf, vielleicht doch etwas Bedeutendes entdeckt zu haben. Schon die Frage, ob man die Tote bewusst mumifiziert hatte, erregte die Gemüter. Im Islamischen durchaus ungebräuchlich, würde das allein schon auf eine Besonderheit hindeuten. Natürliche Ventilation wie bei den Mönchen aus Brünn? Kaum. Es müssten dann viel deutlichere Anzeichen des Austrocknens vorhanden sein. Aber darüber würde eine exakte wissenschaftliche Analyse endgültigen Aufschluss bringen. Wesentlicher blieb die Frage, warum enthauptet, was sollte der zweite Kopf im Sarg, und weshalb eine herrschaftliche Bestattung?

Isakow entwickelte lautstark die These, die Frau sei in Ungnade gefallen aus irgendeinem Grund. Mit dem Enthaupten pflegte man damals schnell bei der Hand zu sein. Aus einer gewissen Ehrerbietung heraus habe man ihr den Kopf des Leibeunuchen beigegeben.

Eine Weile stritten sie über diese Ansicht. Es sei unüblich gewesen, den Toten Grabbeilagen mitzugeben oder gar Opfer solcher Art, gab Malinkin zu bedenken

„Was wissen wir schon, was in diesen Herrscherköpfen, überhaupt in denen der damaligen Menschen vorging? Wer sagt, dass sich nicht einer vom Üblichen abhob - vielleicht sogar ein pathologischer Fall - also etwas tat, was heute nicht in unser Bild passt? Wer weiß, wie oft in der Geschichtsdeutung aus der Laune eines Despoten heraus eine ganze Lehrmeinung entstanden ist ..." Ilja Iljitsch Won winkte ab.

Wieder kabbelten sie sich hin und her.

Dann sagte Anora:,, Und, was halten sie von dieser Version: Sie ..." Anora zeigte mit gerecktem Finger nacheinander auf die Frau und den Kopf, „im Harem des Herrschers, vielleicht seine Lieblingsfrau - und er: der Liebhaber oder Geliebte. Das motiviert alles."

Malinkin schüttelte den Kopf. ,,Solche Frauen bekamen kein Ehrenbegräbnis. Sie wurden meist grausam mit Schimpf und Schande gerichtet. Noch neunzehnhundertvierzehn hat man ein junges Mädchen, weil es einen anderen als den vom Vater Auserwählten liebte, bis zur Brust eingegraben und gesteinigt - hier in Chiwa!"

„Es gibt aber auch andere Beispiele." Anora behauptete ihren Standpunkt. „Freilich - Verfehlungen wurden gesühnt, und meist: Kopf ab. Aber dennoch: Wenn die Sünder einflussreichen Kreisen angehörten - denken sie an Ulug Beg - oder wenn, wie vielleicht hier in diesem Fall, der Gemahl die Frau über den Fehltritt hinaus liebte, ihr in gewisser Weise verzieh ... Das soll es alles geben!", fügte sie mit Spott hinzu.

Dann stellte Boderow die notwendige Sachlichkeit wieder her. Er brach die Diskussion ab. „Wenn es immer so einfach wäre und vor Ort alles geklärt werden könnte, viele unserer Innung hätten nichts mehr zu tun. Warten wir also die genaue Untersuchung ab. Aber - Anora, ich beglückwünsche sie von Herzen zu diesem Fund. Sie sind eben ein Glückspilz - und es ist beinahe symptomatisch: Eine Expedition, an der sie teilnehmen, ist offenbar von vornherein erfolgreich."

„Es ist ihre Expedition", unterbrach Anora sanft, „und Zufall, dass gerade ich an diesem Grab arbeitete."

„Sie haben es ausgesucht". Boderow lächelte. Dann wies er an, wie der Fund zu sichern und zu bergen sei. Selbstverständlich mussten bis zu dem Zeitpunkt, zu dem die Frau, der Kopf und was man sonst vielleicht noch in dem Grab finden mochte, nach allen Regeln verwahrt und abtransportiert sein würden, die übrigen Grabungen ruhen. „Alle Hände werden hier gebraucht, vielleicht eine Woche lang", legte Boderow fest.

Sie gönnten sich wenig Ruhe in den Tagen. Malinkin und Won reisten mit Proben aus dem Grab nach Taschkent. Es musste schleunigst ermittelt werden, wie man die Funde zu behandeln hatte, um Beschädigungen zu vermeiden.

Die drei Zurückgebliebenen arbeiteten zwölf und mehr Stunden. Sie rissen Stück für Stück die Grabmauer ein, bauten

Hilfsvorrichtungen, um den Grabinhalt vor Mörtelstaub und Geröllen zu schützen. Es war ein außerordentlich mühseliges und langwieriges Unterfangen.

Dann lagen Frau und Kopf wie auf einem Tablett vor ihnen - auf einer dicken Lage von stockigen Kissen und Decken, die durchaus noch anderes bergen konnten.

Die Archäologen installierten Scheinwerfer, die den Raum schattenfrei ausleuchten sollten, fochten kleine Händel mit den örtlichen Behörden aus, weil angeblich nicht so viele Kabel vorrätig und die Stromanschlusswerte zu hoch seien. Schließlich aber ergoss sich das Licht aus etlichen Leuchten in die niedrige Grabkuppel, bis Anora, als sie zufällig mit dem Handrücken das Gesicht des Mannes berührte, die Wärme spürte. Und erschrocken löschte sie zum Erstaunen von Boderow und Jsakow die Lampen bis auf eine. Die Gefährten billigten ihr Vorgehen natürlich sofort, als sie den Grund erfuhren. Boderow brummelte, dass er hätte selbst draufkommen müssen. Es war selbstverständlich, dass kein Risiko eingegangen werden durfte, solange die Analyseergebnisse nicht vorlagen.

Die drei begannen dann mit Pinsel und Ministaubsauger Antlitz und Gewänder der Toten Quadratzentimeter um Quadratzentimeter zu säubern. Und bei der Arbeit entdeckten sie, dass der Kopf der Frau auf einem in Seide eingeschlagenen dicken Buch ruhte. Bahnte sich doch eine Sensation an? Vorübergehend lähmte dieser Fund die weiteren Arbeiten. Mutmaßungen kamen erneut auf, bis Boderow abermals ein Machtwort sprach. Sie säuberten die Oberflächen der Decken und Kissen, was äußerst vorsichtig geschehen musste, weil dort, wo sich Stockflecke gebildet hatten, die Gewebe schon bei einem stärkeren Lufthauch zerfielen. Aber sie achteten weniger auf die wundervollen Stickereien, die unter einer dünnen, dafür aber sehr dichten Mulmschicht sichtbar wurden. Immer wieder gingen die Blicke zu dem Buch, das sie natürlich nicht unter dem Kopf hervorzuziehen wagten.

Und wenn sie sich bei den kurzen Mahlzeiten - selbst Mascha grollte nur noch still für sich - im Gemeinschaftswagen unterhielten, dann drehte sich das Gespräch um die Frau und um das, was dieses Buch vielleicht zu enthüllen vermochte. Die Spannung stieg, je näher der Tag rückte, an dem sie Malinkin und Won zurück erwarteten.

Am Vorabend des Tages, an dem die Gefährten eintreffen sollten, spazierte Anora durch die Stadt. Alles war bis aufs Kleinste vorbereitet. „Nun wird es hoffentlich wieder richtige Arbeit geben, Arbeit, bei der man zupacken musste, entdecken konnte ..." Anora hatte bis zum Antritt ihrer Nachtwache noch fast zwei Stunden Zeit. Die Wache hatten sie beschlossen, als der Grabinhalt frei in der Gruft lag. Es kamen doch ab und an Neugierige, standen herum, versuchten einen Blick in die Kammer zu werfen. Und da gab es Kinder, die in der Nähe spielten und tollten. Natürlich hatten sich die Männer dem Gast gegenüber als Kavaliere aufgespielt, hatten protestiert, als Anora in den Turnus einbezogen werden wollte. Wenigstens die Nächte sollte sie auslassen. Aber sie hatte sich durchgesetzt. Es glaubte zwar niemand, dass die Wache wirklich notwendig war, aber der oberste Leitsatz: Kein Risiko!

Anora spürte, wie gut ihr der Spaziergang tat. Die seidige Abendluft durchdrang ihre leichten Gewänder, sog die übermäßige Wärme aus ihrem Körper.

Nur noch wenige Menschen befanden sich auf der Straße.

Auf dem schütteren Mäuerchen, das die niedrigen Spitzbögen der Medrese Kutli-Murad-Inak gegen die Gasse abgrenzte, lagerte neben einem Tisch aus zwei Lehmziegeln und einem Brett darüber ein alter bärtiger Mann in einem fleckigen Chalat mit einem kleinen Turban auf dem Kopf. Auf dem Brett hatte er prächtige schwarzrötliche Trauben ausgebreitet; er wartete offenbar auf verspätete Käufer oder saß nur so da ... Anora hatte den Eindruck, dass er schlief. Eine Weile nahm sie das

Bild in sich auf. Was mochte wohl durch die Träume des Alten geistern?

Die Silhouette der Minarette und Kuppelbauten stand braunflächig vor dem Stück noch hellen Abendhimmels, das man aus der Enge der Gasse überschauen konnte. Wie vor 500 Jahren ... Und würde man sich wundern, wenn aus einer der düsteren Gassen ein Emir träte, eine verschleierte Frau huschte, ein Derwisch? Schlurften nicht Hufe einer verspäteten Kamelkarawane über das großsteinige Pflaster drüben an der Karawanserei? Einen Augenblick dachte Anora an die Geschichte dieses Volkes, die die ihres eigenen war. Wie hatten die letzten sechs Jahrzehnte Welten geschaffen und notwendigerweise nachhaltig getrennt. Und doch!

Wieder ging ihr Blick über den kleinen Platz. Zwei streunende Hunde liefen dort lautlos. „Solches kann ich auch zu Hause sehen. Aber morgen, wenn sie in die Baumwolle ziehen, wenn die Maschinen über die Felder rattern, wenn Tonne um Tonne aufgeschobert wird, Teil des ehrgeizigen Programms, da war sie wieder da, greifbar, die auseinandertriftende Kluft.

Der Alte vor ihr rekelte sich, richtete sich auf und fuhr mit dem Ärmel über die Nase. Erst dann gewahrte er die Frau und erwachte vollends. Er hob eine prächtige Traube bläulich bestäubten Weins, auf der Wassertröpfchen perlten, und sagte etwas Salbungsvolles, Werbendes auf usbekisch mit hoher Stimme und zahnlückigem Mund.

„Wieviel?", fragte Anora mehr zum Spaß auf russisch. „Zwei Dollar", und er unterstützte, indem er zwei Finger der rechten Hand spreizte und die Trauben noch höher hob, ihr gleichsam entgegenreckte. „Der beste Wein aus Chiwa, Töchterchen, süß ..., koste!" Und er zupfte mit rissigen, dunklen Fingern eine Beere ab, nötigte durch Gesten.

Die Frau biss in die Frucht. Die Beere schmeckte wirklich ausgezeichnet, was Anora jedoch durch nichts verriet. „Kilo?". fragte sie.

„Zwei Dollar", wiederholte der Alte, erhob erneut die Hand und begann die Vorzüge des Weins zu preisen.

Anora schüttelte nachhaltig den Kopf. „Ein Kilo ist mir zuviel, die Traube!" Sie tat, als überlege sie. „Ein Dollar ..." Die Traube wog mindestens 700 Gramm.

Der Mann protestierte murmelnd, legte die Traube auf die Schale einer uralten Küchenwaage. Auf die zweite Schale packte er drei Steine, mit Mühe zogen sie nach unten.

Anora hielt den kleinen Geldschein in der Hand, wedelte ihn dem Händler entgegen. „Ein Dollar", wiederholte sie.

Wieder ein usbekischer Wortschwall. Aber plötzlich hielt er ihr die Traube entgegen, griff mit der anderen Hand nach dem Schein. „Ich wünsche dir einen schönen Abend, Töchterchen. Allah möge dich beschützen!" Und er lächelte breit.

Anora nahm die Traube, lächelte zurück und neigte den Kopf. Wenngleich es nicht unbedingt ihre Absicht war, Wein zu kaufen, sie war zufrieden, der Alte war es offenbar auch. Und sie dachte an die unzähligen gleichen oder ähnlichen Begebenheiten, die sie erlebt hatte, daheim ...

Es wurde schnell noch dunkler in den engen Gassen zwischen den hohen Lehmmauern, die den Schall der Schritte schluckten. Selten traf sie auf Menschen, und die wenigen, die ihr begegneten, hatten es irgendwie eilig, nach Hause zu kommen, als stiege mit der Finsternis das Böse aus dem Grund. Wurde der Blick in eine Mauerlücke frei, blitzten Lichtreflexe von den keramikgefliesten Kuppeln in den letzten Strahlen der Sonne.

Anoras Weg führte durch die dunklen Gewölbe der alten Karawanserei, vorbei an den gemauerten überwölbten Podesten, die jetzt leer und furchteinflößend dalagen. Die Schritte hallten, und Anora schalt sich albern, weil sie stehenblieb, um sich zu vergewissern, ob ihr nicht jemand folgte. Aber sie fühlte sich doch erleichtert, als sie durch einen letzten Bogen ins Freie trat, auf das Gelände des großen Basars. An den Ver-

kaufständen schlafwachten einzelne Händler, liegend oder sitzend, in dichte Schafpelze oder Decken gehüllt. Nur wenige schenkten der eiligen Frau Aufmerksamkeit. Drei junge Männer, alkoholermuntert, unterbrachen ein Steinspiel und schnalzten mit der Zunge, als die Frau vorbeischritt. Es roch nach frischen Melonen, nach Gewürzen und Hammelfett.

Hinter dem Gelände des Basars verlief die steinige, von Karren zerklüftete Straße zwischen geduckten Lehmhäusern, aus deren Dachschobern Fernsehantennen als bizarre Fremdkörper sprossen. Hier und da war Licht in den kleinen Fenstern, die sich in den Wänden befanden, die die Wohnung von der Straße trennten. „Ein Fenster", ging es Anora durch den Sinn, „ist wohl schnell durch eine Lehmmauer gebrochen. Aber mit wieviel Hergebrachtem, Traditionellem, islamischen Dogmen und Anerzogenem musste der bereits gebrochen haben, der die Schläge mit der Hacke führte. So ein Fenster schafft den Kontakt zwischen dem Leben da drin und hier draußen, schafft ihn zu einer neuen Welt."

Wieder empfand Anora den Zeitsprung dieses Choresm, dieser Stadt Chiwa, die nur scheinbar noch ganz im Alten verhaftet war. Aber keine Stadt macht einen Zeitsprung, die Menschen machen ihn ... Und dabei, dessen war sich Anora wohl bewusst, war Chiwa von vielen Städten Usbekistans wahrscheinlich die am wenigsten entwickelte. Es gab bislang keine ausgesprochenen Neubaugebiete. Das Moderne Taschkents oder auch Samarkands verlor sich in der Kysylkum.

Autos und Omnibusse, von Urgentsch herüberkommend, blieben vor der alten ausgewaschenen Befestigungsmauer aus gestampftem Lehm stehen, entließen dort die Touristen, die zu Fuß auf vorgeschriebenen Wegen die Historie mehr oder weniger beeindruckt in sich aufnahmen. Viele saßen dann auch hitzegedrückt herum, dachten vielleicht sehnsuchtsvoll an das klimatisierte Hotelzimmer und nickten zu dem, was Jussuf, das Reisebüro-Fremdenführer-Original, der Nasreddin von Chiwa, wie man ihn scherzhaft nannte, blumenreich von vergangener Pracht, von Folter und Hinrichtung, zu erzählen wusste. Im Geist plätscherten die Zuhörer vielleicht unter der Dusche oder genossen das kühle Bier der Hallenbar.

„Dieser Jussuf!" Anora lächelte. Oh, er konnte aufdringlich sein in seiner Wissbegier über den Fortgang der Ausgrabungen. Er witterte offenbar touristische Leckerbissen, ließ seine Phantasie bereits flattern; denn ihm waren die besonderen Vorgänge um diese eine Grabstätte nicht entgangen. Wer weiß, welche Legende er sich ausdenken würde, was für ein Anekdotengeranke er manchem Nichtsahnenden um den kleinen Kern Wahrheit herum winden würde. Anora dachte an die Schnurren und Witzchen, die er am laufenden Band von sich zu geben wusste. Und wenn er bei jemandem, den er für eine Persönlichkeit hielt und dessen individuelle Führung er sich nicht nehmen ließ, auf Interesse für Besonderes stieß, wuchs er gleichsam über sich hinaus Der Einfachheit halber ließ er in all den meist deftigen Geschichten als Pointenträger den legendären orientalischen Schalk Nasreddin agieren, was ihm wohl letztlich seinen Spitznamen eingebracht hatte.

Obwohl es Jussuf augenzwinkernd mit dem historisch Verbrieften und auch der Chronologie nicht allzu genau nahm, Anora konnte ihm stundenlang zuhören. Mehrfach hatte die Touristik Organisation UZBEKISTAN ihn ausgezeichnet als eine Art Fremdenführer-Aktivisten, und stolz trug er die blankgeputzten Medaillen; denn wo es wirklich darauf ankam, konnte er sehr wohl sachlich darlegen, wenn auch nicht gänzlich ohne seine Witzeleien, was man über die Geschichte wusste. Kein Wunder, dass für so manchen Chiwabesucher die Stadt und Jussuf zu einem Bild verschmolzen. Denn auf jeden Fall verstand er es, der drückenden Sonne Paroli zu bieten, aufzumuntern, den Rundgang so oder so zu einem Erlebnis zu machen.

Anora stand vor dem Grab und nahm sich vor, Jussuf, so-

bald sich die Kenntnis über den Fund gefestigt haben würde, persönlich die Fakten mitzuteilen.

Sie begrüßte Boderow, der träge am Gemäuer lehnte und mit Brotkrumen zwei verspätete dreiste Spatzen beglückte. Als er Anora erblickte, richtete er sich verwundert auf. Die Vögel flatterten einige Meter empört tschilpend zurück. "Sie schon?", fragte er, und es klang ein wenig müde.

"Ja - machen sie es gut! War was?", fragte sie routinehaft zurück. Was sollte schon gewesen sein.

"Was sollte schon sein. Lassen sie es sich nicht verdrießen!" Er stieß sich von der Mauer ab, hob zum Gruß die Hand und schlenderte stadtwärts.

"Nicht spurlos an dir vorbeigegangen, die letzte Zeit", dachte Anora. Sie wusste wohl, dass Boderow, überhaupt alle der einheimischen Gruppe, ein weit größeres Pensum an Arbeit zu absolvieren hatten als sie selbst. Nicht mit allem konfrontierte man den Gast.

Anora erklomm einen Mauerrest und spähte ringsum in die Dunkelheit. Einige Nachtvögel flatterten; irgendwo fern ging ein schwerer Motor. Sein Gedröhn unterstrich die Stille noch. Von der Stadt her schimmerten matt ein paar Lichter, einige Sterne flirrten. Um den Horizont hinter der Stadt zog sich ein fahlvioletter Schein. Wie aus einem Scherenschnitt ragten die islamischen Bauten flächig in den Himmel. In der Nähe gewahrte Anora im gewohnten Bild der Umrisse von Gräbern und Ruinen nichts Beunruhigendes. Sie zuckte zusammen, als in einiger Entfernung ein streunender Hund mit eingezogenem Schwanz scheu vorüberhuschte.

Die Finsternis brachte kaum Kühle. Der kahle Boden strahlte Hitze ab. Anora begab sich, nun schon mit den Füßen den Weg suchend, zum Aufenthaltswagen, knipste die schwache Birne der Außenleuchte an und ließ aus dem Fass sonnenlauwarmes Wasser über die Weintraube laufen. Dann tastete sie sich zurück, rückte die Matte, die den Eingang zur

Grabstätte deckte, zur Seite und stieg vorsichtig ins Finstere. Sie suchte den links stehenden Scheinwerferständer, hangelte nach der Schnur, der Wein behinderte sie, doch dann flammte der grelle Kegel auf. Anora schwenkte das Gerät gegen die Wand, sodass sich Dämmerlicht über den Raum breitete. Sie empfand genießerisch die Kühle des Gewölbes.

Anora ließ sich gelöst auf einen Hocker gleiten, spürte, wie ihr Körper auflebte, und sie begann mechanisch Weinbeeren abzuzupfen und genüsslich zu verzehren.

Später schlug sie die Zeltplanen zur Seite, die, über ein Gerüst gebreitet, die Grabinhalte schützten. Dann rückte sie den Hocker näher, legte die verschränkten Arme auf den Verschlag, bettete den Kopf darauf und ließ sich in den Anblick der starren Gesichter versinken. Sie glitt in eine Art Wachträumen, einen Zustand, den sie förmlich beschwor und der sie schon einige Male vorher in die Zeit der Emire versetzt hatte, ihr gleichsam eine stumme Zwiesprache wie mit einer Gefährtin bescherte. Anora nahm teil an Szenen des Tagesablaufs, ergriff aus den Händen der Bediensteten die Schalen mit Speisen, beteiligte sich in der Haremsgruppe an harmlosen Spielen und Späßen, versank, in weiße Gewänder gehüllt, mit den Gefährtinnen im duftenden Bad, ließ sich tragen von lauwarmem Wasser ... Später, des Nachts, zitterte sie mit, welche diesmal die Auserwählte sei, und sie spürte den Schauer, wenn sie sich ausmalte, die Wahl fiele auf sie ... Oder die hoffende Furcht, wenn jener junge hochgewachsene Offizier, vielleicht auch ein Prinz, manchmal ein schalkhafter Märchenerzähler, keck in den Park spähte und sie über den leichten Schleier hinweg seinen Blick auffing. Und sie empfand auch den Moment, als sie in jener Dämmerstunde, kühn und scheu zugleich, den Schleier fallen ließ.

Aber nie glitt Anora so weit ab, dass nicht neben dem Ersponnenen der Forschergeist in ihr wach blieb. Es konnte immerhin sein, dass bei dem, was sie sich, zugegeben, ein wenig romantisch, austräumte, eine wahrscheinliche Version enthalten war, eine, die die hochgestellte Frau da und ihre merkwürdige Grabbeilage in einen logischen Zusammenhang stellte.

Später nahm Anora wahr, dass ihre Fingerkuppen anfingen taub zu werden. Ihre Arme waren eingeschlafen. Als sie sich aufrichtete, wurde ihr schmerzlich bewusst, dass sie ihren gesamten Körper verlagert hatte. Sie stand auf, reckte sich, berührte mit der Rechten, in der sie noch immer die halbabgezupfte Traube hielt, fast das Gewölbe. Dann sah sie zur Uhr und stellte überrascht fest, dass auf den Flügeln ihrer Phantasie die Zeit verflogen war. Ihre Wache ging in einer halben Stunde zu Ende.

Als sie bereits die Zeltplane wieder überbreitete und ihr Blick dabei auf den Manneskopf fiel, kam ihr der Einfall blitzartig. Und sie handelte sofort. Behänd sprang sie zum Eingang, schlug die Matte zurück und lauschte in die Dunkelheit. In der Ferne heulte ein Hund. Zikaden und Grillen konzertierten.

Anora ließ die Matte fallen, ging konzentriert vor. Den Scheinwerfer richtete sie voll auf den Kopf, verbrannte sich dabei am heißen Gehäuse fast die Finger. Dann wählte sie aus dem auf einem Tischchen säuberlich gelagerten Werkzeug eine riesige Nadel mit scharfkantigem Öhr.

Noch einmal blickte sie auf und zum Eingang wie ein Junge, der im nächsten Augenblick beim grantigen Nachbarn eine Scheibe einschießen wird. Dann beugte sie sich über das Haupt, kratzte mit der Nadelspitze einen viertel Quadratzentimeter auf der Halsschnittfläche nahe dem Nackenwirbel schwärzlich getrocknete Substanz ab, die bröselig rieselte.

Als die so entstandene kleine kaffeebraune Vertiefung frei lag, atmete Anora auf. Schweißperlen standen auf ihrer Stirn. Sie sah abermals zur Uhr, lauschte einen kleinen Augenblick nach draußen, dann packte sie die Nadel mit beiden Händen, spannte die Armmuskeln bis hinauf zu den Schultern und drückte langsam den Stahl Millimeter um Millimeter in den

Kopf. Sie wandte so viel Kraft auf, dass sie einen Widerstand der Substanz eigentlich nicht verspürte. Nachdem die Nadel etwa fünf Zentimeter eingestochen war, hielt Anora inne, zog dann das Werkzeug mit einem Ruck heraus, entkrampfte sich. Sie wiederholte den Vorgang, aber jetzt mit dem Öhr voran in den vordem geschaffenen Kanal. Und sie drückte kräftig nach, als sie Widerstand verspürte. Dann versuchte sie, die Nadel zu drehen. Als es nicht gehen wollte, nahm sie - beinahe hektisch jetzt - eine Kombinationszange auf, setzte diese an, drehte die Nadel vorsichtig um die Längsachse und zog sie langsam, ohne den Griff der Zange zu lockern, heraus.

Vorsichtig hob Anora die Nadel gegen das Licht. Die Zange warf sie achtlos hinter sich. Das Öhr war angefüllt mit einer hellbraunen Substanz.

Anora seufzte befriedigt. Schnell breitete sie ihr Taschentuch aus, wickelte das Werkzeug sorgfältig hinein. Dann nahm sie mit den Fingerspitzen Krümel auf und rieb sie in die Öffnung, die sie dem Kopf beigebracht hatte.

Anora hatte kaum die Zeltplane über alles gebreitet, als Isakow eintrat. Die Matte hatte er mit Schwung zur Seite geschleudert, sodass Anora ordentlich zusammenfuhr.

Die Frau schüttelte unernst missbilligend den Kopf, worauf Isakow wie beschwörend die Hände breitete und so tat, als beschwichtige er die aufgewirbelten Staubpartikel.

Wie Wladimir Petrowitsch Isakow zu der Gruppe gekommen war, wusste Anora nicht zu sagen. Es schien, als nähme er im Leben nicht viel ernst, nicht den Beruf und am wenigsten sich selbst. Manchmal konnte er einem mit seinen Kalauern, seinen zugegeben, meist treffenden, schlagfertigen und schnoddrigen Gleichnissen schon auf die Nerven gehen. Aber er sorgte auch dann, wenn man erschöpft war oder auch verbiestert, für Lachen und Freundlichkeit, sodass ihn jeder mochte und ihm einiges nachsah. Nur manchmal aus einer Bemerkung, aus seinem Geschick, mit dem er Handgriffe ausführte, konnte man erahnen, dass mehr in ihm steckte als scharfsinnige Witzelei und Oberflächliches. „Na - sind sie umgegangen?", fragte er und deutete mit dem Kopf auf das Zugedeckte.

Ein wenig fühlte Anora sich ertappt. „Woher wusste er ... Unsinn, er konnte gar nichts wissen!" Sie sah ihn von unten her an und verstaute sorgfältig das Taschentuch in ihrem Anzug.

Isakow schlug - nicht besonders behutsam - eine Ecke der Plane zurück. „In meinem nächsten Leben werde ich Pascha", bemerkte er, „aber vorsichtshalber mit Ersatzkopf." Er fasste sich an den Hals, als wollte er sich versichern, dass noch alles beieinander war.

„Als Frau war es aber offensichtlich auch nicht ganz ungefährlich", sagte Anora.

„Oh, wenn sie lieb und brav war ..."

.„Ach!" In Anora glomm ein wenig Stolz. Bedeutete Isakows Bemerkung nicht, dass er sich ihrer Ansicht über die Begebenheit, auf die der Fund hindeutete, anschloss? Im Streit während der letzten Tage hatte er sich zurückgehalten, auch dann, als Anora in ihrer „Liebhabertheorie" nur noch von Won ein wenig unterstützt wurde. Malinkin hatte in der Meyerschen Bibel, wie sie ein für Mittelasien geltendes archäologisches Standardwerk nannten, gefunden, dass einige aus dem Osten eingewanderte und eingebürgerte Clane heimlich vorislamische Bräuche pflegten, unter anderem Lieblingstiere oder auch Leibsklaven gängige Grabbeilagen waren. Warum sollte man sich nicht dieser einfachen Deutung anschließen, die den Vorzug hatte, alles zu erklären, anstatt zu spekulieren?

„Wenn sie also kuschte! Eine erstaunlich patriarchalische Einstellung eines Bürgers dieses Landes", spottete sie.

Isakow lächelte, wobei sich die etwas ledern wirkende, wenig durch Polster unterlagerte Gesichtshaut in 100 Fältchen legte. „Leider wäre sie unerheblich", antwortete er. „Was Scheidungen anbelangt, stehen wir in der Welt ziemlich weit vorn, und meist reichen die Frauen die Klagen ein."

"Ein Glück, dass sie es dürfen, ihre Frauen!" Anora begann am Disput Gefallen zu finden. *Ja, in ihr rumorte ständig Empörung, die sie zu Hause nicht zeigte, die sie hier aber nicht zurückhalten musste, Empörung, weil ihre Geschlechtsgenossinnen jahrhundertelang entwürdigt, unterdrückt waren und daheim es in gewisser Weise noch sind.* *"Für diesen Usbeken da; der mit dem Neuen in diesem Land aufwuchs, muss es selbstverständlich sein, dass er mit Frauen in der Öffentlichkeit an einem Tisch sitzt, neben ihnen arbeitet."* *In diesem Augenblick dachte Anora nicht an islamische Rudimente, vor allem dort, wo in den Familien Rücksicht auf die ältere Generation genommen wurde. Das hielt sie für vernachlässigbar.*

"Immerhin haben sich die Frauen in ihrer Heimat widersetzt, als der Schleier wieder eingeführt werden sollte. Andernfalls hätte ich es sehr bedauerlich gefunden", fügte er heiter-anzüglich hinzu und musterte Anora von oben bis unten.

Sie verzog den Mund. "Wieso bedauerlich? Sie hätten gar keine Urteilsmöglichkeit, wenn ich wie ein großer Kohlensack vor ihnen stünde", gab sie zurück. *"Mögen sie?" Sie riss einen Teil der Weintraube ab und hielt sie Isakow hin. "Schöne Wache",* wünschte sie mit Spott.

Isakow nahm überrascht die Frucht. "Schade", sagte er dann, *und es klang echt, ohne dass er deutlich machte, was er eigentlich bedauerte. "Gute Nacht."*

Anora stand mit ihm zugewandtem Gesicht am Eingang. Unwillkürlich lachte sie auf. Isakow hatte die Arme leicht abgespreizt. Sein Schatten floss über das Kuppelgewölbe wie ein riesiges schwarzes Gespenst, das sich über die Grabstätte beugt. Doch dann wünschte sich Anora in ihr karges Hotelzimmer, sah nicht mehr das wegen ihres scheinbar unmotivierten Lachens verdutzte Gesicht Isakows. Sie ließ - bereits draußen - auch ziemlich heftig die Matte fallen, musste dann doch ungeduldig etliche Sekunden verweilen, bis sich ihre Augen an die Dunkelheit gewöhnt hatten.

Sie ging langsam, bedacht, das kleine Taschentuchknäuel, das sie mit der Linken umfasst und außerdem noch in die Bluse geschoben hatte, nicht zu bewegen oder gar zu verlieren.

Obwohl Anora es sehr eilig hatte, schlug sie einen Umweg ein. Über den Basar, vor allem aber durch die alte Karawanserei zu gehen, war ihr doch zu gruselig, auch wenn sie nicht zu sagen gewusst hätte, warum.

Im Stadtgebiet kam sie schneller voran. Laut hallten ihre eiligen Schritte auf dem grobsteinigen Pflaster. Kein Mensch begegnete ihr, nur Fledermäuse und Katzen.

Sie betrat leise die als Herberge hergerichtete Medrese Allakuli-Chans. Die Etashnaja nickte hinter der stark abgeschirmten Lampe. Anora hätte wetten können, dass sie bei der Herausgabe des Zimmerschlüssels nicht richtig wach geworden war. In der dürftig eingerichteten Kemenate verhielt Anora nur einen Augenblick. Obwohl sie durch den eiligen Lauf in Hitze geraten war und die stehende, durch die Tageswärme aufgeheizte Luft aus dem Zimmer gleichsam eine Sauna machte, ging sie zielgerichtet vor. Sie streifte lediglich Schuhe und Bluse ab, letztere, ohne ihre Beute aus der Hand zu lassen. Dann erst breitete sie das Taschentuch auf den Tisch. Rasch vergewisserte sie sich, dass die braune Substanz noch das Öhr der Nadel verstopfte.

Anora entnahm dem altersschwachen Spind ihren Koffer, legte vorsichtig den kleinen Elektromeißel - den sie nicht benutzen durfte - und das Mikroskop zur Seite, um an ihre Reagenzien zu gelangen. Sie griff eine Ampulle mit Mumiglobulin, öffnete sie fachmännisch rasch, suchte ein Behältnis, überdachte, dass der Zahnputzbecher nicht steril genug sei, stellte vielmehr das Glasröhrchen in den Becher, damit es nicht umfiel, und dann drückte sie unendlich vorsichtig die Substanz aus dem Nadelöhr in die Flüssigkeit. Schweiß rann ihr über Gesicht und Schultern.

Erleichtert richtete Anora sich dann auf, sah zur Uhr.

"Fünfzehn Minuten", murmelte sie. Sie löste den Rest der Kleidung von ihrem Körper, stieg in die Duschkabine und rekelte sich wohlig unter dem kühlen Nass.

Ohne sich erst abzutrocknen, kontrollierte Anora eine Viertelstunde später den Aufguss. Die Substanz hatte sich in der Flüssigkeit verändert, war aufgequollen, an den Rändern flockig zerfranst, und sie war heller geworden.

Anora packte das Mikroskop, wurde sich der Nässe bewusst, die sie von ihrem Körper auf das Instrument übertrug, und frottierte sich rasch ab.

Sie wurde nervös, als sich die Steckdose dem Kontakt mit der Mikroskoplampe widersetzte. "Es lebe die Standardisierung", dachte sie und schnitt kurzentschlossen den unpassenden Stecker von der Lampenschnur, zog die Drähte blank, ertastete den Kontakt und hatte dann endlich Licht.

Wieder mit großer Sorgfalt beschickte Anora den Objektträger, fokussierte bedächtig.

Plötzlich schlug sie mit beiden Händen auf den Tisch, dass Gegenstände sprangen. Erschrocken griff sie nach dem Glas mit der kostbaren Substanz. Dann richtete sie sich straff und freudig auf, streckte die Arme in die Höhe und rief: "Ha!"

Ein Zuschauer hätte annehmen können, die junge Frau, die sich da weit nach Mitternacht, nackt und umgeben von Forschungsgerät, so gebärdete, sei übergeschnappt.

Erneut beugte sich Anora über die Okulare. Das Bild war ausgefüllt mit exakten Zellstrukturen, von denen man meinen konnte - und da hatte die junge Frau Erfahrung -, es sei eine Momentaufnahme aus einem lebenden Organismus.

Um gänzlich sicher zu sein, nahm Anora noch zwei weitere Proben, die ihren ersten Eindruck hervorragend bestätigten.

Immer wieder verschob sie den Objektträger, änderte das Vergrößerungsverhältnis. Aber das Ergebnis blieb: totes zwar aber unzerstörtes, durch das Globulin zu ehemaliger Fülle aufgegangenes Zellgewebe.

Später saß Anora und starrte vor sich hin. Sie fühlte sich müde, aber dieses Gefühl wurde überlagert durch eine Hochstimmung, und ihre Gedanken kreisten um die Hobbyapparatur bei sich zu Hause, und sie spürte den bohrenden Wunsch: Ich muss den Kopf haben!

Zu einem unbestimmten Zeitpunkt erhob sie sich, ließ ihr Instrumentarium unaufgeräumt, wie es lag - nur die Lampe knipste sie aus - und sank auf das spartanische Bett.

Die Gefährten kamen mit guten Nachrichten. Es war nicht zu befürchten, dass die Mumien bei üblicher Vorsicht Schaden nähmen, wenn sie draußen mit der Atmosphäre in Berührung kamen. Ihrem Abtransport stand also nichts im Weg. Das stimmte froh und machte niedergeschlagen zugleich. Es war, als empfände ein jeder in der Gruppe so. Die Stimmung jedenfalls schien gedrückt, als Boderow die Arbeitsgänge aufzählte und sie die günstigste Variante des Vorgehens diskutierten. Dann verließen sie den Wagen.

Anora zögerte, richtete es ein, dass sie bei Boderow blieb, der noch einige Papiere zusammenraffte, die auf dem Tisch verstreut lagen.

Er sah auf. „Traurig?", fragte er.

Anora zog die Augenbrauen empor.

„Ich meine ..." Es schien, als sei er ein wenig verlegen, weil er sie offensichtlich falsch eingeschätzt hatte, „weil es ja nun doch bald zu Ende ist."

Anora schüttelte den Kopf. „Der Lauf der Welt"; sagte sie. Dann sah sie Boderow voll an und fügte hinzu, und es klang, als hinge eine Welt davon ab: „Alischer, ich will den Kopf!"

Boderow runzelte überrascht die Stirn. Sein Blick drückte aus, dass er Anoras Forderung für absurd oder für die Einleitung zu einem Scherz hielt. „Was soll sie ohne Kopf?", fragte er entrüstet, aber nicht zu ernsthaft.

„Nicht ihren - den Mann will ich!"

„Den Mann, natürlich! Ausgeschlossen!

„Sagen sie nicht ‚ausgeschlossen' Alischer ..." Niemals vorher hatte sie den Leiter der Gruppe mit Vornamen angesprochen, nun bereits zum zweitenmal, „nicht sofort. Ich bitte sie, einen Weg zu suchen - ich gebe ihn doch auch zurück. Nur leihweise ..." Sie sprach erregt.

„Aber wozu in aller Welt brauchen sie ihn?"

Obwohl Anora natürlich eine solche Frage erwarten musste, geriet sie ins Stottern. Um keinen Preis wollte sie ihre wahren Beweggründe offenbaren. Nie und nimmer hätte sie dann den Kopf bekommen. Also argumentierte sie schwach: „Ich möchte in meinem Labor die Zellstruktur radiometrisch untersuchen, analysieren und ..."

„Trauen sie unseren Spezialisten das nicht zu?" Aber die Frage klang nicht streng, eher so, als mache sich Boderow ein wenig lustig.

„Doch, doch", beeilte sich Anora zu versichern. „Nur, ich habe eine größere Abhandlung vor ..."

„Eine Dissertation?"

„Jaa", antwortete sie gedehnt und dachte, dass sie auf dieses Argument auch hätte selbst kommen können. „Und außerdem, er sieht aus wie ..." Sie wollte sagen „unser Gärtner", dachte daran, wo sie sich befand, genierte sich plötzlich wegen ihrer bourgeoisen Herkunft und setzte fort: „wie ein Bekannter."

„Soso", entgegnete Boderow, und er strich über das schlecht rasierte Kinn, dass Anora es raspeln hörte. „Wie ein Bekannter ..." Er überlegte eine Weile, wobei der Daumen nach wie vor scheinbar selbstständig über die Bartstoppeln fuhr. „Wenn es eine Dissertation ist und - äh, ein Bekannter ...", er grinste über das ganze Gesicht, „und wir ihn unbeschadet zurückbekommen, sähe ich eine Chance." Boderow wurde ernst. „Schließlich haben sie um unsere Archäologie Verdienste. Natürlich kann ich das nicht allein entscheiden. Einsetzen würde ich mich dafür."

Anora wippte auf die Zehenspitzen und drückte flüchtig ihre Lippen auf Boderows stachlige Wange. „Danke, Alischer", flüsterte sie und eilte davon.

Er blieb einen Augenblick verdutzt, verlegen, dann rief er ihr hinterher: „Ich kann mich nicht verbürgen, und es wird auch nicht sofort möglich sein!" Aber sie hörte es nicht mehr.

Omar

Anora saß gelöst in ihrem Sessel, dem einzigen Luxusstück, das sie sich in ihrem zweckdienlich eingerichteten kleinen Laboratorium leistete. Sie betrachtete zufrieden ihr Werk: An zentraler Stelle des Arbeitstisches stand in glasklarem Mumiglobulinbad - wie von einem begabten Künstler in Bronze gegossen - der Kopf des Mannes aus dem Grab in Chiwa.

Die junge Frau dachte in diesem Augenblick nicht daran, wie hartnäckig sie auf den Wunsch, den Kopf für eine Weile zu besitzen, beharrt, wie Boderow gekämpft hatte, ihn ihr schließlich doch zu erfüllen. Die brennende Ungeduld war verflogen und die Furcht, das Vorhaben könne misslingen.

Erschöpft und doch irgendwie glücklich musterte Anora oberflächlich ihre tagelange Arbeit. Sie wusste das Experiment nach all ihren Fähigkeiten und ihrem Wissen so vorbereitet, dass es gelingen konnte, falls die theoretischen und apparativen Voraussetzungen es zuließen, falls ...

„Enttäusche mich ja nicht!" Es klang wie eine Beschwörung. Anora war aufgestanden und an den Behälter getreten. Ein weiteres Mal bestätigte sie sich die Ähnlichkeit des Gesichts mit dem Omars, des Gärtners, jenes Mannes, der dankbar in der kleinen Familie sein Leben fristete, von dem die

Ärzte sagten, dass es kurz sei würde. Dieses Gesicht in der Flüssigkeit, nachdem die Runzeln verschwunden waren, ja selbst das verwitterte Haar um den Schädel einen Flor bildete, war es ein freundliches Gesicht, eines, zu dem man Vertrauen haben konnte, ein intelligentes, aber auch eines, das im Leben viel gelacht hatte, mehr leise und verschmitzt.

Nur aus der Nähe ließen sich die über 200 Silberdrähtchen erkennen, die aus den Zentren und Knoten des Hirns und dem Bad führten, dann, isoliert und zu einem Kabelbaum verflochten, im Computer verschwanden.

Anora, im Besitz dieses Kopfes, hatte sich nicht gescheut, ihn so zu verwenden und zu behandeln, wie das Experiment es erforderte. Zum einen war sie sich gewiss - so Boderow -, dass die beteiligten Archäologen die Routineuntersuchungen abgeschlossen hatten. Nichts deutete auf den Sinn dieser makabren Grabbeilage hin. Das aufgefundene Buch war zwar ein äußerst wertvolles Exemplar des Korans, enthielt aber keinen Hinweis auf das konkrete Ereignis. So blieb zum anderen der Fund zwar interessant, ließ sich jedoch nicht als eine Besonderheit oder ein verbindendes Glied in die Geschichte des Landes ketten. Was Wunder, dass das Interesse nachließ, zumal der Gruppe Boderow die Teilnahme an einer Expedition in den Sudan ermöglicht wurde. Die Dame mit dem durchtrennten Hals, deren Alter man verhältnismäßig genau auf etwa 600 Jahre bestimmte, lag in einem gläsernen Sarg in Buchara im Museum für Alte Geschichte und machte die Besucher schauern, was sicherlich noch gesteigert werden konnte, wenn sich der Kopf wieder zu ihr gesellte, dann, wenn Anora ihn zurückgeben würde ... Alles in allem - für den Archäologen, für den Forscher, eigentlich ein unbedeutender Fund, enttäuschte Erwartung. ,,Nicht für mich, du!", murmelte Anora und drohte mit dem Zeigefinger zum Kopf hin. Dann gab sie sich einen Ruck, strich sich mit der Linken über Stirn und Augen. Erinnerung und Sentiments fielen von ihr, und sie spürte, wie ein

Drang zum Handeln entstand, der unwiderstehlich wuchs, der das Ziel zum Greifen nahe rückte.

Anora zwang sich zur Ruhe. Noch zögerte sie eine Weile. Dann jedoch straffte sie sich, trat an den Computer und vollzog nun ruhig wie in einer studentischen Übung die notwendigen Handgriffe. Wenige Kontrollleuchten erglühten, ein feines Summen kam auf, ein leichtes Vibrieren. Man sah es am Kräuseln auf der den Kopf umspülenden Flüssigkeit. Dort, wo die Drähte sie verließen, bildeten sich kleine Dellen wie unter den Beinen von Wasserläufern.

Anora drückte die Starttaste. Sie wusste, dass es lange dauern würde, Stunden. Sie bangte einen Augenblick, ob die betagte Elektronik durchhalten, ob sie bis auf die letzte Abfrage exakt arbeiten würde. Und obgleich nichts eintreten konnte, was ihrer besonderen Aufmerksamkeit bedurft hätte, behielt Anora die Geräte im Blick, tastete sich zum Sessel und ließ sich hineingleiten. Ungeordnete Gedanken jagten ihr durch den Kopf. Ihre Visionen wechselten von einem Ungeheuer, dessen Daten sich nun Bit um Bit im Innern des Computers türmten, zu einem herrschsüchtigen Emir, was - sie dachte es ironisch - durchaus kein Widerspruch zu sein brauchte.

Einmal, als ihr Omar, der Gärtner - eine Hauptfigur in ihrem Spiel - in den Sinn kam, wunderte sie sich über sich selbst, dass sie das, was sie mit ihm vorhatte, so wenig berührte. „Weil ich ihm helfe, seine Lebenserwartung verdopple!" Aber unterbewusst gab es da die zweifelnde Frage, ob sie das wirklich tat. Außerdem gab sie zu, gelänge der Versuch, dass sie eigentlich keinen Plan hatte, wie es weitergehen könnte. „Liegt es daran, dass ich im Grunde an einen Erfolg nicht glaube?"

Wieder glitt Anoras Blick über die Apparatur, nahm ihr Bewusstsein das Summen und gelegentliche Klicken auf. Dann zuckte sie mit den Schultern. Es ging alles nach Programm. Und da war auch wieder das Kribbeln, das aber auch Ursprung in einer tiefsitzenden Furcht hatte. Wie weit wird man ein Er-

gebnis, vorausgesetzt, es gäbe eins, der Öffentlichkeit vorstellen können? Wo liegt ein Nutzen? Und wäre das Verfahren nicht ebenso missbräuchlich anzuwenden, zum Schaden der Menschen? Angst, etwas nicht Beherrschbares heraufzubeschwören, kroch in Anora auf - jetzt, da der Versuch in Gang gesetzt, sie nichts anderes tun als untätig zusehen konnte, der Eifer der Vorbereitung mit den 1000 Handgriffen einem tiefen Grübeln gewichen war. „Ach was! Der Ausgang ist so ungewiss. Zu entscheiden habe ich dann, wenn feststeht, worüber es etwas zu entscheiden gibt!"

Anora stand auf. Im Augenblick war es ihr tatsächlich gelungen, die unerfreulichen Gedankengänge zu bannen. Sie trat an das Display und machte sichtbar, was gerade über den Rechner lief, unermüdlich in ihn eingespeichert wurde. Zeile um Zeile - wie aus einem Lehrbuch über medizinische Datenverarbeitung - liefen die Signale, analog und digital, sauber abgegrenzt mit eindeutigen Konturen, über den Schirm.

Aber es gelang Anora, jede euphorische Regung in sich auszuschalten.

Sich entschließen, das kleine Labor zu verlassen, konnte sie aber auch nicht. Ein Blick zur Uhr sagte ihr, dass der Vater längst zu Bett gegangen sein musste.

Bei dem Gedanken fiel ihr ein, dass sie nun wieder nicht mit ihm gesprochen hatte. Er würde Omar vermissen. Und was neu entstehen würde, wer weiß ...

Wieder blickte Anora zur Apparatur. Hektisch flossen die Zeichen. Da gab es keine Monotonie. Ganz anders als bei Omar. Komplette Gehirnregionen dieses Unglücklichen schienen leer, blieben ohne Echo. Andere wieder antworteten auf die Fragen lediglich langsam und verschwommen.

Anora dachte das mit ein wenig Schmerz. Sie hatte Omar, diesen gutmütigen, einfachen Mann gern. Auch der Vater mochte ihn, und er würde ihm fehlen, ohne Zweifel „Also muss ich mit Vater sprechen, bald!"

Anora war sich gewiss, sobald dieses Gehirn da aus dem Grab in Chiwa restlos abgefragt sein würde, war ihre Ruhe vorbei. Schon am Morgen würde es theoretisch möglich sein, den zweiten Teil des Versuchs zu beginnen, und sie würde, sobald wie irgend möglich, also gleich in der Frühe, mit Vater sprechen. „Und wenn nicht? Wenn ich ihm einfach den neuen Omar präsentiere? Eine Heilung! Durch einen Schock vielleicht, könnte man behaupten. Vater würde das leichter verkraften als die Gewissheit, dass die Tochter von launischen Spielereien, wie er ihre Experimente nannte, zu ungewissen, auf jeden Fall aber unheilvollen Versuchen - noch dazu an Menschen! - übergegangen war. Billigen würde er es nicht. Ich lösche eine Identität. Aber ich schaffe eine neue", widersprach sie sich. „Und wer oder was gibt dir dazu das Recht? Wenn es gelingt, wird er länger leben. Und der andere? Bin ich eine Hasardeurin, treibe ich unverantwortliche Forschung für einen Erkenntnisgewinn, der niemandem nützt?" Und Anora spürte, noch nicht greifbar, dass sie längst noch nicht alles, was mit ihrem Beginnen im Zusammenhang stand, zu Ende bedacht hatte. „Er, was würde er wohl sagen? Der Geliebte einer Herrscherin, vielleicht selbst ein Herrscher, dann Gärtner eines kleinen Anwesens, das eigentlich noch nicht einmal einen Gärtner benötigt, für schöpferische Arbeit wenig Raum bietet. Aber woher weiß ich, wessen Kopf neben die Leiche dieser Frau geraten ist?"

Wieder betrachtete Anora das gütige, intelligente Gesicht. Und wieder glaubte sie einen listigen, schalkhaften Zug zu erkennen. Das war es auch, was dieses Gesicht deutlich von dem Omars unterschied und was ihr ein wenig den Glauben gab, dass Schwierigkeiten von diesem Menschen nicht ausgegangen sein konnten - zumindest nicht für jene, die sich im Leben mit ihm verstanden. Wie wohl seine Augen - gewesen - sein mögen? Das werde ich nie erfahren ..."

Je länger Anora das Gesicht betrachtete, desto lebendiger

schien es zu werden. Einmal war ihr, als liefe ein Zucken über die geschlossenen Lider. Dann wieder, als lächle der Mund, halb zutraulich, halb spöttisch.

Da fragte Anora laut: „Wer, Mann, bist du? - Hast du sie sehr lieb gehabt? Ich weiß schon, so sehr, dass dir der Sinn nicht nach Flucht stand, als man euch entdeckte. Was für Männer wart ihr doch ..." Verschwommen kam Anora in diesem Augenblick Akin in den Sinn, Akin, von dem sie einmal dachte - oh, es schien Jahrhunderte her zu sein -, er wäre ein solcher Mann ... „Wie aber hast du sie kennengelernt, sie, die Stolze, Hochstehende? Bist du selbst einer von ihnen? Ein Emir? Ein Prinz? Fändest du es entwürdigend, dass ich, Anora, eine Frau nur, meine Hände nach dir ausstrecke? Wärst du vielleicht gar lieber in deinem Lehmgehäuse dort in Chiwa geblieben?" Anora schüttelte langsam den Kopf. „Ein Omar bist du nicht, kein Gärtner Und ich schwöre, du sollst auch keiner werden!"

Je weiter die Erzählung fortschritt, desto unruhiger wurde Nasreddin. Längst hörte er nicht mehr mit geschlossenen Augen zu, sondern starrte die Frau an wie ein Wunder oder - Monster. Aber noch war er sich nicht im Klaren, wo das hinzielte, und erst recht nicht, ob er alles richtig verstand. Viele Worte gebrauchte sie, die er nie gehört hatte. Aber er ahnte, dass sich hinter all dem Ungeheuerliches verbarg, etwas, was unmittelbar mit seiner Identität zu tun hatte.

Nasreddin beherrschte sich. Wie, wenn es tatsächlich ein Märchen, eine phantastische Geschichte wäre? Aber warum würde sie ihm diese erzählen? Um ihn abzufertigen, loszuwerden? Nein. Er sah in ihr Gesicht. Sie ist kein schlechter Mensch. Was will sie nur mit diesem Kopf, wessen Kopf ...? Und in Nasreddin wühlte eine dumpfe Ahnung, bohrte ein Gedanke, der ihm so ungeheuerlich vorkam, dass er ihn nicht zu

Ende zu denken wagte. „So etwas gab es nicht. Oder sie ist eine Hexe, vom Scheitan in finstere Künste eingeweiht ... Aber warum von Allah geduldet?"

Die Frau hatte wohl die Unruhe in Nasreddin bemerkt. Mehrmals schien es, als wolle sie unterbrechen, aber er hatte sie durch einen Blick, eine Geste immer wieder ermuntert, weiterzusprechen. Sie bemerkte jedoch auch, dass er nicht alles begriffen hatte.

Nasreddin seinerseits verstand, dass sie hier und da weitschweifiger geworden war, dass sie Dinge einflocht, die scheinbar mit der eigentlichen Geschichte nichts mehr zu tun hatten. Er war ihr dankbar für diese Passagen, gestatteten sie ihm doch, das Gehörte besser zu verkraften, seine Gedanken soweit wie möglich zu ordnen. Unzählige Fragen stauten sich in ihm, doch er hoffte, dass der weitere Verlauf der Geschichte etliche von ihnen beantworten würde. Aber eine stach heraus: Warum nur hatte sie bei der ersten direkten Begegnung Omar zu ihm gesagt, und warum spielte in ihrem Erzählen jener Omar eine Rolle?

Die Frau stockte, hatte doch einen Augenblick den Faden verloren. Sie leitete ihre Geschichte neu ein.

Also, Anora hatte bei sich beschlossen, dass jener kein Gärtner werden würde. Danach lehnte sie sich zurück, ihr war, als fiele etwas von ihr, eine Last. Omar würde verschwinden, einfach verschwinden. Wen würde es wundern, wenn ein solcher Mensch scheinbar unbegründet fortgeht? Schon einmal hatte er sich verirrt, man hatte ihn erst nach Tagen gefunden.

Anoras Gedanken liefen in eine neue Richtung, einem Entschluss zu. Sollte ihr Vorhaben Erfolg haben, vor allem aber einen Sinn, musste der Mann dorthin gelangen, wo er gewesen war, bevor man ihm dieses jähe, scheußliche Ende bereitet hatte. „Würde ich anders entscheiden, wäre ich grausam, noch grausamer vielleicht als jene, die ihm den Kopf abschlugen."

Erneut stiegen Zweifel in Anora auf. Was ist schlimmer, jemanden aus seinem Land, aus seiner Zeit oder Identität zu nehmen? Lange sann sie nach. Hing es davon ab, wer dieser Jemand war? „Wer bist du?", fragte sie erneut.

Dann sah Anora den Mann auf einem schwarzen Pferd staubaufwirbelnd über sonnengedörrten Grund jagen, Mauern überwinden, mit Wächtern ringen und sah auch, bevor die Übermacht der Häscher ihn bezwang, wie er den weißen Schleier der Geliebten aufhob, sie zärtlich küsste ...

Anora lächelte über sich, weil sie sich von diesem Klischee nicht zu trennen vermochte. Sie hatte sich in den Sessel gekuschelt. Aber das Bild wich nicht, trotz aller vernünftigen Erwägungen, und sie gab sich erneut jenen Visionen hin, die sie schon in dem Grabgewölbe heimgesucht hatten. Schließlich schlief sie ein ...

Noch länger als eine Stunde huschten lautlos, Zeile für Zeile, Signale über den Schirm, die auf primitiver Matrize verflossene Bilder, Schmerz und Freude, ein Leben aufschrieben. Und es war, als sage das Lächeln der Schlafenden, dass sie es eines Tages würde lesen können, vielleicht mehr ...

Obwohl Anora von größter Ungeduld erfüllt war, zwang sie sich zu einer beinahe pedantischen Sorgfalt. Sie hatte den Reiseantrag eingereicht, den alten Kombiwagen des Vaters überholen lassen, und sie wartete nun auf das Visum, ein wenig bangend, dass die Behörden in diesem oder jenem, das sie formuliert hatte, einen Widerspruch finden könnten, was den letzten Teil ihres Planes, Chiwa als Ort des Geschehens zu wählen, undurchführbar gemacht hätte.

Sie bereitete den Vater schonend darauf vor, dass sie diesmal wohl ein wenig länger wegbleiben würde, wofür er, der für seine Anora lebte, erneut Verständnis zeigte, wenngleich, so schien ihr, er sich mit zunehmendem Alter immer weniger gern von ihr trennte. Und Anora schwor sich, dass sie ihren Lebensstil, die Hälfte des Jahres auf Reisen zu verbringen, nunmehr endgültig ändern würde. Das eine Mal noch, des Experiments wegen.

Über ihr Verhältnis zum Vater war sich Anora im Klaren. Nach Mutters Tod und dem Scheitern seiner humanistischen Ideale mühsam eine Verfolgung abwendend, hatte er sich zurückgezogen in das von seinem Vater Hinterlassene, einen für einen Kurden völlig unüblichen abgelegenen Landsitz. Dieser Großvater Anoras war der eigentliche Außenseiter, was auf den Sohn abfärbte, auch der Hang zum Konspirativen sicher. Während der Alte mit seinem Kapital aus dem Ölgeschäft unauffällig die Unabhängigkeitsbewegung der Kurden unterstützte, trat der Sohn gelegentlich öffentlich als Sympathisant hervor, was ihn schließlich bei der Obrigkeit in Misskredit brachte. Ränkeleien aus Stammesfehden und theoretisch-weltanschaulichen Gründen innerhalb der Bewegung ließen ihn schließlich resignieren, und er zog sich zurück, widmete sich fortan ganz der Erziehung der Tochter. Er ließ sie in Paris und Moskau studieren, versuchte ihr nach Möglichkeit jeden Wunsch zu erfüllen - vielleicht auch aus Angst, sie zu verlieren. Und er war natürlich außerordentlich stolz darauf, dass sie sich zu einer angesehenen Wissenschaftlerin entwickelt hatte. Dass sie in der Abgeschiedenheit des Anwesens, mehr aber, weil Vater sich abschloss, wenig Kontakt zu anderen Menschen fand, kaum mit jemandem befreundet war, sah oder empfand er scheinbar nicht. Er hielt Anora offenbar für glücklich oder wenigstens zufrieden, war doch ihr Beruf gleichermaßen ihr Hobby. Anora ihrerseits tat nichts, um dem Vater diese Ansicht streitig zu machen. Ja, sie fühlte sich wohl und war ihm dankbar, dass er ihr den sehnlichen Wunsch, ein eigenes Laboratorium zu besitzen, erfüllt hatte, sie unterstützte bei der Beschaffung von Tieren für Versuche, die er zwar für Frevel hielt - dabei kam selten eines ums Leben -, aber tolerierte. Im Grunde genommen verstand er der Tochter Arbeit nicht. Dass man Altes, Verschollenes ausgrub, um die Geschichte besser zu begreifen, akzeptierte er. Dass auch Gehirnstrukturen, elektronisch aufgezeichnet, damit in Zusammenhang gebracht werden konnten, quittierte er lächelnd, aber keineswegs überzeugt. Wenn es der Tochter Spaß machte, sollte sie eben Ströme registrieren ... Und Anora selbst hätte nicht zu sagen vermocht, ob sie so, wie sie lebte, glücklich war. Ja, Vater hatte Recht, zumindest war sie zufrieden. Sie fühlte sich, wenn auch unabhängig von einem Broterwerb, durchaus berufstätig, hob sich so von der Masse der Frauen des Landes ab. Sie genoss in Fachkreisen internationale Anerkennung. Und das zurückgezogene Leben bewahrte sie vor alltäglichen Störungen, war genau das, was Anora meinte nach dem Bruch mit Akin, dem Kommilitonen, brauchen zu müssen: Arbeit und Ruhe. Manchmal pochte es in ihr, wollte vielleicht deutlich machen, dass einiges in ihrem Leben nicht zueinander passte. Und gerade jetzt spürte sie jenes Pochen wieder, in jenen Tagen, in denen sich ihr Denken um Omar drehte. Und das trotz des Entschlusses, den sie an jenem Abend, an dem sie das Hirn des Hingerichteten elektronisch abgetastet, gefasst hatte.

Eine eigentliche Hilfe im Haus und Garten war Omar nicht. Den Garten hielt er zwar in Ordnung, aber nur innerhalb der immer wiederkehrenden Verrichtungen. Und jede Änderung im Gleichklang - ein neuer Baum, ein anderes Beet - erforderte geduldiges Einweisen und Kontrollieren, so lange, bis der Ablauf der Handlungen Routine, zum Schema wurde. Aber so war Omar ein Bestandteil des Hauses geworden. Wenn schon Vaters Menschenfreundlichkeit nicht im Großen Früchte getragen hatte, so doch vielleicht für dieses benachteiligte Wesen. Natürlich empfand Omar nicht, dass er benachteiligt war. Aber er hätte auch nicht mehr verstanden, müsste er so leben wie Tausende seinesgleichen, verspottet, verachtet, getreten in diesem Land.

Mit solchen Erwägungen beruhigte Anora ihr Gewissen. Der große, kräftige Körper Omars, bislang von einem allzu schwachen Hirn regiert, könnte einen normalen Geist beherbergen. Könnte! Und da begann der Zweifel. Aber was brachte ein Misserfolg? Lange überdachte Anora dies. Und sie kam zu dem Schluss, dass Omar Schaden im eigentlichen Sinn wohl nicht nehmen würde. Sein Zustand konnte sich nicht vertiefen, aber vielleicht ließe er sich lindern ... Noch eine Menge solcher Wenn und Aber nagten in Anora.

In diesen Tagen perfektionierte Anora ihre reisetechnische Ausrüstung, wie sie das Drumherum ihres Schmuggelvorhabens nannte. Schließlich waren die Zöllner keine heurigen Hasen und die Grenzer, was die Sicherheit des Landes anbelangte, ohne jede Inkonsequenz. Aber nirgends in den Begleitpapieren, die sie für die Einfuhr des Kopfes benötigt hatte, stand, dass es sich lediglich um einen Kopf handelte. Darauf und auf den Unterschied baute Anora, der zwischen einem Mitbringsel und einem Zurückbringsel bestand. Allemal gern gesehen ist, der Geliehenes zurück gibt. Und das, was einem sowieso gehört, eben das Zurückzubringende - kontrolliert man nicht, da ist man großzügig.

Allerlei Wunschbilder entstanden in Anora in diesen letzten Tagen. Nur mit einem wurde und wurde sie nicht fertig: Wie würde Vater das Verschwinden Omars aufnehmen, das zwangsläufig mit ihrer Reise zusammenfallen musste?

Anora kam der Zufall zu Hilfe: Unangemeldet stellte sich ein ehemaliger Gefährte des Vaters, ein Hagestolz wie er, aus den revolutionären Tagen ein, und es gelang Anora, diesen zu gewinnen, für längere Zeit zu bleiben. Die beiden alten Männer schwelgten in Erinnerungen, arbeiteten im Garten, machten Ausflüge in die Umgebung und gingen ihrem gemeinsamen Hobby nach, sie angelten! Kurzum, der Vater hatte seine Zerstreuung. Der Tochter Reise und das Verschwinden Omars würde er nun weit weniger schmerzlich empfinden.

Herzklopfen bekam Anora erst wieder, als sie die bestätigten Ausreisedokumente von der Behörde abholen konnte. Das bedeutete: Nun handle!

Um Omar nicht zu erschrecken, hatte Anora begonnen, ihn an ihr Reich, ihr Laboratorium mit den Apparaten, Lampen und Knöpfen zu gewöhnen. Sie ließ sich ab und an einen Blumenstrauß von ihm bringen, nachdem sie ihm geduldig den dazu notwendigen Handlungsablauf gelehrt hatte.

Vorsorglich organisierte Anora, dass die beiden Männer, ihr Vater und der Freund, einen Wochenendausflug unternahmen, zu dem Zeitpunkt, den sie nun endgültig als Beginn ihres zweifelhaften Abenteuers festgelegt hatte. Der Gedanke an ein Zurück kam ihr nicht, obwohl sie eine ungeheure Furcht verspürte. Angst erfüllte sie ebenso vor einem Misserfolg wie vor der Möglichkeit, dass ihr später die Fäden aus den Händen gleiten könnten. Und das Gewissen pochte.

Sie stand in ihrem Laboratorium voller Unruhe, mit Herzklopfen und feuchten Händen. Die Apparate hatten sich bereits warm gelaufen. Fahrig glättete Anora das Leintuch auf der Pritsche, an dem es längst nichts mehr zu glätten gab.
 Anora wartete auf Omar. Sie fühlte sich hocherregt, nicht zuletzt deshalb, weil wieder alte Zweifel quälten. Aber ihr Wille, ihre Theorie bestätigt oder zusammenstürzen zu sehen, blieb ungebrochen.
 Endlich vernahm sie die schweren Schritte des Mannes, der gleich darauf, ohne anzuklopfen, eintrat. Er trug einen nicht sehr attraktiv gefügten Strauß wunderschöner gelber Rosen und hielt diesen mit ausgestreckten Armen der jungen Frau entgegen. In Omars Gesicht stand ein einfältiges Lächeln, die Wangen waren gerötet, der Blick ging unstet. Aber ohne Zweifel, die Ähnlichkeit zum aufgefundenen Kopf war erkennbar.

Wieder empfand das Anora so, und sie fühlte sich erneut bestärkt in ihrem Vorhaben - obwohl ihr natürlich klar war, dass diese zufällige Ähnlichkeit lediglich ein kleines aber keineswegs ausschlaggebendes auslösendes Kriterium war.

Eigentlich, abgesehen von dem etwas stumpfen Gesichtsausdruck, war Omar ein stattlicher Mann mit einem muskulösen, wohlgestalten Körper, hochgewachsen, breitschultrig, ein wenig massig, aber nicht korpulent. Und zum erstenmal kamen Anora Bedenken in einer ganz anderen Richtung: „Wie, um Himmels willen, werde ich mit diesem Hundertkilomenschen fertig werden?"

Omar war darauf vorbereitet, wenn er Blumen brachte, eine wohlschmeckende Erfrischung angeboten zu bekommen, die er stets mit Behagen verzehrte. Es fiel Anora daher nicht schwer, ihm das Schlafmittel beizubringen.

Sie bugsierte den Mann, eingedenk ihrer bemessenen Kräfte, zur Liege, bedeutete ihm, darauf Platz zu nehmen, und gab ihm den Trank. Er nahm ihn, lachte breit und schlürfte das Getränk mit offensichtlichem Vergnügen.

„Schmeckt es, Omar?", fragte Anora.

Er strahlte sie an, lachte, dabei sein wohlgeformtes, kräftiges Gebiss mit dem Goldzahn - Vaters Geschenk - über Gebühr entblößend.

Anora setzte sich neben Omar, legte ihm vertraueneinflößend eine Hand auf den Arm, kam sich einen winzigen Augenblick erbärmlich vor, und nahm dann den vorbereiteten Bildband. Sie hatte entdeckt, dass Omar gern Fotografien betrachtete, sich an ihnen ergötzte und meist andere aufforderte; an seinem Vergnügen teilzuhaben. Er zeigte dabei auf die Bilder, dass man befürchten musste, sein kräftiger Finger werde das Papier ruinieren.

So auch jetzt. Geduldig blätterte Anora und ließ die Seite jedesmal so lange stehen, bis sein Entzücken sich gelegt hatte. Manches Bild sagte ihm offenbar nicht viel. Da reagierte er schwach oder nicht. Und flüchtig dachte Anora, dass dies wohl auch ein Ansatz hätte sein können, etwas weiter in seine merkwürdige Psyche zu dringen.

Anora unterdrückte standhaft ihre Ungeduld. Sie hatte schon erfahren, dass er auf leiseste Regungen reagieren konnte, dann, wenn er spürte, dass sich jemand oberflächlich oder gar unwirsch mit ihm befasste.

Als Anora schon annahm, dass sie die Dosis des Schlafmittels zu klein gewählt haben könnte, zeigte Omar erste Anflüge von Müdigkeit. Aber eine Viertelstunde dauerte es noch, bis er sich willig auf die Liege betten ließ. Anora atmete auf. Einen Augenblick verhielt sie, dann arbeitete sie rasch; jeder Handgriff saß, ihr Denken beschränkte sich ausschließlich auf die durch das Experiment vorgeschriebenen Schritte. Zweifel, Bedenken, hatte es sie jemals gegeben?

Sie zog die Spritze auf und verabreichte Omar eine betäubende Injektion, nicht weil sie sehr Schmerzhaftes an ihm zu vollziehen gedachte, sondern weil sie vermeiden wollte, dass Omar in den nächsten Stunden erwachen und in seiner unkontrollierbaren Art das Experiment in letzter Minute zunichte machen könnte.

Das Setzen der Sonden war der schwierigste Teil. Anora stülpte Omar die am Chiwa-Kopf entstandene Schablone über und bohrte unter örtlicher Betäubung mit dem Laserskalpell die feinen Löcher durch die Schädeldecke.

Obwohl gut vorbereitet, benötigte sie über 90 Minuten, bis nach dem vorbestimmten Muster die Perforation vollendet war. Sie gönnte sich keine Pause, streckte sich nur kurz, dann drückte sie die haardünnen Sonden in Omars Kopf. Tiefe und Reihenfolge hatte sie markiert, sodass sie schnell vorankam.

Nach einer weiteren Stunde war Omar - wie vor wenigen Wochen der Chiwa-Kopf - eng verbunden mit dem Computer, bei der jetzigen Anordnung allerdings mit einem zwischengeschalteten Impulsverstärker.

Und dann entspannte sich Anora doch einige Minuten. Sie kontrollierte Omars Puls, der kräftig und konstant schlug.

Danach trat sie an das Chemikalienschränkchen, entnahm ihm einen guten Weinbrand, genehmigte sich einen kräftigen Schluck aus der Flasche und warf sich in den Sessel.

Mit geschlossenen Augen blieb sie so einige Minuten sitzen, bis sie das Kratzen des groben Bezugsstoffes des Möbels an ihren nackten Schultern als unangenehm empfand. Ruckartig stand Anora auf, trat zu Omar, strich ihm über das starre Gesicht, dessen Mund wie eingefroren, halbgeöffnet lächelte.

Langsam vollzog Anora die drei Schritte zum Computer und legte fast wie in Trance den Hauptschalter um. Beinahe gleichzeitig drückte sie den rechten Daumen mit unangemessenem Kraftaufwand auf die Starttaste.

Während sich bei den leichten chirurgischen Eingriffen der Mann nicht im Geringsten geregt hatte, lief jetzt ein Zittern über Körper und Gesicht. Der Kopf zuckte empor, sodass Anora einen Augenblick befürchten musste, die Kontakte könnten abreißen. Dann jedoch, als wäre ein erster Ansturm vorüber, sank Omar in die ursprüngliche Lage zurück, aber ein unaufhörliches Zucken der Gesichtsmuskeln und der geschlossenen Augenlider blieb. Bereits bei der ersten Welle war das einfältige Lächeln aus Omars Antlitz geschwunden.

Auf Anoras Gesicht standen Schweißperlen. Sie kontrollierte in einem fort die Geräte, vertrieb den Gedanken, was eintreten würde, fiele die Maschinerie aus.

Nun lief das Experiment. Aber anders als an jenem Abend, als sie den Kopf abfragte, konnte Anora sich nicht entschließen, untätig zu sein, obwohl ihr bewusst war, dass es ebenso lange dauern würde wie seinerzeit, bis der letzte Speicher seine Daten abgegeben habe würde. Ja, so dachte Anora: abgeben würde der Computer; würde das Gehirn aber auch aufnehmen?

Sie musterte erneut Omars Gesicht, hatte unbedingt den

Eindruck, dass es jetzt viel mehr dem aus der Gruft ähnelte als vordem. "Oder bilde ich mir etwas ein?"

Anora fühlte sich anders als bei jedem der vielen Experimente vorher. Freilich, die hatte sie ausschließlich mit Tieren gemacht. Aber auch da war doch bereits der Kitzel, etwas Neuem, vielleicht Großem auf der Spur zu sein. Warum dieses Zweifeln? "Das Nachher ist es!"

Wenn man die Ursache mancher Wirkung kennt, kann man sie besser bekämpfen. Wieder verscheuchte Anora das Grübeln, gab sich forsch und begann, dieses ungewisse Nachher konkret und akribisch vorzubereiten. Sie wusste, dass sie dann, wenn sie die Sonden gezogen haben würde, keine Zeit verlieren durfte. Die Narkose würde noch 18 Stunden anhalten. In dieser Zeitspanne musste sie den Wagen beladen und die riesige Strecke nach Chiwa zurückgelegt haben. Dazwischen aber lag der - und nicht nur zeitliche - Unsicherheitsfaktor Grenze. Also!

Anora zerrte die Transportkiste in den Raum, blieb davor, sich an der Schläfe kratzend, stehen. Nur ab und an ging ihr Blick über die Apparate, flüchtig kontrollierend. Im übrigen überlegte sie bedächtig, wie sie den Inhalt in die Kiste und diese wiederum in das Fahrzeug bugsieren könnte. Als sie glaubte, die Lösung zu haben, setzte sie sie sofort in die Tat um, und sie verließ den Raum, sicher, dass die alte, bislang zuverlässige Maschine auch ohne den kontrollierenden Blick ihr Programm abspulen würde.

Zunächst fuhr Anora den Lieferwagen mit dem Heck voran an die Terrasse, die auf gleichem Niveau wie das Labor lag.

Schon mehr Vorbereitung bedurfte der nächste Schritt. Da war das pseudoantike Geländer aus massivem, ornamentgesägtem Holz. Der Einfall kam schnell, und Minuten später schnitt Anora mit der Handkreissäge aus Vaters kleiner Werkstatt ein meterlanges Feld aus der Umfriedung, Die Späne pustete sie weg, und die Schnittflächen dunkelte sie mit einer

Handvoll Gartenerde ein. Und sie bereitete zwei Metallbänder vor, die anschließend das Ganze halten würden.

Ein Armvoll runder Pflöcke, die sonst junge Pflanzen stützten, vollendete Anoras Vorbereitung.

Als sie - bis auf das Verladen - abreisefertig zurück ins Labor kam, arbeitete der Computer das letzte Band ab. Jetzt setzte sich Anora, um Kräfte zu sammeln.

Ein Klicken mit auslaufendem Surren beendete den Elektronenfluss von der Maschine zu Omar, der jetzt - Anora hoffte es inständig - nicht mehr Omar war.

„Wer aber sollte er sein?" Nasreddin richtete sich auf den Knien auf, rückte nahe an die Frau heran, sah zu ihr auf. Für einen Außenstehenden musste dies ein merkwürdiger Anblick sein.

Die Frau rutschte von der Mauer, legte dem Mann die Hand auf die Schulter. „Geduld, Geduld, die Geschichte ist gleich zu Ende."

Mit sanfter Gewalt zwang sie Nasreddin, sich neben sie zu setzen und an die Mauer zu lehnen. Dann fuhr sie fort, ein wenig hastig:

Sie hatte die Struktur des Gehirns, dessen gesamtes Erleben und Erinnern, aus dem Chiwa-Kopf dem Hirn des Omar aufgeprägt, sodass, das jedenfalls war ihre Absicht, im Grunde genommen dieser den Kopf dessen trug, den man zusammen mit der schönen Geliebten enthauptet hatte.

„Beruhige dich, noch einige Minuten, Nasreddin!"

Anora zog sorgfältig die Elektroden. Omar zeigte keine Regung. Es hatte den Anschein, als schliefe er friedlich, und mit großer Befriedigung stellte Anora fest, dass der stumpfe Gesichtsausdruck nicht zurückgekehrt war. Sie tupfte auf die winzigen Löcher im Schädel eine entzündungshemmende und gleichzeitig die Wunden verschließende Salbe. Zu einem Verband konnte sie sich nicht entschließen. Es kam darauf an, dass die unbedeutenden Wunden schnell heilten. Soviel Zeit nahm sich Anora, um Spuren, die auf ihre tatsächliche Arbeit hingewiesen hätten, sorgfältig zu beseitigen. Sie wollte keineswegs riskieren, dass, erfolgte etwa eine gründliche Suche nach Omar, man ihr Laboratorium als seinen letzten Aufenthaltsort erkennen würde.

Dann bugsierte sie den schweren Mann in die mit einem großen Leinentuch ausgelegte Kiste, indem sie zuerst seine Beine von der Liege herunterzog und dann unter immenser Kraftaufbietung den übrigen Körper hinterher gleiten ließ. Danach ging sie an ihren Schmuggeltrick: Mit Schaumstoff glich sie die Maßunterschiede und Lücken zwischen Kopf und Schultern so aus, dass bei übergebreitetem Tuch der Eindruck entstand, es läge da in der Kiste ein etwas lang geratener Rumpf ohne Kopf. Und diesem Rumpf setzte Anora den Chiwa-Kopf auf, stopfte ihn sorgfältig mit Tüchern und Zellstoff fest, dass er während des Transports keinen Schaden nähme und dass die Zöllner den Eindruck von etwas sehr Kostbarem, das man tunlichst nicht anfasst, erhielten. Sie verstärkte diesen Eindruck, indem sie das nun wieder mumienhafte Gesicht mit einer gebogenen Platte aus organischem Glas überdeckte. Einen Augenblick betrachtete sie wohlgefällig ihr Werk, bis sie die Kiste verschraubte. Auch das gehörte zu ihrem Täuschungsmanöver.

Das Übrige ging leichter, als sie vermutet hatte. Auf den Pflöcken rollte die Kiste leicht über den kurzen Korridor zum Auto. Selbst das ständige Vorräumen der Rollen ging rasch und ohne besondere Anstrengung. Dennoch geriet Anora in der stechenden Mittagssonne arg ins Schwitzen, bevor sie die Hecktür des Fahrzeugs zuklappen konnte.

Schnell setzte Anora das Terrassengeländer wieder ein,

beseitigte Spuren, verschloss das Haus. Im letzten Augenblick warf sie noch einige der Pflöcke ins Auto.

Die Frau neben Nasreddin schwieg.

Nasreddin fühlte, dass ihre Geschichte zu Ende war. Wo aber blieb das deutliche, klärende Wort? Sie hatte es nicht ausgesprochen. Dabei wusste er genau, wie es lauten würde ...

Sie schwiegen.

Dann sagte sie unsicher, und die Stimme klang rauh: „Das, Nasreddin, war die Geschichte, die ich dir erzählen wollte."

Und plötzlich wusste er, wie er sich im Augenblick zu verhalten hatte. Er drehte sich ihr halb zu, sah ihr ins Gesicht, das Erwartung, Furcht und forschende Neugier ausdrückte. „Es ist eine - interessante Geschichte", sagte er und lächelte sie eigentümlich an. „Sie hat mir gut gefallen - und sie ist lehrreich. Ich werde viel über sie nachdenken, Anora." Er fasste sie an den Schultern, sah sie an und schüttelte nachdrücklich den Kopf, als hätte sie etwas schrecklich Dummes gesagt. Dann ließ er sie los und lehnte sich wieder an die Mauer. „Einiges habe ich nicht verstanden - ich bin ein einfacher Mann -: was ein Computer ist oder eine Elektrode. Aber ich glaube, das ist nicht so wichtig. Allah hat mir den Kern deiner Geschichte gezeigt. Schade, dass es noch keine Frauen als Geschichtenerzähler gibt, oder vielleicht gut so - da bist du Scheherezade die Zweite aus Tausendundeiner Nacht ..."

Ihr Gesicht spiegelte grenzenloses Erstaunen. Wenn sie mit allem gerechnet hatte, nicht damit, dass er nun so reagierte. War es Gelassenheit, schwarzer Humor, oder spielte er nur den Gleichmütigen? Aber leicht war ihr auch zumute, leichter, als wenn er getobt, sie beschimpft oder sie gar stehengelassen hätte. Sie atmete hörbar aus und umhalste den Überraschten plötzlich. Sie legte den Kopf an seine Brust und sagte, und in den wenigen Worten lagen alle ausgestandenen Ängste und Zweifel, aller Lohn für die Mühsal: „Ich danke dir, Chodscha Nasreddin, danke dir von ganzem Herzen." Sie löste sich von ihm, verwischte eine Träne und fügte gewollt leicht, beinahe heiter hinzu: „Wenn ich es nicht vorher schon gewusst hätte, jetzt wüsste ich es auf alle Fälle: Du *bist* Chodscha Nasreddin, den wir alle kennen und lieben."

Er quittierte wiederum nur mit einem Lächeln. Dann nahm er die Frau an die Hand und führte sie hinüber zur Grabkammer. „Ich würde gern einmal hineinsehen", sagte er.

„Das lässt sich machen", antwortete sie. „Ich habe einen Ausweis, falls die Miliz kommt."

„Miliz ...", wiederholte er, ohne dass zum Ausdruck kam, was er meinte.

Sie entfernten die Bretter und ließen sich hinunter. Es war finster, und sie benötigten mehrere Minuten, um sich an die Dunkelheit zu gewöhnen.

Nasreddin hatte sich hingehockt an der Längsseite der Platte, die nunmehr wie ein sehr niedriger Tisch die Mitte der Kuppel einnahm, nachdem der gemauerte Sarkophag abgetragen worden war.

Die Frau stand hinter Nasreddin in gebückter Haltung, weil das Gewölbe dort ein aufrechtes Stehen nicht zuließ.

„Hier also", dachte Nasreddin, „haben wir geruht, fünfhundert Jahre lang, ungestört, im Tode vereint. Bis jene kamen und mich dir entrissen. Nilufar ...

Haben sie das?

Sollten wir nicht in Allahs Reich sein, in paradiesischen Gefilden, wo Milch und Honig fließen? Meinetwegen auch beim Scheitan. Aber wo bin ich zu mir gekommen, nachdem der Henker das Schwert hat doch sausen lassen? Auf dem Basar in Chiwa hineingegossen in den Leib eines Gärtners - kein übler Bursche übrigens! Mit einem goldenen Zahn auch! Und wer hat es getan? Diese schöne Anora mit ihrem Com... , ist ja auch egal. Aber wenn Allah durch sie ...?

Und warum hat er mich fünfhundert Jahre schmoren lassen, hier auf diesem lehmigen Podest? Als Strafe für meine Sünden vielleicht. Und Nilufar, wo warst du in dieser Zeit? Ich denke, Allah ist gnädig, da hätte er uns gemeinsam die Strafe auferlegen und uns gleichzeitig erwecken lassen können." Nasreddin wusste nicht, was er von diesen Ungereimtheiten halten sollte. Eine Zeitspanne von 500 Jahren hatte noch niemand übersprungen. Und wenn die Seele unabhängig von allen - wie sagte Anora? - aus magnetischen Strukturen und Wellen bestünde? Dann würde ich jetzt dort und hier existieren. Und was ist, wenn ich abermals sterbe? Dann kann ich meiner ersten Seele sagen: 'Salam aleikum, alter Nasreddin. Du hast zu früh gelebt und zu kurz. Viel hat sich verändert, vieles, was du wolltest, ist wahr geworden. Deine Streiche müsstest du auf anderes richten, wenn du das Neue begriffen hast, und das dauert, das sage ich dir, lange! Und dennoch, alter Nasreddin, deine Zeit lief gemächlicher. Musstest nicht zur Seite springen, weil keine rasenden Maschinen auf den Straßen preschten. Du kanntest keinen Vorsitzenden, dessen ein und alles die Baumwolle ist, der dich aber dennoch besuchte, als du krank warst. Du lebtest mit deinem Esel, seiner Milch, wenn es eine Stute war, dem Fladenbrot und einem Stück Schafkäse - zum Fest eine Hammelkeule, eine Schüssel Plow, zugegeben - monatelang. Heute hat man Apparate, mit denen kannst du in alle Herren Länder sehen wie der Zauberer aus dem Märchen mit seinem Ring. Um solch einen Seher zu besitzen oder eine Maschine, vergisst der Mensch seinen Freund, nimmt den Glanz der Sterne nicht mehr wahr, weiß nicht mehr um das Wunder, das die Natur ihm alltäglich offenbart. Der heutige Mensch kann aus der Konserve - so nennen sie das - leben. Bohnen und Hammel, der Saft der Pflaume, des Weins, aber auch Töne und Bilder ... Du drückst auf einen Knopf oder nimmst ein kleines Gerät, und schon hast du das, was für dich aufgehoben wurde in einer Fabrik. Und nichts oder fast nichts musst du hinzutun. Du verleibst es dir ein, und das ist bequem, sage ich dir. Du liegst unter dem Granatapfelbaum, und von einem Bändchen hörst du eine Musik aus einer fernen Stadt, einem neuen Mekka. Und dazwischen pflückst du Baumwolle oder füllst die Konserventöpfe, die du des Abends wieder öffnest, natürlich nicht dieselben. Was sagst du? Ich aus dem Magnetspeicher sei selbst eine solche Konserve ...? Du überraschst mich, lernst schnell ... In der Tat, der Alte hat recht! Ich bin eine Konserve. Sie, diese Hexe Anora, sie hat doch diesen Com..., dieses Ding noch. Und aus jedem anderen Omar oder Jussuf oder Alischer - oder wie er sonst heißen mag - kann sie einen Nasreddin machen, der das Gleiche erlebt hat wie du und ich, das gleiche Erinnern, sich der gleichen Freunde und Bekannten besinnt, der Eltern. Und jeder glaubt von sich, der echte Nasreddin zu sein. Wie wir beide. Oh Allah, wenn es dich gibt, was hast du zugelassen? Ist sie von dir begnadet oder ein Werkzeug des Scheitans? Oder was hältst du von einer Welt voller Nasreddine, unterschiedlich von Gestalt zwar, aber jeder empfindet das Gleiche, hat die nämliche Herkunft? Wäre das schön? Würdest du so leben wollen? Selbst eine Frau könnte Nasreddin, der Chodscha, sein. Du meinst, es würde sich herausstellen, ob jemand es tatsächlich ist, das Leben würde es prüfen? Aber jeder würde es doch von sich annehmen, und es wäre rechtens! Er wäre doch ganz lustig, der Wettstreit zwischen den Nasreddinen ..." Nasreddin wurde es bei diesen Gedankengängen wirr im Kopf. Trotzdem erheiterte ihn die Vorstellung, wie sich eine Menge Nasreddine in mächtigen Wortgefechten bekriegen.

Verwundert sah Anora auf den hockenden Mann, der stillvergnügt vor sich hin schmunzelte.

„Würde dir eine solche Welt gefallen, alter Nasreddin? Du weißt es nicht! Ich weiß es auch nicht. Aber einen Vorteil hat diese neue Welt für die Menschen. Sie versuchen in Frieden miteinander auszukommen. In deiner Zeit sah der Gebieter sein größtes Heil, seinen Ruhm darin, Schrecken und Unheil, Leid, Tränen und Trümmer über andere zu bringen. Freilich, es existieren noch solche Timure, aber so wie der unsere können sie nicht mehr schalten und walten, auch wenn sie viel schrecklichere Waffen haben, schneller und vielleicht mächtiger sind als der alte Tamerlan. Ich weiß, du würdest viel dafür geben, dass du nicht stets fürchten müsstest, wilde Scharen könnten dir über Nacht das Dach über dem Kopf anzünden, dich versklaven, vergewaltigen, töten. Ich glaube, du hast recht, nur muss man auch mit dem Frieden Vernünftiges anfangen, darf um seinetwillen nicht alle Mängel unter den Teppich kehren.

Es ist wahr, man sollte nicht rechten. Jede Epoche hat ihre Schatten- und Lichtseiten; ausschlaggebend ist wohl, für wen der Schatten, für wen das Licht ..."

Nasreddin erhob sich.

Die Frau trat vor, reckte sich. Er hatte sie in diesem Augenblick ganz vergessen.

„Gehen wir?", fragte sie.

„Wo ist - sie ... und wo der - Kopf?", fragte er, als fiele es ihm schwer.

„In Buchara, im Museum."

„Museum ...", wiederholte er und horchte dem Wort nach.

„Ein Ort, an dem Kostbarkeiten vergangener Epochen aufbewahrt werden, damit die Menschen sie sehen können."

„Kostbarkeiten", wiederholte er erneut, „Kostbarkeiten ... Ich möchte nach Buchara."

„Ich habe es mir gedacht. Es ist kein Problem. Willst du, dass ich dich begleite?"

„Ja", antwortete er ohne Umschweife.

„Gut - aber was wird Gusal dazu sagen?" Sie lächelte ihn an.

„Sie wird es verstehen."

„Wird sie nicht!" Sie sagte es mit Bestimmtheit, aber nicht überheblich. „Kaum ein Mensch würde - das verstehen."

„Aber ich muss nach Buchara, und mit dir."

Gur-Emir

Anora hatte den Zeitpunkt herbeigesehnt, zu dem Alischer Boderow aus dem Sudan zurückgekehrt sein würde.

Sie war ungeheuer stolz auf das Ergebnis ihres Experiments. Sie hätte das Unerhörte hinausjubeln mögen in alle Welt, hätte gern darüber geschrieben, pausenlos wissbegierigen Journalisten Interviews gegeben. Statt dessen spielte sie Versteck, verbarg sich, wo sie konnte, beobachtete, aber kam zu keinem Schluss.

Was war das für ein Augenblick, als Omar inmitten der von ihr erworbenen Früchte, dem zugeordneten Esel, mit provisorischen Papieren und etwas Geld im Chalat das Bewusstsein erlangte. Und diese Spannung! Was für ein Bewusstsein würde das sein? Hatte sich das gewiss kräftige Gehirn den fremden Impulsen widersetzt, war er der alte Omar geblieben? Oder war das Experiment gelungen!?

Wie freudig erregt war Anora dann, als der Mann, der offensichtlich nicht mehr Omar war, begann, seine Früchte zu verkaufen, auch wenn er sie mehr verschleuderte. Aber was musste in diesem Menschen vorgehen! Und noch wusste sie nicht, in welchem Umfang dieses Gehirn funktionieren würde.

Begreiflich, dass er dann so schnell wie möglich den Ort seines Niedergangs verlassen wollte. Anora hatte Mühe, ihn im Gedränge nicht aus den Augen zu verlieren. Tausend Gedanken auf einmal schossen ihr durch den Kopf, solche, die sie während des Experiments nicht gedacht hatte. Was würde er zum Beispiel mit diesem Körper, der ihm im Grunde fremd sein musste, anfangen? Würde er den - Betrug sofort merken, wie würde er ihn aufnehmen? Jede Phase versuchte sie zu verfolgen. Wie er zweifelnd sich umsah, offensichtlich das Gegenwärtige mit seiner Erinnerung verglich - also erinnert er sich, konstatierte sie. Schauerlich kam ihr der Gedanke vor, seine eigene Hinrichtung wiedererleben zu müssen.

Als er sich endlich mit ihrem Esel auf die Straße nach Urgentsch machte, war es ihr leicht geworden. Er fand sich zurecht, „er findet sich zurecht", jubelte es in ihr. Aber zugleich regte sich der unbändige Wunsch, zu wissen, wer er wirklich war, wie er unters Richtbeil geriet, er sich fühlte in dieser Welt, mit ihr zurechtkam. Aber wie sollte man das bewerkstelligen, ohne sich zu offenbaren!

Es war ihr nicht immer leicht gefallen, auf seiner Spur zu bleiben. Die erste Nacht hatte sie im Auto geschlafen, nachdem sie im Vorüberfahren festgestellt hatte, dass er sein Nachtlager am Straßenrand aufschlug. Sie hoffte sehr, dass er eine feste Bleibe finden würde, solange der kleine Sender, den sie im Zaumzeug des Esels verborgen hatte, noch genügend Energie hatte ... Und das geschah glücklicherweise.

Und dann die Sensation, als sie durch vorsichtiges Fragen erfuhr, dass sich der Neue für Nasreddin, den Chodscha, ausgab. Das weckte Hoffnung und Zweifel zugleich, aber die Zweifel überwogen.

Anora war nach Taschkent geflogen, hatte die Gebietsbibliothek zwei Tage lang durchstöbert und tatsächlich einen Hinweis gefunden, dass der große Timur den Chodscha Nasreddin wegen dessen Ruf als scharfsinniger und witziger Mann zu sich nach Samarkand geladen hatte. Und das Erstaunliche: Die in dieser Quelle angegebene Jahreszahl stimmte mit dem Alter des in Chiwa aufgefundenen Grabes in einem solchen Maße überein, dass Anora an einen Zufall von diesem Augenblick an nicht mehr glauben wollte.

Aber wenn es stimmte - nicht auszudenken! Und angenommen, ein solches Hirn funktionierte normal, welch ein Fundus für die Historiker! Die Jahrhundertsensation. Er würde der berühmteste Mann sein, alle

Welt würde ihm zujubeln, alle Fernsehstationen, alle Zeitungen würden berichten.

Und dann, als sie das alles - in Taschkent noch - überdachte, brach es über sie herein: Man kann einem Menschen nicht so etwas antun! Er wäre gehetzt und verfolgt sein Leben lang, stets Objekt für irgendwelche Untersuchungen, er fände keine Ruhe. Und der Ausgangspunkt des Ganzen: das Experiment, das bei dieser Gelegenheit natürlich nicht ausgeklammert werden konnte. Da lag eine weit größere Gefahr. Freilich, die Methode, ausgefeilt noch, könnte unglücklichen Menschen Hilfe bringen. Aber um wieviel größer war die Gefahr des Missbrauchs. Würden gewisse Leute zögern, die Gehirnstruktur eines skrupellosen Schlächters einer ganzen Armee aufzuprägen? Für Leute, die mit dem Atomkrieg spielten, war so etwas vergleichsweise harmlos.

Das stürzte Anora in derartige Zweifel, dass davon das Vergnügen, diesen wiedererstandenen Nasreddin auf seinem Weg heimlich zu begleiten, ihn zu beobachten, überschattet wurde.

Und da kam ihr die Idee, mit Boderow darüber zu sprechen. Für einen allein war das viel zu schwer zu tragen. Und zu Boderow hatte sie Vertrauen. Er würde ihr ehrlichen Herzens raten, ihr aber auch unverblümt seine Meinung sagen. Und schließlich hatte er ein gewisses Recht darauf, zu erfahren, was wirklich mit dem Kopf geschehen war. Hatte er doch bewerkstelligt, dass sie ihn bekam.

Bis zum Zeitpunkt eines Treffens aber wollte sie alles so belassen, wie es sich bislang begeben hatte.

Wenn man schon weiß - oder annimmt, dass man es mit einem Nasreddin zu tun hat, muss man eben auch mit seinem Intellekt, seiner Schlauheit rechnen.

Er hat mich überrumpelt, damit muss ich nun leben. Dass er jetzt einbezogen ist, kompliziert die Situation. Aber ihn nicht einzubeziehen wäre sträflich und unlauter gewesen, zumal er klug genug ist, das Ungewöhnliche, Geheimnisvolle, ja, Ungeheuerliche der Lage selbst zu empfinden.

Boderow begrüßte Anora herzlich. Er drückte sie leicht an sich und gab ihr einen kleinen Kuss auf die Wange. „Entschuldigen sie, dass ich sie hierhergebeten habe nach Taschkent. Ich muss schon morgen nach Oslo", sagte er mit Bedauern in der Stimme, und er hob hilflos die Schultern.

„Ich bitte sie! Erstens will ich etwas von ihnen, und zweitens verbringe ich hier eine Art von Urlaub, wenn auch einen - sonderbaren."

Sie nahmen in der Halle des Hotels an der Stirnwand Platz, abseits des Touristengeschehens.

„Sie haben mich neugierig gemacht", bemerkte er.

Sie legte die Hand auf die seine, sah ihn an und sagte: „Alischer, ich möchte ihnen zunächst eine Frage stellen, die ich sie bitte ganz ehrlich und offen zu beantworten."

„Ich bitte sie", antwortete er und spreizte die Arme vom Körper, soweit es der breite Sessel zuließ. Es sah aus, als wollte er sagen: „Würden sie je von mir etwas anderes erwarten?"

Aber dann war er doch sichtlich überrascht, als sie fragte: „Hielten sie mich bislang für - normal?"

Eine Sekunde war er sprachlos. Dann lachte er. „Sie wollen mich wohl verulken?" Doch dann wurde er ernst. „Aber deshalb sind sie wohl nicht gekommen!" Er blickte sie unter seinen buschigen Brauen hervor durchdringend an. „Ich halte sie für normal,

Anora und auch für eine Frau, die damit durchaus etwas anzufangen weiß; denn jeder Mensch hat Potenzen, aber sie haben die ihren genutzt, ja, ich halte sie für eine der klügsten Frauen, die ich je kennengelernt habe, und eine der - schönsten dazu. Schade, dass sie das Letztere so wenig nutzen ... Aber das gehört wohl nicht hierher."

„Sie sagen es!" Doch sie schmunzelte belustigt. Das war allerhand an Komplimenten, für Boderow etwas völlig Ungewöhnliches. „Wissen sie, was ich mit dem Kopf aus dem Grab gemacht habe?"

„Untersucht, denke ich."

„Ja, ich habe ihn aber auch - rehydrosiert ..."

„Sieht man ihm gar nicht an", unterbrach er.

Sie lächelte zerstreut. „Es hat mich auch Mühe gekostet, ihn wieder in den alten Zustand zu versetzen, damit sie es nicht merken. Aber ich habe ihn nicht nur aufgeschwemmt, sondern das Gehirn elektromagnetisch abgetastet."

„Ah ..." Er ruckte empor, kniff in höchster Aufmerksamkeit die Augen zusammen. „Und?"

Sie legte ihm beruhigend eine Hand auf den Arm. „Es hat ausgezeichnet funktioniert."

Es herrschte einen Augenblick Schweigen.

Dann rief Boderow erregt: „Sie sagen das so daher, als sei dies das Einfachste von der Welt."

„Na, es ist mein Hobby, und ich kann es mir leisten, weil mein Vater es sich leisten kann." Sie sah ihn vielsagend an.

„Das macht sie mir nicht unsympathischer", sagte er. „Aber wir wollten doch sicher nicht über die ungerechte Verteilung der Güter auf diesem Planeten diskutieren." Er lehnte sich wieder zurück. „Wo also ist des Pudels Kern?"

„Des Pudels Kern ist, dass ich es dabei nicht belassen habe, sondern die Struktur des fremden toten Gehirns einem zwar kranken, aber durchaus lebendigen Mann aufgeprägt habe."

„Nein!" Er schrie es fast. Die Verkäuferin vom nahen Buchstand blickte streng herüber. „Und, und, sprechen sie weiter. Das ist nicht gelungen, nicht wahr? Nein ...", und er hieb sich gegen die Stirn, „da wären sie ja nicht hier. Es ist also gelungen!"

„Sie sagen es."

„Das ist unmöglich!"

„Sie halten mich also doch für verrückt?"

Er sah sie verdutzt an. „Aber nein", protestierte er. „Sie müssen jedoch zugeben, dass das unglaublich klingt."

„Ich hatte es zwar erhofft, wie das jeder macht, der forscht, aber ... Nun, es ist gelungen."

„Und er lebt, läuft herum und - erinnert sich etwa?"

„Und erinnert sich!"

„Mädchen, wissen sie, was sie da reden!" Er hatte sich halb über sie gebeugt und an den Schultern gefasst. Die Buchverkäuferin kam hinter ihrem Tresen hervor. Doch er hatte sich schnell wieder gefangen. „Entschuldigen sie", bat er heiser, „aber das geht mir an die Nieren. Und sie sitzen so ruhig da, wir müssen doch etwas unternehmen, gleich morgen ..."

„Morgen fliegen sie nach Oslo", unterbrach sie.

„Ich pfeife auf Oslo", rief er.

„Sie werden nicht pfeifen, auch dann nicht, wenn sie alles wissen."

Er stutzte. „Was, zum Teufel, haben sie noch auf Lager? Wenn das schon stimmt, ist es eine Weltsensation." Und als ob er sich des Fakts nun erst bewusst geworden wäre, stand er steif auf, ergriff ihre Hand und sagte gerührt: „Ich beglückwünsche sie von ganzem Herzen, Anora, zu diesem großartigen Erfolg. Sie werden in die Geschichte der Wissenschaft eingehen wie, na mindestens wie die Curie."

Sie ließ ihn gewähren, lächelte sogar. Doch dann, als er wieder Platz genommen hatte, sagte sie ernst: „Das werde ich nicht! Aber in diesem Zusammenhang, Alischer, bin ich eigentlich hier. Nicht um mich in meinem Erfolg zu sonnen ..." Sie sagte es mit ein wenig Sarkasmus in der Stimme, „sondern um ihn - zu begraben. Dazu brauche ich ihren Rat."

Er sah sie einen Augenblick scharf an, dann sank er zurück in den Sessel und sagte lange nichts. In seinem Gesicht arbeitete es. Später legte er seine dunkle, behaarte Hand auf die ihre und sagte, und es tat ihr wohl: „Ich glaube, ich verstehe sie, Anora. Die Folgen sind nicht auszudenken. Aber dass der Erfolg ihnen genommen wird, das würde ich nicht zulassen wollen, da denken wir uns noch etwas aus." Dann fiel er in einen anderen, in einen herzlichen Ton: „Schmerzt es?", fragte er.

„Ein wenig schon", gab sie zu. „Erst recht, wenn sie wissen, um wen es sich handelt!"

„Wieso - sagen sie bloß, das wissen sie. Das ist ausgeschlossen!"

„Also doch verrückt?", wiederholte sie.

„Sie wollen wissen, wem dieser Kopf gehörte?"

„Ich glaube es zu wissen, und ich bin beinahe überzeugt davon, dass es stimmt."

„Wer, kenne ich ihn, oder, Quatsch, müsste ich um ihn wissen?"

„Und ob!"

„Spannen sie mich nicht auf die Folter, um Himmels willen, wessen Nerven sollen das aushalten?"

„Nasreddin, der Chodscha!"

„Nein!" Es klang richtig gequält, wie er es herausschrie.

Nun aber kam die Buchverkäuferin, eine wohlausgebildete Kraft des Hotels. „Kann ich etwas für sie tun?" Pikiert sah sie von einem zum anderen.

„Lassen sie sich nicht stören, danke", antwortete Anora. „Danke!", fügte sie nachdrücklich hinzu, als die Aufgeschreckte noch unschlüssig stand.

„Woher wollen sie das wissen?", fuhr Boderow Anora förmlich an.

„Von ihm selbst."

„Sie stehen mit ihm in Verbindung, sprechen mit ihm?"

„Er hat mich zur Rede gestellt, als ich ihn - wahrscheinlich ungeschickt - beobachtete."

„Hat sie zur Rede gestellt!", wiederholte er und schüttelte ungläubig den Kopf, als fasse er den gesamten Tatbestand noch immer nicht. „Bitte, erzählen sie mir alles."

Als der Bericht Anoras, den sie so knapp wie möglich gehalten hatte, zu Ende war, schwiegen beide.

Boderow rang sichtlich um Fassung, in seinem Gesicht arbeitete es, und ab und an schüttelte er den Kopf. Aber plötzlich fragte er: „Könnte ich ihn sehen, mit ihm sprechen?"

Obwohl Anora mit einem derartigen Wunsch gerechnet hatte, zögerte sie mit der Antwort. Natürlich konnte jeder mit Nasreddin sprechen, er sprach ja täglich mit allen möglichen Leuten. Boderow aber wusste um seine Entstehung und würde wahrscheinlich ganz anders mit ihm reden wollen. „Wenn sie ein wenig behutsam mit ihm umgehen ..."

„Das versteht sich doch!"

„Er möchte nach Buchara, ins Museum." Sie sagte es mit besonderem Nachdruck. „Es ließe sich einrichten, dass sie dabei sind."

„Das wäre fabelhaft, ich komme am Vierzehnten aus Oslo zurück. Benachrichtigen sie mich, ich richte mich ganz nach ihnen und - ihm. Übrigens, würden sie mir Vollmacht erteilen, wenn sich in dieser ihrer Angelegenheit eine günstige Gelegenheit in irgendeiner Weise ergäbe - natürlich unter Beachtung all dessen, was besprochen ist? Ich meine, sie könnten sich auf mich verlassen."

Sie zog die Stirn in Furchen, blickte unentschlossen, zuckte mit den Schultern und sagte zögernd: „Ich weiß nicht. Wenn sich eine Gelegenheit ergibt, aber um seinetwillen äußerst vorsichtig."

Er lächelte. „Wie ist es, trinken sie heute abend mit mir eine Flasche Wein?"

„Oh!", entfuhr es ihr überrascht. Und nach kurzem Überlegen: „Warum nicht, Grund genug gibt es."

„Ich freu mich! Um acht, wir treffen uns hier, ja?"

Anora nickte nachdrücklich.

Nach Anoras Geschichte dauerte es eine Zeit, bevor Nasreddin zu einem Standpunkt fand. Natürlich hatte er gleich durchschaut, wie es um diese Erzählerei der jungen Frau stand, dass sie diese Form gewählt hatte, um ihn weitestgehend zu schonen.

Dass er gleichsam in einem fremden Körper steckte, hatte er schnell verwunden. Sie hatte nicht den schlechtesten ausgesucht. „Ein kräftiger Kerl, dieser Omar. Ich habe es ja gewusst", sagte er sich nachträglich, „solche Kräfte hatte ich nie - und der goldene Zahn erst! Und dass ich auf diese Weise meine verbogene Nase verloren habe, ist das Schlechteste nicht." Am schwersten fiel ihm, sich damit abzufinden, dass er 500 Jahre tot gewesen sein sollte, ohne von dem, was die Chodschas, die Muezzins lehrten, was der gesamte Koran sagt, auch nur das Geringste gemerkt zu haben. Es wurde finster vor oder nach dem Schwertstreich, wer kann das schon so genau sagen. Und aus! Fünfhundert Jahre einfach aus. Und obwohl sich Nasreddin eine Menge Hilfsvorstellungen machte, sich einzureden suchte, seine Seele irre umher, Allah stelle ihn auf die Probe, eine Strafe für die Sünden, war er sich doch insgeheim im Klaren: Hätte dieser Satansbraten von Weib meinen Kopf nicht ausgegraben und wäre jener nicht noch einigermaßen erhalten gewesen, er würde dort weitere 500 Jahre und noch einmal 500 Jahre - bis in alle Ewigkeit liegen, wenn er nicht doch eines Tages zu Staub zerfiele. Und deshalb nahm Nasreddin sich vor, die Jahre, die er nun noch zu leben hatte, sinnvoll zu verbringen, dass es gute Jahre für ihn und die Seinen würden. Auf später schien ihm kein Verlass mehr zu sein.

Einige Male spielte Nasreddin mit dem Gedanken, diese Anora zu bitten, Nilufar ebenfalls wieder zum Leben zu erwecken. Aber gleich das erstemal, als ihm die Idee kam, zweifelte er, ob er es wirklich ernsthaft wollte. Ja, sie hatten sich geliebt, feurig und vorbehaltlos, hatten schließlich auch dafür gebüßt. Aber es war - dies doch eine ganz andere Zuneigung als jene, die ihn zu Gusal erfasst hatte. Nasreddin konnte sich zum Beispiel Nilufar überhaupt nicht in der Baumwolle vorstellen. Sie war nur dazu bestimmt, dem Herrscher Dienerin zu sein, seine Kinder zu gebären, vielleicht zu tanzen und zu spielen. „Sie würde in diese Zeit wohl nie recht hineinfinden - oder täusche ich mich da? Ich versuche es ja auch und glaube auf dem Weg dorthin zu sein. Nun ja, aber ich habe gelernt, Unbekanntes begreifen zu wollen, es anderen bekannt zu machen. Sie war jung, wäre wieder jung, eine Menge Möglichkeiten stünden ihr offen, es müsste nicht gerade die Baumwolle sein ... Und dann - in wessen Körper sollte sie schlüpfen? Anora oder ihre Freunde würden einen finden! Aber ob er mir auch so gefiele wie vordem der ihre? Würde ich nicht stets sie sehen wollen und erblickte die - andere?"

Aber was Nasreddin am meisten abhielt, seinem Gedanken Ausdruck zu geben, war seine Beziehung zu Gusal. Er war sich sicher, schlüge er ihr vor, in einen anderen Ort zu gehen, sie würde seine Frau werden. Und er hatte durchaus die Absicht, ihr diesen Vorschlag zu machen. Ein solches Leben mit ihr schien ihm überschaubarer und ihm gemäßer als vielleicht eins mit Nilufar oder ihrem - Gehirn.

Schließlich war Nasreddin entschlossen, diesen Gedanken niemals laut werden zu lassen und ihn auch aus seinem Kopf zu bannen, sich mit dem, was gekommen war, abzufinden.

Und seine Haltung zur Welt? Darüber wurde er sich so schnell nicht schlüssig. Er hatte wohl gespürt, dass er Anora mit seiner Reaktion überrascht hatte. „Was wird sie wohl erwartet haben? Aber sie ist nicht in mich gedrungen, hat mich so akzeptiert. Also warum sollte nicht alles so bleiben? Wir beide wissen voneinander, genügt das nicht? Wird sie ein solches Geheimnis ertragen? Ich könnte es bestimmt. Na, und dass ich vielen Leuten gesagt habe, ich sei der echte Nasreddin, werden sie ebenso schnell, wie es mir herauskam, vergessen. Nennen sie Igor Josephowitsch Barswili, meinen Stubenkollegen, nicht auch so -

wenngleich es nach dem Schafessen um ihn etwas ruhiger geworden ist? Nasreddin, der echte, hat ihm ein wenig den Wind aus den Segeln genommen. Und jedesmal, wenn jener auftrumpfen möchte, sagt man ihm irgend einen Satz, in dem Heuschrecken vorkommen. Also ich weiß, wer und was ich war; was ich bin, werde ich noch sehen. Aber das genügt.

Wird es aber auch jener schönen Anora genügen? Ich kann mir schon denken, was sie interessiert. Wenn sie studiert hat, gleichsam ein Chodscha für alte Zeiten ist, dann wird es für sie interessant sein, mit einem zu sprechen, der diese alten Zeiten kennt oder Teile davon, der persönlich mit Timur, dem Großen, gesprochen hat, und nicht nur einmal. Ich könnte ihr erzählen, was in keinem Buch steht, wie wir gelebt, was wir täglich gemacht haben. Woher sollte sie das wissen. So schnell findet sie keinen Augenzeugen wieder. Nicht immer sind alte Köpfe so erhalten und geben bereitwillig ihren Inhalt preis", überlegte Nasreddin mit einigem Sarkasmus.

„Aber sie wird mich bitten müssen, die Schöne."

Vor der bevorstehenden Begegnung in Buchara hatte Nasreddin Furcht. Aber um keinen Preis würde er darauf verzichten wollen. Was für ein Glück, dass der Vorsitzende sein Versprechen wahr gemacht und ihm ein funkelnagelneues Personaldokument besorgt hatte. Dort stand es schwarz auf hellblau: „Nasreddin Nasreddinow, geboren vermutlich 1953, Geburtsort unbekannt."

Nasreddin akzeptierte das, obwohl er sich dabei nicht ganz glücklich fühlte.

Anora hingegen schien mit diesem Verlauf der Dinge sehr zufrieden, denn sie meinte, damit seien alle

Voraussetzungen für die Reise nach Buchara erfüllt.

Nasreddins Verhältnis zum Vorsitzenden war nach dessen Krankenhausbesuch ein unpersönlich-freundliches, aber durchaus kein herzliches.

Sicherlich hätte sich Nasreddin noch lange Gedanken gemacht, woher die plötzliche Wandlung während seines Krankenhausaufenthalts gekommen war, wenn man ihm nicht angedeutet hätte, dass durch Nasreddins Unfall und das zu diesem Zeitpunkt wohl nicht ganz klare Arbeitsrechtsverhältnis - ein Begriff, den sich Nasreddin lang und breit erklären lassen musste - eine Überprüfung zu erwarten gewesen wäre, in deren Ergebnis der Vorsitzende womöglich einige Federn hätte lassen müssen.

Wenn auch Nasreddin die Zusammenhänge nicht verstand, beruhigten ihn diese Bemerkungen ungemein, und er hatte fortan keine Gewissensbisse mehr.

Schon oft hatte Nasreddin Flugzeuge fliegen sehen, später auch erfahren, dass es sich um moderne Fortbewegungsmaschinen handelte, dennoch konnte er sich lange Zeit nicht vorstellen, dass sich der Mensch wie ein Vogel durch die Luft bewegte. Nun, schließlich hatte er sich wie mit so vielem damit abgefunden.

Das erste Magenkribbeln dann fühlte er, als Anora ihm mitteilte, dass sie nach Samarkand und Buchara fliegen würden. Das zweite Mal kamen ihm Bedenken, schon kräftigere, als sie aus dem Auto stiegen, in das unscheinbare Urgentscher Flughafengebäude gingen und über den niedrigen Zaun hinweg Flugzeuge stehen und weiter entfernt starten und landen sahen. Dieses Bangen wurde übertroffen von jenem, das sich bei Nasreddin einstellte, als sie auf das Flugzeug - eine kleine Jak40 - zuschritten, die Gangway hochstiegen und sich in die engen Reihen gezwängt hatten. Und schließlich wollte sich ihm fast der Magen umdrehen, als die Turbinen angelassen wurden, wenig später sich die Maschine in Bewegung setzte und zum Start rollte. Gesteigert wurde das noch, als der Pilot am Ende der Startbahn kraftsammelnd die Triebwerke aufheulen ließ, das Flugzeug sich wie eine sprungbereite Viper gleichsam aufbäumte und dann wie ein Araberhengst lospreschte. Bei alldem machte Nasreddin jedoch ein Gesicht, als sei er seinerzeit in Aksehir und dann bei Timurlenk täglich mehrmals geflogen.

Anora ahnte, was in dem Mann vorging. Sie versuchte ihn abzulenken, machte ihn auf vieles aufmerksam, darauf bedacht, dass es nicht schulmeisterlich klang. Sie behandelte ihn wie einen guten Bekannten und erklärte ihm die Dinge, wie man sie einem Touristen, einem Landfremden, auch erklären würde.

Bis sich die Maschine in der Luft befand, blieb Nasreddin wortkarg, er hatte sich viel zu sehr auf sich selbst zu konzentrieren. Dann, als sie nur flogen und nichts weiter passierte, kam er zunehmend auf den Geschmack, begann es ihm Freude zu bereiten.

Anora registrierte das mit wachsender Freude.

Die Maschine flog einen Bogen, und Nasreddin erkannte unten den Amudarja mit den weitausholenden, verschwemmten Mäandern, dann noch einige Quadratkilometer Baumwollfelder, danach den Kanal und wenig später bis zum Horizont die Kysylkum.

In ihm stiegen Erinnerungen auf. Endlose Tage zogen sie damals mit der Karawane durch den Sand, von Samarkand nach Chiwa. Und hier hatte es begonnen: In einer Sänfte zwischen zwei Kamelen reiste sie mit, wurde sie, Nilufar, dem Chan von Chiwa zugeführt.

„Oh unglückseliger Einfall, dieser mein Wunsch, Chiwa, die alte, berühmte Stadt, kennenzulernen. Hätte es mir der Gebieter nur nicht erlaubt ... Allah hat es so gefügt. Hat er?"

„Warst du eigentlich schon einmal in Buchara?", fragte Anora behutsam.

„Nein, niemals", und Nasreddin schüttelte nachhaltig den Kopf.

Sie lachte auf. Als er sie erstaunt ansah, erklärte sie: „Entschuldige, aber es gibt einen sehr berühmten Film, ein Buch ...", fügte sie schnell hinzu, weil sie nicht wusste, ob er mit dem Phänomen Film bereits konfrontiert worden war, „mit dem Titel ‚Nasreddin in Buchara'. Darin setzt Nasreddin dem Emir von Buchara kräftig zu."

Nasreddin lächelte. „So ein Nasreddin wie eurer in der Zeitung", sagte er. Dann sah er sie an und fügte hinzu: „Den Emiren zuzusetzen war keine leichte Sache gewesen. Sie waren allesamt schnell bei der Hand mit dem Schwert." Und zur Demonstration zog er mit dem Finger am Hals entlang. „Und es gab viele, viele, die sich bei ihnen anbiederten. Man war also vor Verrat niemals sicher. Unter solchen Umständen kühlt Übermut schnell ab."

Anora fragte wie obenhin: „Da treffen sie wohl nicht zu, die Begebenheiten, die man über dich erzählt, schreibt?"

„Treffen zu, treffen nicht zu. Ich musste sehr lachen, als ich das las. Zum Beispiel hat sich die Geschichte mit dem Hammel zugetragen. Studenten aus der Hauptstadt wollten den Provinz-Chodscha reinlegen, und sie tischten mir die Mär vom Weltuntergang auf, seinetwegen sollte ich den Hammel schlachten. Nun, das war mir der Spaß wert. Ich nahm einen, der ohnehin kümmerte, schickte die Leute baden und verbrannte währenddessen seelenruhig all ihre Kleider, aus dem gleichen Grund: Brennmaterial ist knapp, und wenn die Welt untergeht, braucht man weder Hammel noch Kleider. Aber das Lustigste war, ich weiß nicht, ob man es dir erzählt hat, dass man just die Geschichte mit mir hier im Kolchos versucht hat. Diesmal sollten Heuschrecken einfallen und ein Viehsterben verursachen. Da habe ich das Schaf des Anstifters geschlachtet, ohne dass er es wusste. Schließlich wäre das seine durch die Heuschrecken auch an Futtermangel zugrunde gegangen. Übrigens: Du bist mit dem Boot an uns vorbei gefahren, als wir am Fluss den Hammel aßen."

„Am Fluss ...", sagte sie in Gedanken. „Da wusste ich noch nicht, dass du Nasreddin bist ... Aber der Streich sieht dir ähnlich!" Sie lachte.

Sie sahen nach unten. Bei immer noch klarer Sicht ließen sich deutlich Strauchgruppen und ganz vereinzelte Pfade im graugelblichen Sand ausmachen.

„Dreißig Tage sind wir von Samarkand nach Chiwa gezogen, ich wollte diese Stadt sehen. Unter Bewachung reiste auch Nilufar mit. Ich, einer, den man nicht so recht ernst nahm, durfte mit ihr plaudern, um ihr die Zeit zu vertreiben, die Reise so angenehm wie möglich zu machen, und so begann es ..."

„Nilufar heißt sie also", sagte Anora in Gedanken.

Nasreddin lächelte. „Du hattest Recht mit deiner Vermutung: eine verbotene Liebe. Nur glaube ich nicht, dass mein Kopf eine Grabbeilage war. Er wollte sie und mich im Tode noch verhöhnen - ein Zyniker, ein schlechter Mensch. Sie so zu bestatten, so vornehm, wie du sagst, war er wohl ihrer Herkunft wegen gezwungen. Sie stammte aus der Familie des Gebieters aus dem mütterlichen Zweig. Aber uns den Kopf abzuschlagen, das geschah schon rechtens ..."

Anora legte ihre Hand auf die seine. „Es muss schlimm gewesen sein", sagte sie.

Nasreddin lächelte ob ihrer naiven Bemerkung.

„Das Risiko war uns jederzeit bewusst", sagte er.

Sie schwiegen eine lange Weile.

Dann fragte Anora zaghaft: „Wie war er wirklich, dieser Timurlenk Tamerlan, der, dem man unaussprechliche Greueltaten nachsagt?"

Nasreddin lächelte abermals. „Ich befand mich vier Monde an seinem Hof ..." Er sprach langsam, als müsse er sich besinnen. „In dieser Zeit habe ich ihn vier- oder fünfmal gesehen, Weniges mit ihm gesprochen. Gleich am Anfang durfte ich mehrere Stunden bei ihm sein." Er machte eine Pause. „Er war sehr grausam", fügte er hinzu, „seinen Feinden gegenüber oder denjenigen, die er für seine Feinde hielt. Weißt du, er befand sich in einem ständigen Zustand des Wachens, des Misstrauens, verständlich - aber ihr könnt euch das wohl kaum vorstellen, wenn man von Kriechlingen und Schranzen umgeben ist, ständig in Gefahr, im Spiel der Ränke zugrunde zu gehen. Viele der Greuel sind wohl auch, um sich bei ihm wohlgefällig zu machen, in seinem Namen verübt worden. In seiner Familie aber war er eher weich. Er gab viel auf den Rat seiner Mutter, und sein Erstgeborener stand in höchster Gunst. Und dennoch. Ich habe gezittert, als ich das erste Mal seiner ansichtig wurde. Nicht vor seinem Nimbus, seinem Ruf oder Ruhm. Es ging etwas von ihm aus, was bezwang, was niederwarf. Ich weiß nicht, war es Weisheit, Hochmut, sein hässliches Äußeres, die engstehenden Augen, seine Haltung, die Unmöglichkeit, seine Reaktionen vorauszusehen. Vielleicht war es ein Gemisch von alldem, das ausstrahlte. Man musste sehr auf der Hut sein, wenn man mit ihm sprach - wohlgemerkt, sprach, nicht nur seine Wünsche entgegennahm. Stufte er jemanden als Dummkopf ein oder als begriffsstutzig, fiel jener oft tief, und der Hohn der Schranzen konnte tödlich werden."

Über der Tür zum Cockpit flammte Leuchtschrift auf, die zum Anschnallen aufforderte. Gleichzeitig sagte eine verzerrte Stimme, dass die Maschine nun bald in Samarkand landen werde.

Nasreddin sah ungläubig nach unten. In der Tat hatte sich der Charakter der Landschaft verändert. Die Wüste hatten graugrüne Hügel abgelöst, dann begannen wieder Felder, Baumwollfelder, durchzogen von Kanälen und Wegen, aus der Höhe wie mit dem Lineal gezeichnet. „Hier werden die fünfhundert Jahre deutlich", dachte Nasreddin. Er verglich noch immer mit seiner durch das Erinnern bildhaft deutlichen Karawanenreise. „Wenn ich dagegen an den Basar von Chiwa denke ... Als wäre die Zeit ein großer Fluss, in dessen Mitte die Wasser strömend drängen, an den Ufern jedoch, verfangen in Wurzeln und Gräsern, auf der Stelle in Wirbeln drehend nicht fortkommen."

Am Fliegen hatte Nasreddin Gefallen gefunden. Schon wollte er sich über sich selbst lustig machen ob seiner anfänglichen Furcht, als das Flugzeug zur Landung ansetzte. Und da musste er doch feststellen, dass er offenbar noch nicht gänzlich über den Angstberg hinweg war, denn als es durch Luftlöcher ging, die Maschine leicht schlingerte, absackte, und er spürte, wie sich der Magen anhob, pries er insgeheim die Vorzüge eines gemächlich dahinschwankenden Kamels.

Aus dem Meer der altstädtischen Dächer leuchteten die Kuppeln des Registan und des Gur-Emir, des

Grabmals des Erhabenen - von Anora zurückhaltend beschrieben.

Nasreddin, verwirrt von der Größe der Stadt, den wechselnden Ansichten durch den Kurvenflug des Aeroplans, nahm in sich auf, was sein armer Kopf zu fassen vermochte. Zu seinen Füßen Samarkand, die Erhabene, ein Name, den einst keiner ohne Furcht auszusprechen wagte, weil diese Stätte, so sehr verbunden mit dem Namen des Gefürchteten, allzu oft Tod und Verderben ausbrütete, weil von hier aus die Schlächterscharen in die bekannte Welt zogen. Samarkand aber auch, die Liebliche, Strahlende, die sich Schmückende, wenn er, der Große, siegreich durch die Wüste nahte.

„Und ich bin hier", dachte Nasreddin, und ihm war froh wie selten zumute, „und ich habe nichts zu fürchten, anders als damals, als ich nicht wusste, wie er mich aufnehmen, mit mir umspringen würde." Und Nasreddin empfand, dass es ein gutes Gefühl war, mit dem er diesmal Samarkand betreten würde.

Später, als sie in einem Taxi der Stadt zufuhren und Anora ihn fragte, wo er zuerst hinwolle, antwortete Nasreddin mit einem unbeschreiblichen Gesichtsausdruck: „Wenn es geht - zu ihm."

Anora lächelte ganz schwach und verstehend. „Es wird gehen", antwortete sie.

Im Trubel der Stadt, in dem das Auto nur langsam vorankam, angesichts des Menschengewühls, der rasenden Straßenbahn, verblasste Nasreddins Wunsch, sofort zu Timurlenks Grab zu gehen. Er wurde von Furcht, wiederum nicht zu bestehen, überschattet, von der Neugier, die ihn anstachelte, sofort alles Neue in sich aufzusaugen.

Als der Wagen am himmelwärts strebenden Hotel

„Samarkand" hielt, Nasreddin überwältigt die gläserne Fassade emporstarrte, hatte er Timur fast vergessen.

Er stand und nahm auf, schrak förmlich zusammen, als Anora ihn am Ärmel zupfte, mit weitausgestrecktem Arm durch Bäume und Büsche wies und fragte: „Siehst du dort das Haus, neben dem Autobus?" Und als er, ein wenig zerstreut noch, bejahte, fuhr sie fort: „Links daneben ist Gur-Emir. Du siehst es sofort, wenn du am Hotel vorbei bist." Lächelnd fügte sie hinzu: „Es ist, wenn auch alt geworden, noch immer so schön und erhaben wie zu Timurs Zeiten, wie du es kennst."

Nasreddin lächelte zurück, schüttelte leicht den Kopf. „Du irrst. Es befand sich gerade im Bau."

Sie rief ihm noch nach: „Ich belege die Zimmer und warte auf dich in der Halle. Oder brauchst du mich - dort?"

Er stand auf den Terrazzoplatten des Hotelvorplatzes wie tief in Gedanken und schüttelte erst nach einer Weile nachhaltig den Kopf. „Ich brauche dich dort nicht", antwortete er und wandte sich zum Gehen.

Anora zögerte einen Augenblick, überlegte, ob sie richtig handelte, wenn sie ihn jetzt allein ließ. „Es ist ein Abschied", sagte sie sich, „ein schmerzlicher vielleicht. *Er* muss damit fertig werden. *Ich* kann ihm die Ankunft lediglich erleichtern ..."

Als Nasreddin die Umfassungsmauer des Mausoleums erreichte, strömten ihm aus dem Tor die Insassen des Busses entgegen, ausländische Touristen, die wenig ehrfürchtig in einer mit Zischlauten durchsetzten Sprache schnatterten. Etwas bänglich schlängelte er sich um den Torpfeiler herum, stand dann fast allein im Hof und sah empor zur Kuppel, die, wie Anora ihm noch im Flugzeug gesagt hatte, ihresgleichen auf dieser weiten Welt suchte. Und diese Welt sollte wesentlich größer sein, als man zu Timurs Zeiten ahnte ...

In Nasreddins Kopf schoben sich zwei Bilder ineinander. Jenes von der Baustelle, die er oft besucht hatte, weil selbst sie bereits das erhabene Werk ahnen ließ, und das, was er nun leibhaftig vor sich sah. Und er entdeckte die Identität der Details, und es war ihm, als wäre er bis zur Vollendung des Baus täglich am Ort gewesen. Ihn störte dabei nicht, dass von den gefliesten Rippen der großmächtigen Kuppel einiges abgebröckelt, unansehnlich geworden war, er sah das verwirklicht, was sich damals angedeutet hatte: ein würdiger Bau für den großen Herrscher, einer, der, so wie geplant, ihn um Jahrhunderte überdauern würde. „Muss man ihn nicht für soviel Weitsicht noch über den Tod hinaus loben? Wieso ihn? Was nützt einem Herrscher schon die Weitsicht ...", Nasreddin lächelte und straffte sich, „wenn er nicht die Leute hat, die sie in Stein und Glasur verwandeln. Und was, Nasreddin, siehst du von dem Herrscher, he? Nichts! Was ist von ihm geblieben? Allenfalls ein Skelett. Nur im Ausnahmefall bleibt mehr." Und er klopfte sich an den Kopf. „An einem Skelett kann man nicht den Ruhm, nicht das Wesen - war es ein guter, ein böser Mensch - ablesen; man findet höchstens heraus, ob der Mensch gelahmt hat oder gerade ging - das einzige Merkmal, an dem man den großen Timur erkannt hat. Und was ist das schon, an seinem Gebrechen erkannt zu werden." Mit diesen wenig erhabenen Gedanken betrat Nasreddin das Mausoleum, und, was er nicht zu hoffen gewagt hatte, er befand sich fast allein darin.

Wenige Schritte nur führten ihn an den großen gemauerten Sarkophag. Eine niedrig gespannte Kette hinderte ihn, das Gemäuer zu berühren. Nasreddin stand und schaute, und er begann sich zu wundern, dass ihn das alles viel weniger berührte, als er befürchtet hatte. Und obwohl ihm der unvorstellbare Zufall auch in diesem Augenblick bewusst war, klang so etwas wie ein Frohlocken in ihm: „Du, Timurlenk, liegst in deinem finsteren und von innen gewiss äußerst unfreundlichen Kasten. Dein Sklave aber, dein Untertan, der unter deiner Herrlichkeit sogar geköpft wurde, der steht hier vor dir frei und ungeängstigt, könnte über dich lachen, großer Herrscher, wenn ihm danach zumute wäre. Weißt du noch, wie du geprahlt hast, als du in einer Laune die zweihundert Gefangenen in der Wüste in ein sehr ungewisses Schicksal getrieben hast; du meintest, wer weiß was für einen Gnadenakt damit begangen zu haben. Ein Schnalzen deiner Finger, und man hätte die Gefangenen geköpft, gespießt, ihre Leiber als Bewehrung eingemauert, sie gebraten oder den Ratten zum Fraß vorgeworfen ..."

Nasreddins Blick ging nach oben in die Erhabenheit der Kuppel, in der die leuchtende Goldornamentik sich in einem satten, verschwommenen Glühen verlor. „Im Grunde genommen bist du es nicht wert, dieses Gold, das die Nachwelt dir noch opfert, Timurlenk! Nein, nicht dir, deinem Mausoleum, das du befohlen, aber nicht gebaut, in deiner Prahlsucht sogar beinahe noch verhindert hättest! Weißt du noch, als du den Rohbau besichtigtest, im Kopf bereits die Gedanken, wie du dir das Reich der Mitte untertan machen würdest, überlegend, ob du die neunzigtausend in Bagdad abgeschlagenen durch Pekinger Köpfe übertrumpfen würdest, weißt du, dass dir dieser Bau nicht hoch, nicht mächtig genug war? Erinnerst du dich, wie du dem Meister, was sage ich, dem Künstler!, wütend gedroht hast, ihn zu köpfen, wenn er die fehlende

Höhe nicht binnen zweier Wochen wettmache. Wie du zu mir herlachtest, hochmütig, Schadenfreude im Gesicht. ‚Wenn du mich nicht erinnerst, Nasreddin, heute in zwei Wochen, wird man deinen Kopf mit dem seinen verwechseln!' Ein Spaß, Timurlenk, nicht wahr? Einen Scherz hast du mit mir gemacht. Keiner hat es erfahren, denn der Meister schaffte es. Und ich bin jeden Tag hierhergekommen, um mich vom Fortgang der Arbeiten zu überzeugen. Sie haben den Rohbau der Kuppel wie die Berserker eingerissen, haben Tag und Nacht - hoch loderten die Feuer, die nachts das Licht gaben - gemauert und den Tambour um die Länge zweier Männer erhöht. Entzündete Augen und blutige Hände hatten sie, aber ihr Kopf blieb auf dem Hals, und du bekamst dein Mausoleum, das du - Allahs Strafe -, so wie ich heute weiß, in seiner grandiosen Vollendung gar nicht mehr erlebt hast. Aber das Gold da und die Bewunderung, Timur, sind nicht für dich. Es gebührt ihnen, in deren Köpfen das entstand, unter deren Händen es sich formte. Du hast nur Blut und Tränen der Unzähligen beigesteuert."

Nasreddin ließ sich im Halbschatten einer Nische auf Treppenstufen nieder. So saß er lange, und Bilder zogen in seiner Erinnerung vorüber aus jenen Tagen, da dieser Bau, den sie heute Gur-Emir nannten, entstand. Und er glaubte selbst einige Gesichter der Tausenden wiederzuerkennen, die Ziegel trugen, Mörtel rührten, die Gerüststangen setzten, ernste, verbissene Gesichter, schweißnass und staubig ...

Die wenigen Besucher, die um diese Zeit das Mausoleum besuchten, nahmen den Mann in der Nische kaum wahr, und wenn, meinten sie wohl, es sei einer, den die Kühle des Gemäuers zur Rast verlockt hatte, der vor der Hitze draußen Schutz suchte. Alle, die kamen und vielleicht bedauerten, dass das Licht im Raum nicht ausreichte, um das alles schnell auf den Film zu bannen, ahnten nicht, dass der kräftige Einheimische dort die Diapositive und Filme mit seinem Kommentar zu einer Sensation hätte machen können.

Als Nasreddin sich später entfernte, warf er nur noch einen flüchtigen Blick auf den Sarkophag, und als er auf dem Hof stand, atmete er kräftig in tiefen Zügen. Dabei genoss er die heiße, leicht nach Auspuffgasen riechende Luft wie ein Verdurstender das Wasser eines klaren Bergflusses.

Nachdem Nasreddin durch das Tor getreten war, brauchte er einen Augenblick der Orientierung. Statt auf Blumenbeete und prächtige Bäume auf eine lehmgelbe Straße mit buckligen Häusern gegenüber zu treffen, das konnte schon verwirren. „Deine Gärten, Samarkand, die dich so berühmt machten wie deine Moscheen, deine Kuppeln, wohin sind sie?" Doch dann lächelte er. „So alt wie du, Nasreddin, wird kaum ein Baum, kein Strauch, keine Blume ..."

Er wandte sich zum Hotel, und davor der Park mit seinen weitausladenden Bäumen, seinen Wacholderbüschen, von denen jeder seine eigene Wasserleitung hatte, bewies ihm, dass die heutigen Samarkander das Grün in ihrer Stadt genauso zu schätzen wussten wie die vor fünfhundert Jahren.

In der Halle erwartete Nasreddin eine Überraschung: Anora unterhielt sich intensiv mit einem breitschultrigen, untersetzten Mann, einem Usbeken sicher, wie das dunkle Haar und der Teint verrieten, der mitten in einer Geste verharrte und so eine seltsame Figur abgab, als sich Anora jäh von ihm abwandte und Nasreddin ein paar Schritte entgegenkam.

Auch als sie mit Nasreddin auf den Mann zuging,

stand der, als hätte er einen Hexenschuss, sodass Anora erstaunt blickte.

Nasreddin sah, da der Fremde kein Auge von ihm ließ, irritiert an sich hinunter, und weil er nichts Befremdendes feststellte, fragte er, ob jener noch keinen Mann im Chalat gesehen habe.

„D-doch, doch!" Und endlich löste sich die Starre, und der Mann lachte breit. „Entschuldigen sie", setzte er hinzu. „Der leibhaftige Nasreddin begegnet einem nicht jeden Tag."

„Da will ich nicht widersprechen", entgegnete dieser schmunzelnd. „Ich habe dich noch nie gesehen."

Sie lachten, und mit diesem Lachen schien von dem Mann der letzte Rest Steifheit abzufallen, und auch Anora schien sichtlich erleichtert.

„Das ist Alischer Boderow", stellte sie vor. „Erinnerst du dich? In dem, was ich dir erzählte, spielte er eine Rolle."

‚Aha", Nasreddin lächelte verstehend. „Der Kopfaushändiger! Also, wenn du ihr nicht auf den Leim gegangen wärst, hätte wohl heute das Treffen nicht stattgefunden, was?"

Sie lachten abermals. Aber höchst verwundert schüttelte Boderow den Kopf, den Blick gleichsam in Nasreddins Gesicht verankert. Dann aber riss er sich los und scherzte. „Wer schon kann ihr widerstehen!", sagte er und verbeugte sich leicht vor der Frau.

„Du hast Recht", bestätigte Nasreddin, „sie erweckt Tode - und je länger diese sich bei Allah befanden, desto besser."

Wieder lachten sie.

„Ich habe mir das nicht so vorgestellt, Nasreddin", gab Boderow zu, „und wenn ich dich so sehe und höre, entschuldige, ich fasse es nicht." Er sah hilflos zu Anora, als erheische er von ihr ein Zeichen, dass alles nicht wahr, nur ein Scherz sei.

„Du meinst, ich bin ein Schwindler?", fragte Nasreddin. In seinen Augen saß der Schalk. „Meinst du das?" Er fragte eindringlich, als wolle er die Zustimmung provozieren.

„Nicht doch, Nasreddin!", mahnte Anora. Doch sie spürte, dass dem anderen daran lag, seine Identität bezweifelt zu sehen.

Nasreddins Gesicht war voller Spannung, als hätte ein Kind jemandem etwas geschenkt, das nun ungeduldig darauf brannte, dass jener die Verpackung löste und in Freude ausbrach.

Deshalb sagte Anora obenhin: „So recht geglaubt hat er's mir nie."

Und plötzlich packte Nasreddin die beiden, die nicht wussten, wie ihnen geschah, an den Händen und zog sie zum Eingang. „Kommt mit, kommt mit", rief er, und einen Widerspruch schloss der Ton, in dem er das rief, völlig aus. Dabei biss er sich auf die Lippen, und sein Gesicht drückte unbändige Freude aus. „Ihr werdet gleich sehen, ihr Zweifler, gleich wird mein Gelächter über eure Verdatterung herfallen! Kommt, kommt!", rief er abermals, sodass etliche der Leute in der Halle aufmerksam das Trio betrachteten und eilfertig dort Platz machten, wo Nasreddin mit seinem Gefolge hinstürmte.

Anora nickte Boderow zu, bedeutete ihm damit, Nasreddin gewähren zu lassen. Draußen rief sie: „Nasreddin, nicht so schnell, was ist? Wir kommen ja mit! Sag, wohin."

Einen Augenblick verhielt Nasreddin, ließ die Handgelenke los, sah sich aber oftmals um, ob die beiden ihm tatsächlich folgten. Mehrmals sagte er, gespielt wichtigtuerisch: „Ihr werdet schon sehen! Noch einmal zweifelt keiner an Nasreddin, dem berühmten Chodscha!"

Er stürmte mit ihnen zum Gur-Emir. Die Touristen hielten offenbar Mittag, denn ausnahmsweise stand kein Bus auf dem Platz. Schnurstracks durchschritt Nasreddin das Portal, sah sich um, hielt sich aber rechts, ging nicht auf den Eingang zum Mausoleum, sondern auf die Ruine der Khanaka zu.

Längst ahnten Anora und Boderow, dass Nasreddin mit ihnen keinen Spaß vorhatte, sondern tatsächlich etwas Wesentliches bevorstand. Sie folgten gespannt seinem Tun.

Vor dem rechten halben und in der Substanz recht verwitterten Pfeiler des ehemaligen Tors zur Herberge blieb er stehen, musterte die Ecke mit schief gehaltenem Kopf, trat einige Schritte zur Seite, betrachtete wieder, dann ging er sicher auf die Stelle zu und hockte sich nieder. Dabei murmelte er Unverständliches. Mit dem Zeigefinger fuhr er in einer Mauerfuge entlang, dass der trockene Lehm rieselte.

Doch dann besann er sich offenbar eines anderen. Er stand auf, trat auf Anora zu und hob ein wenig unschlüssig die Schultern. „Ich müsste ein wenig Gewalt anwenden, wenn die Miliz ..." Er blickte von einem zum anderen.

Boderow winkte heftig ab. „Quatsch", sagte er. „Ich zeige meinen Ausweis. Ich habe eine Dauergenehmigung - mach schon, was ist es ..."

Nasreddin lächelte, nickte betont, spielte den Überlegenen. Er hob die Hand Boderow entgegen, als wollte er beschwichtigend sagen: „Gemach! Gemach!" Dann wies er in die Mauerecke auf einen Vorsprung. „Der Stein muss weg!"

Boderow stutzte, er musterte das Bauwerk eingehend. „Dieses ist der Pfeiler", murmelte er und ergänzte das Fehlende, indem er die flachen Hände auf und nieder bewegte. „Hier hört er auf, und da beginnt die Mauer. Was aber soll in der Ecke der Sockel? Der ist doch unnötig!"

„Ist er nicht", behauptete Nasreddin, und es schien, als wolle er etwas hervorsprudeln, so voller Eifer war sein Gesicht. Mit Mühe hielt er sich zurück.

„Baulich ist er unnötig" Boderow bestand auf seiner Meinung.

„Baulich vielleicht", gab Nasreddin zu.

„Mann, spann uns nicht so auf die Folter", rief Boderow. Schweiß stand auf seiner Stirn.

Nasreddin hob die Schultern. „Er muss weg."

„Also weg mit dem Ziegel!" Boderow hieb mit dem Absatz dagegen. Es splitterte trockener Lehm, aber der Ziegel rührte sich nicht „Ich brauche einen Hammer, einen Hammer", rief er, und er blickte in die Runde mit einem Gesicht, als geschähe im nächsten Augenblick Fürchterliches, wenn er nicht einen Hammer bekäme. Sein Blick fiel auf einen kindskopfgroßen Kieselstein. Behänd griff er den und begann auf den Ziegel einzuklopfen, dass es stäubte.

Nasreddin stand mit verschränkten Armen, mit wissendem, verschmitztem Gesicht.

Anora befand sich halb in der Hocke, achtete nicht auf den verschobenen Rock, ihr Gesicht hatte sich gerötet, und es war ihr unschwer anzusehen, dass auch sie das Archäologenfieber gepackt hatte.

„Seid ihr des Teufels, ihr Verfluchten!", schallte es da hinter ihnen.

Der Einzige, der nicht zusammenschrak, war Nasreddin.

Boderow hielt mitten im Ausholen inne und riss den Kopf nach oben.

Anora fiel aus ihrer instabilen Haltung auf die Knie und stieß einen Laut der Überraschung aus.

Hinter ihnen stand ein hagerer Alter mit einer UZBEKISTAN-Mütze auf dem Kopf und etlichen blankgeputzten Orden an der Brust. Ganz offensichtlich ein Wächter. „Ich hole die Miliz, ich hole die Miliz, so eine Unverschämtheit, am hellichten Tag. Du solltest dich schämen, du alter Gauner!", stieß er aufgeregt hervor und ging auf Boderow zu, in der Absicht, ihn zu packen.

Im Grunde war es eine lächerliche Szene. Der nicht sehr große dürre Alte und der vierschrötige Boderow. Aber der ließ den Stein fallen, richtete sich auf, trat einen Schritt zurück, um den Abstand zwischen sich und dem Alten zu vergrößern. Dann sagte er: „Schon gut, schon gut, Väterchen. Beruhige dich, das hat alles seine Ordnung." Er klopfte sich den Staub von den Händen und fasste in seine Jacke.

Der Alte jedoch beruhigte sich nicht, er blieb lediglich stehen und wetterte weiter. Ob die Frevler nicht wüssten, was das für ein Heiligtum sei, dass es über fünfhundert Jahre stünde und es nun Unholde mit Gewalt zerstörten. Und für solche hätte er gegen die Faschisten gekämpft. An dieser Stelle spuckte er kräftig aus und rief: „Pfui Teufel!" Millionen gäbe der Staat aus, damit die Menschen noch lange etwas davon hätten, und schließlich müssten es alle mit ihrem Schweiß bezahlen.

Boderow hatte sein Papier gefunden. Er hielt es dem Alten hin, der es auch nahm, aber nicht hineinsah, sondern damit auf und nieder fuchtelte, seine grimmigen Worte unterstreichend.

Leute, die sich in der Nähe befanden, traten neugierig näher, und einige von ihnen begannen zu kommentieren, wobei unschwer festzustellen war, dass sie Partei für den Wächter ergriffen.

Da schaltete sich Anora ein. Sie legte dem Alten beruhigend eine Hand auf den Arm, nahm ihm mit der anderen das Papier ab, faltete es auseinander und sagte sanft: „Aber sehen sie sich das doch einmal an, Bürger, bitte!" Und sie hielt dem Erregten das Papier genau vor das Gesicht, und jedesmal, wenn jener seinen wütenden Blick auf den Steinklopfer Boderow, den er offenbar für den größten Unhold hielt, richten wollte, schwenkte Anora das Papier mit.

Schließlich griff er unwillig danach, brummelte jedoch weiter, suchte aber in seiner Jacke nach irgend etwas, brachte dann eine Brille hervor, die er zusammen mit dem Papier weit von sich hielt. Dann schnaufte er nur noch und begann zu buchstabieren. Schließlich las er leise, und er schob dabei das linke Brillenglas die Zeilen entlang. Ab und an sah er auf und musterte zuerst Boderow, dann die anderen beiden misstrauisch, die geduldig dastanden, in der Gewissheit einer friedlichen Lösung des Konflikts. Das teilte sich sichtlich den Zuschauern mit, denn diese begannen sich zu zerstreuen.

In Euphorie brach der Alte nicht aus. „Das kann man ja nicht wissen", räsonierte er. „Ihr hättet euch ja anmelden können!" Und noch voller Argwohn musterte er die drei. „Noch nie hat einer Ausgrabungen im Sonntagsanzug gemacht."

„Unser Gepäck ist noch nicht da", log Anora. „Aber hier soll etwas sein, und wir sind neugierig, Väterchen."

Nasreddin griff ein. Er holte aus den unendlichen

Tiefen seines Chalats eine zerknitterte Packung hervor und bot dem Alten eine Papirossy an.

Ohne den Blick von den dreien zu lassen, nahm sie der Alte, kramte, weil Nasreddin durch eine Geste bedeutete, dass er kein Feuer habe, in der Jacke und brannte sich die Zigarette an.

„Denkt nicht, dass ihr mich bestechen könnt", brummte er, tat einige Züge, trat dann an den Pfeiler, stieß seinen Schuh in das von Boderow erzeugte Ziegelmehl. „Hier soll etwas sein? Dass ich nicht lache. Zu Hunderten haben sie hier herumgeschnüffelt. Ha! Einen Bären haben sie euch aufgebunden."

„Hier ist etwas, Väterchen, das kannst du glauben!", sagte Nasreddin mit geheimnisvoller Miene.

„So? Na, wenn du das sagst!" Der Alte zwinkerte und verzog spöttisch das Gesicht, wobei sich die Haut in tausend Fältchen zog.

„Haben sie ein wenig Werkzeug?", fragte Boderow.

Der Alte tat, als überlege er, ob diese Grabschänder wohl seiner Hilfe würdig wären. Dann drehte er sich wortlos um, durchschritt das Ruinentor, man hörte eine Türangel schnarren, und schließlich kam er mit einer Spitzhacke zurück. „Die brauche ich für die Gräben, damit das Wasser abfließt, wenn es regnet", murmelte er. „Suche, Söhnchen, suche nur!" Und er hielt Boderow schadenfroh das schwere Werkzeug hin. Immerhin standen sie in der prallen Sonne, und die Lufttemperatur mochte annähernd fünfunddreißig Grad betragen.

Boderow lockerte die Krawatte, nahm die Hacke, setzte den ersten Schlag so geschickt in die Fuge, dass der Ziegel im Ganzen wegflog.

Unter dem ersten wurde die Fläche eines zweiten Ziegels sichtbar.

Boderow blickte auf Nasreddin, der hob die Schultern, zeigte sich aber keineswegs irritiert. „Ist schließlich eine Weile her", sagte er mit Spott, „da kann man sich schon in der Anzahl der Ziegel irren. Hau schon zu!"

Der nächste Ziegel flog und der nächste. Dazwischen nickte Nasreddin dem von Schlag zu Schlag misstrauischer blickenden Boderow aufmunternd zu.

Der vierte Ziegel, nun schon ein Stück von der Verwitterungszone entfernt, war widerstandsfähiger. Boderow musste mehrmals zuschlagen, bevor er sich löste. „Weiter?", fragte er, das gerötete schweißnasse Gesicht auf Nasreddin gerichtet.

„Weiter", ordnete der entschieden an.

„Ihr schlagt alles kaputt für nichts und wieder nichts!", jammerte der Alte.

Der fünfte Ziegel jedoch, viel zu kräftig angegangen, flog Boderow gegen den Knöchel, dass der Archäologe die Hacke fallen ließ, beide Hände um den Fuß legte und mit schmerzverzerrtem Gesicht auf einem Bein herumsprang.

Dieser Ziegel aber diente gleichsam als Deckel einer viereckigen Öffnung, hatte also nur Verbindung mit schmalen Auflagestreifen gehabt und war deshalb so leicht zu entfernen gewesen.

Anora blickte auf den stöhnenden Boderow, der hatte sekundenlang nur Sinn für seinen Fuß.

Nasreddin kniete bedächtig nieder, schüttelte den Ärmel des Chalats nach oben, und dann versenkte er den Arm vorsichtig in der dunklen Öffnung.

Der Alte stand daneben, leise und schadenfroh über das Missgeschick Boderows vor sich hin lachend.

Nasreddin mit himmelwärts gerichtetem Blick und Triumph im Gesicht verharrte in einer merkwürdigen

Stellung. Seine in der Höhlung verschwundene Hand tastete nicht mehr, sie schien gefunden zu haben, was sie suchte.

Im Nu hatte Boderow seinen Knöchel vergessen. Er warf sich förmlich auf die Knie, rutschte auf Nasreddin äußerst gespannt zu und rief: „Und, na und? Was ist?"

Anora reckte gebückt ihren Kopf über den Boderows, und das schadenfrohe Lachen des Alten hatte einem höchst einfältigen Platz gemacht.

Nasreddin kostete das aus. Er zog die Beine an, damit er bequemer hockte, scheuchte mit der freien Hand den aufdringlichen Boderow zurück, und dann zog er unendlich langsam den Arm aus der Öffnung. Dabei blickte er starr geradeaus in den Hof hinein. Die Umstehenden wagten kaum zu atmen, und es schien, als hätten selbst die Spatzen in den nahen Bäumen ihr Tschilpen eingestellt.

Nasreddin hob einen - schlanken dunklen glasigen Krug aus der Öffnung. Er hatte ihn nicht am flachen Henkel, sondern über der Ausgussöffnung am Hals gepackt, erhob sich im Einklang mit der Bewegung des Arms, fasste dann mit der anderen Hand um den Boden des Gefäßes, brachte es bis in Gesichtshöhe, neigte den Kopf, als ob er horche, und begann - trotz des entsetzten Aufschrei Boderows - erst behutsam, dann kräftiger, den Krug zu schütteln.

Boderow, noch auf einem Knie hockend, hatte es die Sprache verschlagen. Flehend, mit ausgestreckten Armen blickte er zu Nasreddin empor.

Durch die Zuschauer ging ein Stöhnen.

„Still!", raunte Nasreddin, und er setzte abermals den Krug ruckweise in Bewegung.

Leise, unverkennbar, gluckste es aus dem Gefäß.

„Na?" Nasreddin stemmte den Krug, ihn nur am Boden haltend, über den Kopf. „Was habe ich euch gesagt!" Er begann sich in kleinen Tanzschritten zu drehen und trällerte eine Melodie.

„Nasreddin!" Boderow schrie es beschwörend. Er sprang auf, wagte aber nicht, den Tanzenden zu berühren, aus Furcht, der Krug könne stürzen.

Die Situation schien für Außenstehende offensichtlich sehr komisch zu sein, denn sie begannen sich zunehmend zu amüsieren.

Anora schließlich war es, die dem ein Ende machte. Sie schob sich an Nasreddin heran, tat, als tanze sie mit ihm, wand dabei die Arme empor und packte dann das Gefäß mit beiden Händen.

Nasreddin ließ den Krug los, und er beteiligte sich umsichtig daran, den Fund in Anoras Strickjacke zu wickeln.

Erleichtert und erschöpft fuhr sich Boderow mit beiden Händen über das schweißnasse Gesicht. Dabei hatte er völlig den Lehmstaub vergessen, der ihm an den Fingern haftete.

Als er die Arme sinken ließ, kam langsam, aber zunehmend ein Gelächter auf, in das schließlich Anora und Nasreddin herzhaft einstimmten. Letzterer zeigte sogar mit ausgestrecktem Arm auf Boderow, der in der Tat wie ein Indianer auf Kriegspfad aussah. Schließlich, als Boderow die Ursache erkannte, säuberte er sich mit seinem Taschentuch, stimmte aber in das allgemeine Lachen ein. Den Krug aber, den Anora an ihren Körper schmiegte, behielt er im Auge.

Notdürftig räumten sie die Grabestelle auf, Nasreddin drückte dem Alten die restlichen Zigaretten und die Spitzhacke in die Hand, und sie schlugen den Weg zurück zum Hotel ein, Anora flankiert von den beiden Männern - der eine, Nasreddin, mit einem über alle Maßen zufriedenen Gesicht, obwohl der Fund selbst ihm ziemlich gleichgültig war, und der andere, Boderow, stets in Gefahr zu stolpern und außerordentlich besorgt. Er wandte sich beim Laufen Anora zu, damit er das Kostbare im Auge behielt, und achtete wenig auf den Weg.

Schließlich langten sie wohlbehalten in Anoras Zimmer an, und sie stellte das Gefäß auf den Tisch.

Der Krug hatte an der dicksten Stelle einen Durchmesser von höchstens 15 Zentimetern, bestand natürlich aus gebranntem Ton, den jedoch eine äußerst kompakte Glasur umgab. Die Öffnung aber hatte man dick verkleistert.

Nach einer vorsichtigen Nagelprobe stellte Boderow fest: „Honigdurchsetztes Bienenwachs. Deshalb ist er dicht geblieben." Und vorsichtig, mit dem glücklichsten Gesicht der Welt, ließ er den Inhalt glucksen.

Die beiden, Anora und Boderow, betasteten und bekratzten das Gefäß noch eine Weile, ergingen sich in allerlei Mutmaßungen.

Bis schließlich Anora fragte: „Dich interessiert das wohl nicht so sehr, Nasreddin?"

Nasreddin, der in einem Sessel saß und in einer Zeitung blätterte, sah lächelnd auf. „Nein", sagte er gemacht gleichgültig, „ich kenne ihn ja - wie ihr gesehen habt."

„Er kennt ihn ja!", ahmte Boderow nach, „er kennt ihn ja, wie wir gesehen haben." Und plötzlich wandte er sich dem Zeitunglesenden voll zu. „Ich flehe dich an, Nasreddin. Was hat es mit dem Krug auf sich, erzähle!"

„Du glaubst aber jetzt, dass ich jener Nasreddin bin, der Timur kannte und den diese Schöne dort in euere närrische Zeit rief? Habe ich es dir bewiesen?"

„Ich glaub's nicht nur, ich weiß es jetzt. Nachdrücklicher hättest du es uns nicht klarmachen können!"

„Gut, gut." Nasreddin rekelte sich in heiterer Herablassung, worüber die beiden doch lachen mussten. „Ihr werdet enttäuscht sein", begann er.

„Unmöglich!" Boderow stöhnte.

Salopp berichtete Nasreddin: „Ich habe dem Bau dieses Dings, dieses Gur-Emir, tagelang, wochenlang zugeschaut. Zum Teil aus sehr persönlichem Interesse." Betont fuhr er sich mit dem Finger über den Hals. „Ich hatte nämlich Gelegenheit, schon damals geköpft zu werden. Das wäre sehr schade gewesen, denn dann wärt ihr um den Kopf gekommen. Also - da gab es auf dem Bau einen Aufseher namens Boder ..."

Boderow verzog das Gesicht, weil sich sein Familienname aus diesem Vornamen herleitete.

„Boder, der Tapfere. Aber tapfer war er nur, wenn er tüchtig getrunken hatte, und da ging er mit der Neunschwänzigen bei den geringsten Anlässen auf die Arbeiter los. Natürlich wahrte er den Schein, ein guter Moslem zu sein, deshalb frönte er seinem Laster heimlich. Aber in den Tagen des Umbaus, als Tag und Nacht gearbeitet wurde, ließ er sich den Wein bringen, verbarg ihn und nahm ab und an einen kräftigen Schluck. Man hat ihm einfach einen Streich gespielt und einen der Krüge eingemauert. Ich habe es beobachtet, das ist alles. Heute, als ich bei - ihm war, habe ich mich an diese Episode erinnert." Nasreddin war nachdenklich geworden, die beiden anderen schwiegen. Das Ungeheuerliche des Augenblicks hatte die drei Menschen gepackt.

Dann legte Boderow seine Hand auf die Anoras,

sah sie an und sagte, und es sollte heiter klingen: „Ich schätze, zu einem Viertel ist sie noch voll. Und ich schwöre, dass wir drei einen Schluck davon trinken!"

„Allah verbietet es dem gläubigen Moslem", warf Nasreddin unernst ein.

„Er wird ein Auge zudrücken ..."

Nasreddin gab sich in Buchara merkwürdig wortkarg.

Vom Flugzeug aus sahen sie nicht viel von der Stadt. Als sie im Taxi hineinfuhren, sog er gleichsam mit den Augen alles, was sich links und rechts der Straße tat, in sich ein, aber er sprach nicht viel, schien jedoch unruhig zu sein.

Anora und Boderow ahnten, was den Freund so erregte.

Boderow überließ daher Anora alle Anmeldeformalitäten und stürzte, im Hotel „Buchara" angekommen, sofort an ein Telefon, und dort sah man ihn von der Rezeption aus eine Zeitlang intensiv auf jemanden einreden. Als er zurückkam, machte er ein zufriedenes Gesicht. „Ich habe erreicht, Nasreddin, dass du mit ihr allein sein wirst, so lange du willst. Morgen schon. Zufrieden?" Und er klopfte ihm auf die Schulter.

Von Stund an war Nasreddin wieder der alte. Mehr noch. Seine Erregung machte ihn offenbar tatendurstig, und er drängte, so bald wie möglich in die Stadt zu gehen, das sagenhafte Buchara anzuschauen. Er brachte so Anora um eine Mittagsrast.

Anora bestand darauf, dass sich Nasreddin von Buchara zuallererst das Ensemble der Medresen Kukeltasch und Nadir Diwanbigi anschauen solle. Da ihm die Reihenfolge gleichgültig war, stimmte er zu. Der Weg führte durch die Altstadt, und Nasreddin fiel erneut auf, wie zählebig doch das Hergebrachte sein konnte. Wäre da nicht, längs der Häuser und straßenüberspannend, ein Gewirr von Rohren und Drähten gewesen - darinnen sollten Gas und jene Kraft fließen, die sie heute Strom nannten und die Maschinen trieb und Licht machte und die einen durchfuhr, als wäre sie der Leibhaftige; auch sprechen konnte man mit ihrer Hilfe durch Drähte -, man hätte meinen können, die Zeit stünde still, betrachtete man das oberflächlich. Freilich, und vom Hotel aus wurde es sehr deutlich, blickte man auf die Peripherie der Stadt: welch gewaltige Anhäufung neuer Häuser, und in jeder Wohnung, so Anora, konnte man Wasser aus der Wand zapfen wie in den Zimmern des Hotels, die Feuerstellen wurden nicht mehr mit Kamelmist unterhalten, sondern eben mit jenem Gas, das man erbohren konnte und das aus dem Erdinnern strömte. Lebendige Bilder konnte man sich ebenso ins Haus holen wie das Unerklärbare, das durch Drähte kroch und Ventilatoren zum Blasen brachte und kleine Maschinen, die den Staub in sich hineinfraßen, und ... Nasreddin hatte längst nicht alles behalten, was es noch an Wundersamem gab. Und wenn auch viele Leute Ungläubige waren, Allah hatte sie offenbar nicht mit seinem Bann belegt. Sie mussten ihm wohl dennoch sympathisch sein, sonst hätte er ihnen soviel Segensreiches nicht beschert. Doch, so wusste Nasreddin, nur zwanzig, dreißig Tagesreisen weiter gab es große Länder voller Moslems, von denen ein großer Teil in Armut lebte, deren Kinder nicht zur Schule gingen. Teufel noch eins, da sollte sich einer auskennen in einer solchen Welt!

Sie überquerten, aus dem Gewirr von kleinen Gassen und Lehmhäusern hervordringend, eine sehr verkehrsreiche Straße - für Nasreddin wieder der Schritt in seine Jetztzeit - und betraten einen Flecken mit riesigen Bäumen und Blumenbeeten, aber man konnte ausmachen, dass dieser Platz alsbald von repräsentativen historischen Gebäuden begrenzt wurde.

„Wir sind da", sagte Anora. Sie lehnte mit geheimnisvoller Miene am Sockel eines Monuments, das, überschüttet vom Licht-Schatten-Geflirre der Bäume, sich augenblicklich, zumal sich die Augen erst anpassen mussten, nicht überschauen ließ.

Nasreddin sah sich um. Er war auf die großen Bauten, die Medresen und Moscheen aus, Dinge, von denen er Sagenhaftes gehört hatte an Timurs Hof, heimlich oft, denn es grenzte an Frevel, von etwas zu sprechen, was größer und schöner sein sollte als Vergleichbares in Samarkand. „Ist es nicht dort?", fragte er und wies durch die Bäume auf eine Stelle, an der man das Portal einer großen Medrese vermuten konnte.

Anora schüttelte lächelnd den Kopf. „Sieh dir den an", sagte sie und zeigte mit emporgerecktem Daumen über ihre Schulter.

„Aber ...", entgegnete Nasreddin.

„Schau ihn dir nur an", empfahl auch Boderow.

Nasreddin trat einige Schritte zurück, stellte sich so, dass die durch das Laubwerk brechenden Strahlen ihn nicht blendeten, übersah das Standbild und sagte: „Na und - ein Eselsreiter, ein einheimischer. Was ist daran Besonderes? Vor wenigen Tagen noch hätte ich es sein können."

Die beiden lachten.

„Du bist es", erklärte Anora.

Nasreddin runzelte die Stirn. „Wieso ... ich?" Und er erinnerte sich einer ihrer Behauptungen, ‚Nasreddin in Buchara'. „Ich!" Er brachte es in einem solchen Ton hervor, dass die beiden wieder lachen mussten.

Er ging um die überlebensgroße Statue herum, klatschte dem Esel mit der flachen Hand aufs Hinterteil und stand dann lange und sah dem Reiter ins Gesicht. Dann versuchte er, dessen Pose mit der erhobenen Hand nachzuahmen, worüber sich seine Begleiter abermals amüsierten. „Aber eine solch krumme Nase habe ich nicht", protestierte Nasreddin, und er fasste die seine an und bog sie hin und her.

„Na?" Anora wiegte wie bedenklich den Kopf. „Ich würde eher sagen: nicht mehr."

Nasreddin stutzte, dann lachte er, aber in dem Lachen lag Nachdenken, vielleicht ein wenig Wehmut. Er ging noch einmal um das Standbild, betrachtete Details. „Er gefällt mir", stellte er dann fest. „Und nun steht er auch zu Recht hier, schließlich ...", er reckte die Brust heraus und stellte sich abermals in die Reiterpose, „ist er hier, Nasreddin in Buchara!" Er hatte es laut gerufen, einige junge Leute, die auf Bänken saßen schauten herüber, ein paar, die ihn verstanden hatten, schmunzelten.

„Woher wusste er das mit der - Nase?", fragte Nasreddin dann leiser, „obwohl er mich doch nie gesehen hat"

Anora lächelte. Sie hatte verstanden, dass er den Bildhauer meinte. „Künstlerische Intuition", antwortete sie. „Er hat dich studiert und kam zu dem Schluss, dass ein Nasreddin von Haus aus eine solche Nase haben muss."

„Und nun - ich habe sie nicht mehr!"

„Ich sagte: 'von Haus aus' ... Aber so gefällst du mir besser!"

„Hast du das gehört?" Nasreddin wandte sich an

Boderow. „Hast du das gehört, Bruder? Für ein solches Wort der schönsten Blume von Buchara, was sage ich, des ganzen Timurischen Reiches, bin ich bereit, alles Krumme von mir zu werfen!" Er drehte sich zum ehernen Reiter. „Nun weiß ich auch, weshalb die Frauen letzten Endes von uns nichts wissen wollten, alter Nasreddin. Fünfhundert Jahre haben wir dazu gebraucht. Aber das wird sich jetzt ändern." Er lachte ausgelassen, Anora und Boderow stimmten ein, aber Boderow mit dem Ausdruck der höchsten Verwunderung.

„Ich hätte nie geglaubt, Anora, dass so etwas möglich ist", raunte er. „Er ist so vollkommen und so lebendig …"

Sie nickte nachdenklich. „Trotzdem", sagte sie, schon Nasreddin folgend, der sich auf die Medrese zubewegte. „Es darf sich so etwas nie wiederholen, und niemand weiter sollte es erfahren."

„Sie verzögern damit nur, halten nicht auf. Eines Tages kommt ein anderer darauf."

„Vielleicht, aber es ist *mein* Gewissen, und ich habe nur das eine …"

„Er wird doch kein Hehl daraus machen …"

Anora hob die Schultern. „Verkennen sie ihn nicht, und außerdem …", sie sah Boderow verschmitzt an, „er ist Nasreddin!"

Am Morgen des folgenden Tages warteten Anora und Boderow in der Halle des Hotels auf Nasreddin.

„Das kenne ich an ihm gar nicht", sagte nach einer Weile Anora, „sonst ist er immer pünktlich."

„Wir haben Zeit", antwortete Boderow. „Es wird ein schwerer Gang für ihn. Möchten *sie* ihren abgeschlagenen Kopf bewundern, brr."

Sein makabrer Scherz heiterte sie nicht auf.

Aus dem Lift trat ein stattlicher Mann, blickte sich suchend um, dann kam er zielstrebig auf die Wartenden zu.

Boderow wollte schon zur Seite treten, um ihn vorbeizulassen, da schrie Anora auf: „Nasreddin!"

Der auf sie Zutretende lächelte, strich über die Revers des neuen Anzugs.

„Nasreddin!" Auch aus Boderows Stimme klang Überraschung.

In einem gutsitzenden Anzug stand der mit solchen Ausrufen Begrüßte vor ihnen und - ohne Bart. Und sie konnten nicht verhehlen, es stand ihm!

Vor Antritt der Reise hatten sie Anzug und Zubehör gekauft, auf Drängen von Gusal eigentlich. Und Nasreddin hatte versprochen, ihn, wenn nötig, anzuziehen. Aber Anora hatte damals in dem Versprechen schon gespürt, dass dieser Fall aus seiner Sicht wohl nie eintreten würde. Und jetzt auf einmal! Und wie stolz ist ein Muselman auf seinen Bart. Und jener war dicht gewesen und hatte sehr männlich gemacht ...

Als stünde ein Fremder vor ihr, kam es Anora vor. Und auch Boderow schien beträchtlich verunsichert. Dazu trug wohl auch der nun so offen zur Schau gestellte Gesichtsausdruck Nasreddins bei. Irgendwie aber schien es Anora, als habe sie dies alles schon einmal erlebt, einen Menschen mit solch einem gefassten, ein wenig wehmütigen, ein wenig heiteren Gesicht, das irgendwo wie eine Maske war ... Und plötzlich fiel es ihr ein: Als damals Akin, ihr Freund, sich von ihr verabschiedete auf dem Flugplatz, als sie noch nicht wusste, dass es ein Abschied für immer sein würde, da zeigte Akins Gesicht einen solchen Ausdruck. Und sie ahnte, was der Wechsel der Kleidung, das Abschneiden des Bartes bedeuten könnten: Er verlässt das alte Ich!

Und Anora war, als kröche etwas von dem großen Schmerz in sie, den jener Mensch empfinden mochte. Und sie wusste, wäre es nicht Nasreddin, der Heitere, Großmütige, Nasreddin, der Verstehende, der weise Chodscha ..., wer weiß, ob es für einen anderen nicht tödlich wäre, dieses Herausreißen aus der einen und das Hineinstoßen in eine andere Welt. Anora schwor sich in diesem Augenblick, das Ihre zu tun, um soviel wie möglich gutzumachen.

„Gehen wir?", fragte Nasreddin.

„Gehen wir!", sagte Anora.

Nach Chiwa

Nachdem Gusal sich zur Begrüßung ein wenig verschämt an Nasreddin geschmiegt hatte, drückte sie ihm ein längliches Kuvert in die Hand, ein geschäftliches, worauf der gedruckte Absender schließen ließ.

Sie hatte es sich nicht nehmen lassen, ihn in Urgentsch am Flugfeld abzuholen.

Von Anora hatte er sich bereits im Flugzeug verabschiedet, nicht ohne ihr das Versprechen abzunehmen, dass sie sich in den nächsten Tagen vor ihrer Rückkehr in ihre Heimat treffen würden.

Boderow hatte die beiden bereits in Buchara verlassen, überglücklich, denn Nasreddin hatte zwei Tage lang Fragen über Fragen beantwortet.

Am liebsten wäre Anora ohne Abschied, ohne ihn

noch einmal zu sehen, abgereist. Die letzten Tage und Stunden breitete sich Traurigkeit in ihr aus, ohne dass sie es sich anmerken ließ. „So musste einer Mutter zumute sein", dachte sie einmal, „wenn ihr einziger Sohn in die Ferne, in eine ungewisse Zukunft zieht."

Gewiss, um Nasreddin war es ihr nicht bange. Aber die wenigen Wochen hatten es sehr deutlich gemacht: Er gehörte und hatte schon immer gehört zu jenen Menschen jenseits des Grabens, der auch zwischen ihr und ihnen klaffte, wenngleich sie das in diesen Wochen nicht wahrhaben wollte. Er würde dort glücklich sein, wo er viel von dem, was er vor 500 Jahren erträumt oder ersehnt hatte, verwirklicht sah. Aber es blieb noch einiges zu beobachten, zu erforschen, wie sich Eingeleitetes vollenden würde. Und sie hätte zu gern gewusst, was wohl der Brief enthielt, den Gusal gleich nach der Landung Nasreddin übergeben und den jener so unachtsam in den Anzug gesteckt hatte. Aber sie hatte sich ausbedungen, dass sie nicht dabeisein würde, wenn ihn seine Leute, wie sie sich bewusst ausgedrückt hatte, vom Flugplatz abholen würden.

Gusal redete auf Nasreddin mit ihrer sanften, unaufdringlichen Stimme ein. Sie berichtete von vielen im Grunde nichtigen Begebenheiten, die sich während seiner Abwesenheit im Kolchos zugetragen hatten. Er hörte ihr zu, ohne immer zu erfassen, wovon sie sprach, ohne stets in der Lage zu sein, ihr zu antworten oder das Gehörte zu kommentieren. Aber das erwartete sie nicht.

Er hielt im Bus ihre Hand, und sie tat, als bemerke sie es nicht. Auf dem Lastwagen, auf dem sie ins Dorf fuhren, zog es, und sie kuschelte sich an ihn, und noch immer erzählte sie. Und wie selbstverständlich schlugen sie den Weg zum Haus ein, zu ihrem Haus.

Nasreddin tat, als gewahre er ihr Zögern, das sekundenlange Versiegen des Redestroms nicht, da sie die Weggabelung passierten, an der er hätte zu seinem Quartier abbiegen müssen.

Nasreddin saß im Hof, den Kopf an den Granatapfelbaum gelehnt, seine Gedanken gingen träge, er erinnerte sich der letzten Stunden, dachte an die kleinen Szenen der Verlegenheit, die er überspielte, er lächelte - und der Brief fiel ihm ein.

Er zog den schon etwas Geknitterten hervor, las den Absender, „UZBEKISTAN" lautete der, und er kräuselte erstaunt die Augenbrauen, nachdem er sich vergewissert hatte, dass er tatsächlich an ihn gerichtet war. Er rief Gusal, die sich im Haus mit Geschirr beschäftigte. Sie kam, kauerte sich zu seinen Füßen.

Er öffnete umständlich das Kuvert und begann stockend laut zu lesen:

Werter Herr Nasreddinow!
Wir wenden uns mit folgendem Anliegen, eigentlich einer Bitte, an Sie: Übernehmen Sie die Funktion eines Gruppenleiters der Touristenführer in Chiwa! Unser langjähriger bewährter Jussuf Jussubow ist in Rente gegangen, und er wird aus familiären Gründen Chiwa verlassen. Der Abteilungsleiter für Kultur des Gebietskomitees empfiehlt Sie als würdigen Nachfolger. Wir haben uns erlaubt, mit dem Vorsitzenden Ihres Kolchos Einverständnis zu erzielen, falls Sie sich entscheiden könnten, das Angebot anzunehmen, worum wir Sie noch einmal herzlich bitten.

Mit besten Grüßen,
Schakarow, Leiter des Büros „UZBEKISTAN" in Chiwa

Anmerkung: Sie könnten ab 1. Oktober die frei werdende Wohnung der Jussubows übernehmen!

Nasreddin ließ den Brief sinken. Gusal hatte den Kopf leicht an seine Brust gelehnt, und sie sah nun mit großen Augen zu ihm empor, aber er bemerkte es nicht. Er blickte starr geradeaus und strich ihr mehr unbewusst sanft übers Haar.

So saßen sie eine lange Zeit.

Dann kehrte sein Blick zurück, fand den ihren. „Sag, dass ich nicht träume!", flüsterte er. „Sag, dass ich nicht träume", rief er. Und da packte er sie bei den Schultern, hielt sie von sich, sah ihr ins Gesicht, drückte die Willfährige an die Brust, verharrte.

Dann schob er sie erneut von sich, suchte abermals ihren Blick und fragte mit ein wenig bebender Stimme und mit Schalk in den Augen: „Wie viele Tage sind noch bis zum ersten Oktober?"

ALIEN CONTACT
Das deutsche Magazin für Science Fiction- und Fantasy-Literatur

Seit 1990:
Storys deutscher und internationaler Autoren, Essays über Science Fiction, Interviews mit Autoren, Herausgebern und Übersetzern, zahlreiche Rezensionen und mehr.

Deutsche Erstveröffentlichungen von:
Brian W. Aldiss, Myra Çakan, Stephen Baxter, John Clute, Andreas Eschbach, Joe Haldeman, Michael Marrak, Ulrike Nolte, Terry Pratchett, Kim Stanley Robinson, John Shirley, Norman Spinrad, Ian Watson u. a.

Ein Abonnement über vier Ausgaben kostet 24 DM zzgl. 6 DM Porto.
Adresse: ALIEN CONTACT, Graudenzer Straße 1a, 10243 Berlin, **ac@epilog.de**

»... Ein herausragendes dieser Magazine ist zweifelsfrei ALIEN CONTACT, das durch inhaltliche Qualität, Kontinuität und Professionalität besticht. Nicht zuletzt sein 10jähriges Bestehen unterstreicht in heutiger Kurzlebigkeit und Diskontinuität anderer Schriften eine solche Aussage. Die Macher sind von Herzen zu beglückwünschen.«

Alexander Kröger

ALIEN CONTACT im Internet:
www.epilog.de/go/AC

epilog
www.epilog.de